谨以此书献给中山大学九十周年华诞

嶺南人

中山大学岭南人联谊会 编

南方日报出版社
NANFANG DAILY PRESS

图书在版编目（CIP）数据

岭南人 / 中山大学岭南人联谊会编. — 广州 ：南方日报出版社，2014.12
ISBN 978-7-5491-1206-7

Ⅰ. ①岭… Ⅱ. ①中… Ⅲ. ①杂志社－新闻事业史－广州市 Ⅳ. ①G219.246.51

中国版本图书馆CIP数据核字(2014)第298674号

岭南人

编　　者：中山大学岭南人联谊会
出 版 人：周洪威
责任编辑：陈盈璐
装帧设计：佃燕婉
责任技编：王　兰
责任校对：阮昌汉
出版发行：南方日报出版社
地　　址：广州市广州大道中289号
电　　话：（020）87373998-8502
经　　销：全国新华书店
印　　刷：广州市中福彩印有限公司
开　　本：889mm×1194mm　1/16
印　　张：20
字　　数：220千字
版　　次：2014年12月第1版
印　　次：2014年12月第1次印刷
定　　价：48.00元

投稿热线：（020）87373998-8503　读者热线：（020）87373998-8502
网址：http://www.nanfangdaily.com.cn/press　http://www.southcn.com/ebook
发现印装质量问题，影响阅读，请与承印厂联系调换。

序一

中大校园文化的一脉清泉

郑德涛

大学生社团，是大学生活中的一道绚丽风景，不仅为在校学子们充分表达所思所想开放了一个广阔平台，其活泼生猛的活动形式也为校园文化注入了丰富的内涵，而且还代表着一股不断生长的文化力量。在中山大学校园里，有一个“岭南人”大学生社团及社团杂志《岭南人》，已经传承了21年。当收到本书编委会的邀请，为这本《岭南人》纪念文集作序的时候，我欣喜地答应了下来。

翻阅完本书，我对这群岭南人为《岭南人》杂志认真投入、坚持到底的社团精神留下了深刻印象。在书中可以看到那些处于不同年代的岭南人为杂志社的发展和延续做出的种种努力，也看到了不同年龄、不同职业的岭南人对于当年那一段段青春岁月的动人回忆。在这群人中，有的校友或为学界翘楚，或为政界栋梁，又或为商界领袖，而最年轻的仍然是在校的莘莘学子。这一群跨越多个年代的岭南人将自己毕业后的工作经历、心境的成长过程以及生活的五味杂陈，娓娓道来，当然还有那一段坚持精神追求的社团生活时光对于自己的意义，这些真实而毫无保留的经验对于今天在校的学生们有着积极的借鉴作用。说到底，大学生社团是大学学子精神成长的舞台，我希望有更多的学子坚持自己的理想情怀，找到属于自己的舞台，不断地锤炼自身成长，努力成为能负重任的国家栋梁之才！

2014年适逢中山大学90周年校庆，这本《岭南人》是岭南人对校庆的深情献礼。祝福《岭南人》和岭南人有更好的发展！

是为序。

2014年12月19日于康乐园

（作者系中山大学党委书记）

序二

这是一张青春留下的借据

张向东

我们大学时也出过一本系刊，每个同学都写了一篇，可也就只出了一期。

我还记得裕强那篇的开头大意："我觉得有一些话是要说清楚了，虽然我一直不觉得有说话的必要。"——铿锵有力，掷地有声。之后短短二三百字，大概隐晦地说了自己的抱负。就在做这本系刊之前，裕强要退学创业，所有的考试都没有参加。"比尔·盖茨式"的创业梦碎在父母面前，所有科目也必须补修重考，他被班主任当着全体同学的面大批一通。作为当时帮他在试卷上写名字交白卷的搭档，我眼见了他从退学计划开始的激昂，到父母劝阻时的痛苦，再到被批后的颓废，我知道那几行字背后，一个南方少年的心境。

我也记得映明那篇文章的标题："这是1997年5月9日凌晨3点18分的北京（具体时间不记得了，但标题就是这个体例）"。映明也是一小段文字，但那真是"字字血、行行泪"啊。他和我出身相近，都是乡下贫穷家庭，大学对我们来说，就是跃向城市生活的龙门，龙门之内的大好时光，却荒废在电脑游戏和扑克牌上，那一个晚上，空虚的痛苦刺醒了乡下小孩的荒唐。然而，过几天，他再次坐在了扑克局中。

那本系刊我没有保留，它也不像《岭南人》，有这么强的生命力：21年过去，一直散枝发叶，年年都有很多热情的年轻人参与进来，到今天，这么多代成员居然还可以凑在一起，正正经经出版一本厚厚的书。真让我惊讶，这惊讶就像我初到岭南，看到枝繁叶茂的榕树时的心境一样，是赞叹，是羡慕，同时，也是大大的鼓励。

这鼓励是说，还是有这么多人，有勇气直面年轻时写给自己的这张借据。

序

——你不觉得大学时候留下的笔墨，像一张借据，向未来的自己借了时间，要还的，是一个完美的自己？

大学时写的东西，大多都轻、浅，而情绪浓烈，经历一些世事之后，再看一定觉得好笑。但谁都不敢笑的，是那时候对自己的诚恳。那时候我们对世界的好奇，是真心的好奇；那时候我们对自己的期望，是真心的期望；那时候我们相信努力，相信善良，相信自己，相信朋友，我们相信一切。

在今天看，是多么大的勇气。这些年成长的过程，就是这些勇气消散的过程。

2013年11月，裕强、我和映明在纽约按了NASDAQ闭市钟，我们的巨幅合影出现在时代广场的高楼上，裕强和映明的借据算还得及时。忙完吃饭的当儿，我忽然想，那照片要换成我们大学的合影多好。

受邀来写这样一本书的序，实在惶恐——我算什么“岭南人”呢？

在久邦创业的这10年，我每月来回京穗之间，回北京也是回，回广州也是回。忠平兄说：也算半个岭南人吧。至于和《岭南人》的关联，就理解为每一个大学时给自己写过借据的人共同的关联吧。

“想到故我今我同为一人/并不让我感到羞愧。”这是米沃什的诗句。今天，《岭南人》的这本厚厚的册子，是这些人的“今我”与“故我”的对照，它的意义不是怀旧，而是自我的审视：经过了这些年，我是否成为了当年希望自己成为的那个人？

2014年12月5日于百花深处

（作者系700bike 联合创始人）

目录

目录

第一篇

社团史·廿载岭南人

编辑：林莉　黄洪飙

1993年，岁在癸酉。

这是邓小平发表“南方谈话”后的第一年。当年3月，全国“两会”传来一个令人振奋的消息：“市场经济”被写入《宪法》。

这意味着，中国坚定了改革开放的发展方向。而此时的广东，无疑是建设的热土，时代对知识和人才的需求与日俱增。紧跟时代的变迁，此时的大学，思潮涌动，百花齐放。

热衷文字，渴望表达。当年的中山大学岭南（大学）学院，梁升强等五位大学青年大胆探索，创办《岭南人》杂志，为在校热衷文字的学生提供精神寄托的平台。

《岭南人》甫一创立，就曾引起轰动。此后，正如一个小孩的成长一样，《岭南人》的成长有阳光，也有风雨。但每一代岭南人，都风雨无阻，迈着逐梦的步伐，将他们最美好的青春，都献给了《岭南人》。

时光穿梭。如今岭南人杂志社21岁了，当年那群20岁上下的岭南人，早已踏出校门走向社会。

他们怀念那段岭南人的时光：尽管艰苦，却十分快乐；尽管忙碌，却获得成长。

从困惑中走过来，他们格外珍惜《岭南人》。他们希望通过对社团发展史的回顾，留住那些青春年华。他们也希望通过成立联谊会，为新岭南人提供更好的成长平台。

自此踏入岭南门，不辞长作岭南人！

创刊：横空出世

（1993—1995）

“今天，当人们品评《岭南人》在中大文学舞台上的精彩演出时，或许，他们已经忘了在此之前，她是如何登上这个舞台的。

事实上，观众欣赏的往往只是演员在台上的表演，至于台下的，大可不必去追究。

但是，作为一种怀念，作为对新人的一种鼓励，也为了争取更多的理解和支持，我们却很想说说：

我们是怎样走过来的——”

时代造就《岭南人》

或许，成立于1888年的岭南大学不曾想到，100多年后的几个年轻人还如此看重她的过去，并执着于传播她的文化，传承她的精神。

“今天，当人们品评《岭南人》在中大文学舞台上的精彩演出时，或许，他们已经忘了在此之前，她是如何登上这个舞台的。

事实上，观众欣赏的往往只是演员在台上的表演，至于台下的，大可不必去追究。

但是，作为一种怀念，作为对新人的一种鼓励，也为了争取更多的理解和支持，我们却很想说说：

我们是怎样走过来的——”

这是20年前写下的文字，是《岭南人》第2期首篇文章《风雨一百

△岭南大学时期的怀士堂（现为中山大学南校区小礼堂）

天》的开头。编委会将创刊的经过娓娓道来，于是，一段关于岭南人杂志社的历史，从这里开始，犹如一幅精美的画卷，徐徐展开。

1990年，刚刚考上中山大学的梁升强并没有意识到自己未来的生活会与“岭南”二字结下长久之缘。“当时我们填报志愿的时候，只看得到计算机系，并不知道岭南（大学）学院”，梁升强回忆说。入校后，他才发现自己不仅属于计算机系，还属于岭南（大学）学院。

此时，距离岭南（大学）学院的设立才刚满一年，其渊源正是百年之前创立并赫赫有名的岭南大学。

19世纪末，岭南大学由美国教会创办；20世纪20年代，岭南大学转交中国人自办，并逐步发展成为一所驰名南方的私立大学，影响力波及东南亚，与国立中山大学齐名。1952年，全国高等院校进行调整，岭南大学被并入中山大学，而当年岭南大学的校址正是如今中山大学南校区——康乐园。

1988年，正值岭南大学创校一百周年，许多前岭南大学校友回来跟国家教育部门沟通，想要借此机会在原址上恢复岭南大学。经过协商，最终决定于次年在中山大学内组建一个学院，命名为岭南（大学）学院，由中大的经济系和计算机系组成。

当梁升强进入成立不久的岭院时，他似乎感受到了环境的特别。“如果没有岭

△岭南（大学）学院的红砖建筑

院，没有那个大环境，我们办不出《岭南人》，”梁如是道，“当初我办《扬帆》很有灵感和干劲，但我毕竟不在中文系，我缺少一些东西，杂志能否办得好还是取决于环境。”

梁升强所说的《扬帆》是当年岭院计算机系系刊，到了1993年，梁已是该刊总编，而学院内部还有另一本与《扬帆》同等级别的刊物，名叫《弄潮》，是经济系的系刊，时任主编卜国琴在梁升强眼中是一个无比文艺浪漫的女生。两人虽在同一学院，却分属不同的系，因此并无太多交集。

除了岭院，当时的中山大学还有其他学院，如地环学院，下设五个系。但当时的学院对各系的统筹效果并不十分明显，在学院内部，系与系之间仍然维持着原来的独立性，沟通互动比较少。

1993年初，岭院参照国外办学思路，想要强调“岭南”这一品牌，从而将自己打造成实体学院。于是，党委、团委、学生会等诸多统一管理机构在学院层面建立起来，将系的层面提升到了院的层面。

作为计算机系系刊总编的梁升强受到环境的感染，不禁有了一种冲动，他在心里开始酝酿一本全院性的杂志。

“有了环境，你自然而然会走到那一步。表面上是我带头冲出来，但实际上不是，如果没有环境因素，我再厉害十倍也冲不出来。”梁升强一再强调环境的作用，他说：“我只是刚好站在了那个时空节点上，也许换了别人，也一样可以抓到机会，是环境造就了《岭南人》。”

随着学院实体化发展的稳步推进，梁升强对于学院的归属感似乎也变得越来越强。“计算机只是一个专业，没有文化上的概念，但是‘岭南’却能给你文化的概念，有着很大的内涵，当我感受到‘岭南’时，自然会将自己放到更大的环境中去思考问题。”

于是，梁升强决定找卜国琴商量合并创刊事宜。1993年9月3日的那个夜晚，计算机系学生会办公室里聚起来两拨人，分别来自于《扬帆》与《弄潮》编辑部，《岭南人》创刊的首次会晤就在一番舌战中拉开了序幕。

对于《岭南人》创刊的首次会晤，文章《风雨一百天》中这样描述：

“两帮人的舌战并没有激起其中一人的热情，或者说，梁总编对这次会议多少会感到有点失望，并不是与会人士不赞成他的想法，也不是会议没有讨论出什么结果来，而是在整个会议的气氛里，他似乎找不出一种凝聚力来，而这对他要搞出一本足以饮誉中大校园的学生刊物来说，是最关键的。”

“‘岭南’赋予了我们特别的意义，这将不断鞭策我们在各方面做到最Top。”Top，一个梁升强常常挂在嘴边的词，他希望自己所办的杂志能够配得上新生的岭院。

“为什么要把杂志做得那么好？为什么要花那么多钱和精力？我们又不是中文系。”有些人向梁提出了疑问，或许他们并不认为办好杂志是计算机系和经济系学生应该做的大事。“对某些人而言，办杂志与本院专业关系不大，他们缺少将她办好的动

依稀记得是在1993年5月的某一天，计算机系系刊《扬帆》总编梁升强大佬大驾光临寒舍，语重心长、深明大义地说服了本人将两系系刊合并为院刊。其实真正打动我的是永远不变的梁式微笑（大笑时有点坏坏的）、眼神（澄澈而干净，让人充满安全感）和那份隐藏在内心深处的历久弥坚的理想主义献身精神。

——卜国琴

力，如果我们当时搞的是编程大赛或炒股大赛之类的，两个系的学生就会来劲。”在梁升强的眼里，杂志可以承载很多东西，不仅仅是文字那么简单，他想把杂志当做一个载体，但一般人并不理解。于是，他与卜国琴不得不解散两个系刊编辑部的原班人马，在《岭南人》创刊号征稿书发布后三个星期里，四处奔走，物色人才。

“创刊五虎将”

大二学年刚开学不久，经济系92级国贸班刊主编黄洪飙的宿舍里迎来了一位学长，这位学长虔诚友善，言辞恳切。他不是别人，正是梁升强。

“有没有兴趣当我们的编委？”梁问得直截了当，尽管他与黄素未谋面。

“我完全不知道要干什么。”面对当年梁的邀请，黄回忆道。

当时黄洪飙主编的《看今朝》已在全系众多班刊中脱颖而出，他也因此名声在外。当梁找到黄时，黄刚刚完成《看今朝》第4、5期合刊的编辑出版，面对刚刚开始的大二，他正在考虑如何交班。

“我总觉得办杂志是件有趣的事，但是班刊又不能一直干下去，于是我便答应了他。”说完，黄洪飙又笑称：“当时升强这么看得起我，我自然也不好推辞。”紧接着，在梁升强的询问下，黄洪飙又向他推荐了自己的同乡潘春燕。

梁升强在回忆文章中写到：“春燕在我心目中就是黄蓉，一花一世界，集天地灵气于一身，冰雪聪明、玲珑剔透、美丽多才、博古通今，并厨艺了得。”

潘春燕与黄洪飙属于同届同系，但分属不同专业不同的班，两人有些相似，都曾任班刊主编。在进大学前，黄洪飙对潘春燕就早有耳闻，“她是市中学保送上中大的学霸，事迹早在高考前就已刊发于当地日报，令当时在县中学就读、面临着巨大高考压力的我看得非常眼热。”

于是，梁升强立即手书一封，将自己的想法变成情真意切的文字，

△《岭南人》创刊时期的三位"中国合伙人"（从左自右依次为刘忠平、梁升强、黄洪飙）

托人送到了潘春燕的面前。"写信是受限于环境，当时见男生，我可以直接去宿舍，但要去女生宿舍就很难了。"梁升强回忆说。

潘春燕收到来信，不知缘从何起，但一念之间随即答应了梁的邀请，"此后经济系方面的工作势如破竹，捷报频传，再也用不着梁总编顾虑半点。"《风雨一百天》这样描述。

《岭南人》创刊号的核心团队，最后一个加入的是刘忠平。

刘忠平在入学时的简历中这样填："初中自创班报《独蕾》，参加文学社，高中是学生会主席和校团委委员、组织部长兼校刊《青春火花》负责人、主编。"这些经历引起了旁人的注意，在四处打听收集到的情报信息中，梁升强最后把眼光锁定在刘忠平这位刚入学的"新兵"身上。

关于刘忠平，黄洪飙曾回忆："忠平虽是93级的，却比我和春燕更加成熟稳重，说话不多但一语中的，思路开阔且逻辑严密。直至20年后方知他原来与我和春燕同龄，而且还大我们几个月，中学时大家便是同届，只因他不愿读华农而复读了一年。"

和梁升强一样，刘忠平属于计算机系，梁上门邀请刘加入，刘被梁的诚意所打动，随即放弃了系辩论队预备队员的身份，集

1993—1994学年的寒假。自幼寄人篱下的阿卜（卜国琴）不愿回家，老顽童（梁升强）善解人意地提议到海边走走，忠平放下他的生意过来。洪飙的家就在海边的镇上，所以我们都住在洪飙家的小楼里，窝在小客厅彻夜谈天，说着每个人的理想。

——潘春燕

△1994年，“创刊五虎将”在中山大学惺亭前合影（从左自右依次为刘忠平、卜国琴、梁升强、黄洪飙、潘春燕）

中精力参与《岭南人》的创办。

自此，《岭南人》“创刊五虎将”悉数到位，梁升强任总编，卜国琴任副总编，黄洪飙、潘春燕、刘忠平三人任编委。梁升强笑言：“一个不多，一个不少，真是一找一个准，刚好凑成‘五虎将’。”

潘春燕在后来的一篇文章中曾如此回忆其余四人：

“五个人里，老顽童（梁升强）是90级计算机系的师兄，瘦小干枯却总有无穷的精力和想象力；阿卜（卜国琴）是91级经济系的师姐，这个纤细的扬州女孩夜深时候常在我的对面窗边吹萧，写一手好词；洪飙大男子主义得厉害，右边手指总是捏成剑诀，随时发号施令的样子；忠平看起来很文弱，诗却写得很悲壮，有着数不清的身份，名下有若干的公司。但是我们并不关心这个，我们五个凑在一起，是为了创办院刊《岭南人》。”

至于潘春燕，或许是梁升强眼中的“黄蓉”，或许是卜国琴眼中的“才女”，或许是黄洪飙眼中的“学霸”，或许是刘忠平眼中的“星星”。

“采访+沙龙”突破传统校园杂志

《岭南人》的刊名并没有从一开始就敲定，最初编委们所想到的刊名“岭南风”报到学院后未获认可，后改为“岭南人”，学院才批准通过，并获时任广东省副省长、岭南（大学）学院首任院长王屏山（1951年岭南大学物理系研究生毕业）题刊名。当时梁升强是这样理解的：“风者，乍起乍落；人者，前赴后继”，这在冥冥中暗示了《岭南人》历经风雨延续至今的原因。

刊名既定，各项工作便相继展开。

当时的中山大学，不乏校园杂志，比如校团委的《中大青年》、校学生会的《康乐之窗》、求进报社的《求进》等，而梁升强想要的《岭南人》，并不是其他杂志的翻版，他希望《岭南人》甫一出生，便与众不同。于是，由梁升强牵头的联合编辑部开始思考如何创新。

经过思考，编辑部决定将采访和沙龙作为杂志的两大亮点，同时辅以各具特色的文学类栏目。于是，在创刊号上，黄洪飙、刘忠平、潘春燕三位编委被分别附注了“采访”“沙龙”“栏目”等字眼。

与当时中大其他学生杂志相比，采访与沙龙确属《岭南人》的独创，后来自然成了杂志的品牌。创刊号的采访主要针对计算机系和经济系的毕业校友，由梁升强、黄洪飙、潘春燕分工完成。沙龙则由梁升强和刘忠平负责，主要组织一些校内外的社团，就一些社会话题进行探讨，然后总结成为文章。卜国琴则主要承担审稿、编辑等工作。

1993年9月底，潘春燕和黄洪飙按照学院提供的名单及联系方式开始了采访工作。五位84—88届的中大经济系毕业生接受了他们的采访。“他们分别是私企老板、私企总经理、外企高管、国企中层、银行职员。”时隔多年，现已年届不惑的黄洪飙对于当年采访对象的职业记得一清二楚，如数家珍。

洪飙为人诚恳，而且充满智慧和想象力，文笔也非常好，当我第一次看到他文章时，很诧异一个充满体重的彪悍男人怎么能写出这么幽雅温文细腻的作品。

春燕，美丽可爱，聪敏活泼，是岭院公认的才女，诗词歌赋通，还能言善辩，而且几乎每年都拿一等奖学金。这可是我们编委会的宝贝，我们戏称她为“星星”。可以仰望天空，不可伸手摘星。

——刘忠平

△《岭南人》创刊号封面

采访的内容被整理成为一篇名为《墙里秋千墙外道》的文章，作为创刊号的首篇文章。谈起《墙里秋千墙外道》，黄洪飙笑称："标题是春燕定的，我古诗文基础薄弱，没学过'墙里秋千墙外道'这句诗，当时没互联网，不方便查，但又放不下面子向春燕请教，常常在为'道'的意思究竟是'道路'还是'说道'而纠结。"

与此同时，沙龙的组织工作也在稳步推进，首次沙龙安排在华南理工大学。提前动身前往会场准备前，梁升强叮嘱刘忠平务必带好队伍，按时达到。当天中午，刘忠平因参加篮球赛而未能午休，下午的体育课又逢1000米测试，他一度出现呕吐症状，但稍作休整后，立马聚集队伍，顾不上疲惫和空腹，直接迎着风雨到达会场。

当晚，梁升强见到刘忠平浑身湿透，一副饥寒交迫的模样。他让刘先吃点东西，但刘却称"问题不大"，自己能调节过来，当以沙龙按时进行为重，刘忍着饥冷在会场内坚守记录职责的举动，令梁分外感动。事后，梁对刘说："我放你一个星期的假，这段时间，你什么都不用干，只管好好休息。"

1993年11—12月间，计算机系学生会办公室里，编委们围着6张桌子拼成的一个长方形平台，连夜校稿、排版、制作海报，《岭南人》创刊号就在这样的环境下诞生了。从此，熬夜校稿和排版也就成了岭南人的传统。

△岭南沙龙邀请了广州市9所大学和1所中专学校的学生参加，可谓"登峰造极"

20世纪90年代初，电脑、打印机、排版软件等还很落后，当时的电脑通常是286或386，操作系统是字符界面的DOS，排版软件用的则是WPS，因此，排版时只能通过在文字之间插入控制符来控制字体和字号，排完后又只能通过模拟打印功能来看效果，“看一点，调一下，效率非常低，”刘忠平回忆道：“当时技术远不如现在，早期《岭南人》图文混排的效果是在排版时将准备放图片的位置留出空白，然后复印图片，剪好用胶水粘上去。而且那时我们没有互联网，没有移动硬盘，没有U盘，连光驱和光盘都还没有，拷贝软件只能是用3.5英寸的软盘，每张容量1.44M，拷一个软件就得拎几盒软盘。”

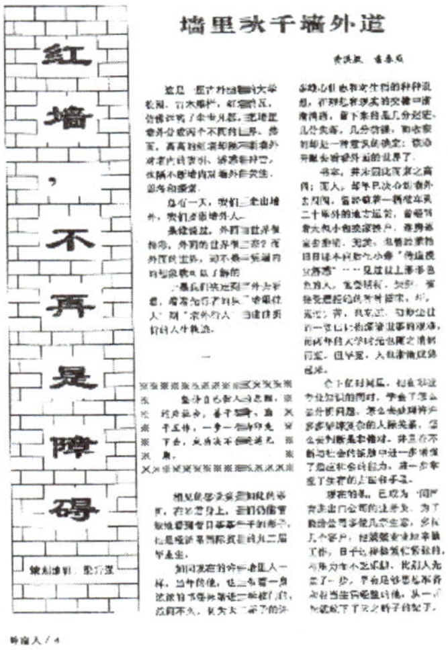
紅墻，不再是障碍
墙里秋千墙外道
岭南人 / 4

△创刊号首篇文章：《墙里秋千墙外道》

然而就是在这样简陋的条件下，编委们为《岭南人》制作了精美的彩印封面和精致的内页版图，并且将宣传横幅拉到校园的林荫道上，将宣传标语贴得到处都是，将大型海报挂到了学生饭堂的门口，将印好的杂志送到了岭院每一间学生宿舍，宣传与发行范围均在当时校园内达到了一个空前的规模。

采访与沙龙仿佛是《岭南人》的两颗明珠，散发着耀眼的光芒，开始被越来越多的人发现并欣赏。梁升强认为采访和沙龙“是对校园杂志的突破”，《岭南人》借此跳出了两个传统的概念：一是文学的概念，二是校园的概念，杂志的风格与基调，通过这种突破就此形成。

《岭南人》创刊号的出现，如同在黑白的校园杂志海洋中投下一颗深水炸弹，在师生当中掀起了一阵热浪。《岭南人》已然成为当时中大内容最精彩、印刷最精美、发行量最大的校园杂志。

冥冥之中自有一种传承

《岭南人》能在众多校园杂志中迅速突围、脱颖而出，凭借的不仅仅是“创刊五虎将”的努力进取，其中还有许多的机缘巧合。

起初，计算机系学生会和经济系学生会各自给了梁升强500元经费，之后，他在采访已经毕业的师兄师姐时又拉到了一些资金，最终筹得2600元，但与彩印所需的费用还有一定差距。

面对窘境，文章《风雨一百天》中描述道：

“多少思想，在这里撞击，多少文略，在这里挥洒，多少汗水，在这里汇聚，多少心血，在这里结晶，编委们是多么希望能把创刊号印好一些，以求一份欣慰，求一份肯定，面对着那‘拳拳深情’，面对着那几双热盼的眼睛，梁总编，带着数十天废寝忘食后的困倦，犯难了……”

《岭南人》创刊号在宣传上打出过一个口号——创中大学生刊物之最。因此，尽管当时中大校园内尚无彩印的学生杂志，但是梁升强等人却希望《岭南人》能有所突破，在整体上超越校园杂志现有的最高水平。

“因为你追求Top，所以你不会用一般的标准去对待你的杂志。可以说，当时彩印简直成了我们的‘梦想’，我们拼命拉赞助，但离‘梦想’还是差了一步，那个时候真的很痛苦，很纠结。”当时的梁升强面临两种选择：选择彩印，则经费不够；选择妥协，印黑白的，则“梦想”不成。当他陷入两难时，机会却正在向他靠拢，多年后他回首时不禁感叹道：“岭南这片土地真的很神奇。”

每年11月，岭院都会举办“校友日”，岭南大学的老校友们从世界各地来到广州，回到康乐园相聚。梁升强想借此良机将刚刚编好的《岭南人》创刊号试印一些黑白版出来，请前辈们看一看，争取从中拉到赞助。但此举也存在诸多忧虑，“如果花了钱试印，却没有拉到赞助怎么办？那接下来的正式印刷岂不是更困难？”最终，梁升强还是做了大胆的决定，他们找到印刷厂，从经费中先抽出700元，刊印了200本黑白封面的《岭南人》创刊号，在“校友日”当天带到了活动现场供老学长们传阅。

终于天遂人愿。活动结束后，岭南大学香港同学会出版委员会主席李毓宏找到了梁升强，称赞杂志做得不错，并询问有无困难之处。梁升强便直率地讲述了自己的困境，李毓宏听说杂志缺钱彩印四封，当即表示由他在香港承担。于是，创刊号的四封随即被直接送往香港彩印，得以正式出版，编辑部则集中财力搞好内页印刷：500本60克国产纸，500本80克进口纸。

据黄洪飙回忆："那次'校友日'之后，李毓宏就时常与我们交流，当时他是广州市政协委员，每个学期他都会过来广州一两次，过来时就会约见我们，叫我们坐一坐，聊聊天，吃吃饭。"在后来与李毓宏的交谈中，黄洪飙才了解到他本人是岭南大学1943届毕业生，他在校时就有一本名为《岭南人》的杂志，其时香港岭南学院亦有一本《岭南人》杂志。冥冥之中自有一种传承，李毓宏觉得自己的帮助很有意义。

李毓宏的助力，使《岭南人》一夜之间便成了"贵族"，也打下了比较好的发展基础。自此之后的一段时期内，编委们不用再过分担心经费问题。

岭南接力有群英

1994年春，新学期伊始，随着卜国琴和潘春燕的离开，创刊号的故事慢慢落下帷幕，但《岭南人》还要继续前行。与此同时，上半年岭院学生会成立后，岭南人联合编辑部改为岭南人编辑委员会，作为其下属机构。

1994年上半年是梁升强毕业前最后一个学期，尽管毕业论文、实习和找工作比编杂志还要重要，但基于集体赋予的使命感，梁升强还是不计个人前途得失，留任《岭南人》第2期总编。

因为深受岭南老学长的感染，岭南人编委们将目光投向博大厚重的岭南大学历史和岭南精神，自第2期首篇文章《悠悠岭南》开始，直至10年后出版第17期，每一期《岭南人》均有1—2篇由编委们采写的"岭南文稿"，这也成了《岭南人》区别于中大其他学生杂志的又一重要特色。

1994年6月，《岭南人》第2期出版。92级编委蔡远健在回忆文章中提到："还记得第2期杂志成功推出，编委会精心安排了

洪飙做事非常稳健，第2期不接棒，逼我舍毕业年大事于不顾而继续背负总编的责任，让我坚持战斗到最后。第2期在1994年6月出版，那是我毕业离校前夕，我几乎没有花时间去找过工作。

——梁升强

1943年岭南大学毕业的李学长是香港岭南大学同学会《岭南通讯》出版委员会主席，升强孤注一掷地在"校友日"上推出黑白封面的创刊号试印版，让他不禁想起了50多年前的岭南大学《岭南人》，以及创刊于1988年的香港岭南学院《岭南人》。刊名之雷同虽纯属巧合，但精神之传承却毋庸置疑。

——黄洪飙

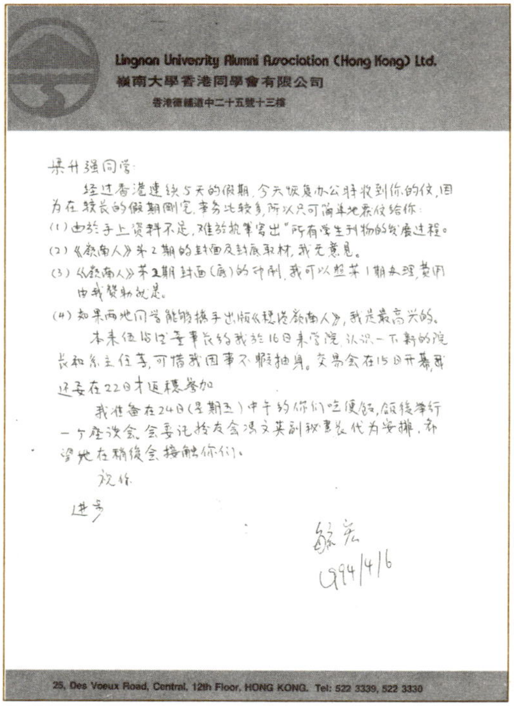

Lingnan University Alumni Association (Hong Kong) Ltd.
嶺南大學香港同學會有限公司
香港德輔道中二十五號十三樓

梁升强同学：

经过香港连续5天的假期，今天恢复办公时收到你的信，因为在较长的假期刚完，事务比较多，所以只可简单地覆信给你：

(1) 由於手上资料不足，难於执笔写出"所有学生刊物的发展过程。

(2) 《岭南人》第2期的封面及封底取材，我无意见。

(3) 《岭南人》第2期封面(底)的印刷，我可以照第1期办理，费用由我资助就是。

(4) 如果两地同学能够携手出版《穗港岭南人》，我是最高兴的。

本来伍沾德董事长约我於16日来学院，认识一下新的院长和系主任等，可惜我因事不暇抽身。交易会在15日开幕，我还要在22日才返穗参加

我准备在24日(星期五)中午约你们吃便饭，饭後举行一个座谈会。会委托校友会冯文英副秘书长代为安排，希望她在稍後会接触你们。

祝你

进步

毓宏
1994/4/6

25, Des Voeux Road, Central, 12th Floor, HONG KONG. Tel: 522 3339, 522 3330

△1994年，李毓宏学长给梁升强的信

一个画有‘永远的岭南人1st，追求卓越2nd’的两层纪念蛋糕，大家簇拥在融融的烛光下，青春涌动梦想来潮。”

梁升强毕业离校后，黄洪飙和刘忠平共同接任第3期总编，黄洪飙主内，刘忠平主外，继续演绎《岭南人》的故事。

从第3期开始，编委会应学院学生工作部、分团委和学生会对报道学院和学生会各项活动的要求，决定由《岭南人》93级编委王雅君出任主编，编辑出版《岭南人》增刊。《岭南人》增刊的创办背景，是岭院学生会成立后，岭南人编委会被定位为下属机构，学院个别老师开始对《岭南人》的特立独行颇有微词。增刊，是为了保持《岭南人》的整体风格而与学院达成的折中之举。

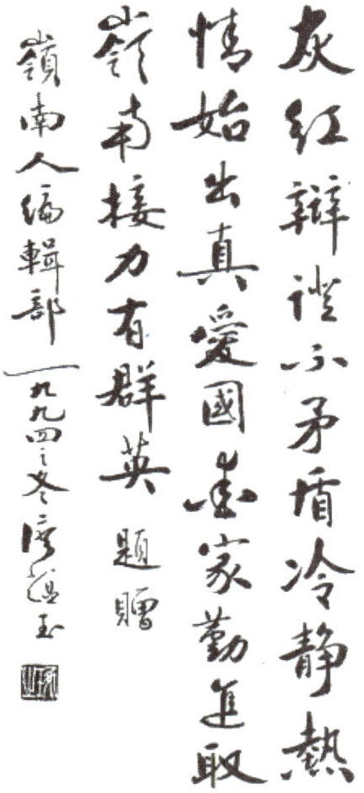

△著名书法家、中山大学古文字研究室廖蕴玉教授为《岭南人》题诗

1994年12月，《岭南人》第3期出版。同月，应岭院前第一副院长桂治镛学长的邀请，著名书法家、中山大学古文字研究室廖蕴玉教授为《岭南人》重新题写刊名，并赋诗一首：灰红辩证不矛盾，冷静热情始出真，爱国爱家勤进取，岭南接力有群英。

1995年春，刘忠平卸任，黄洪飙独力担起《岭南人》第4期的重任。李毓宏、桂治镛等岭南老学长进一步加大了对岭南人的支持力度，不仅全额赞助了充足的办刊经费，而且配置了电脑、打印机等办刊设备，使黄洪飙和编委们得以在“衣食无忧”的情况下尽情挥洒青春。5月，全新刊名题字、全新封面设计、全新版式风格的《岭南人》第4期顺利出版，黄洪飙卸任总编进入大四毕业年。

至此，伴随着“创刊五虎将”的全部离开，岭南人也已完成了从杂志风格到组织架构，从经费设备到运作机制的基础构建，这一切，将在后继者手里继续传承，并将书写出每一阶段浮沉起落的青春成长史。

△《岭南人》第2期封面

△《岭南人》第3期封面

△《岭南人》第4期封面

高潮：黄金时代
（1995—1998）

从创刊到1998年的第10期，是《岭南人》发展的黄金时期，印数从2000册，一路涨到5000、6000册，发行由岭院内部，一路扩展到全校范围，在经费富足的环境下充分实现了岭南人的各种可付诸实践的理想。

第一位女“掌门人”

“创刊五虎将”的努力，为《岭南人》的发展铺平了道路。岭南老学长的定期捐助，使得经费来源稳定，没有后顾之忧，站稳脚跟后的岭南人渴望更大的舞台，更多的认可，以及属于自己的浓墨重彩的声势。既然是大学生办的杂志，就要创新再创新，“要做就做到最好”，《岭南人》的水平屡创新高。

继黄洪飙卸任之后，梁延担任总编，她是岭南人历史上第一位女“掌门人”，开启了岭南人的“她”时代。非常有意思，从此以后，岭南人历届社长或总编，女将居多。

将梁延挖进岭南人，梁升强功不可没。“梁延是有人推荐并激将我的结果，有人说梁延很厉害，没有什么她会看上，我就出奇招——手书一封，内容已忘，重点是用了谁都想不到的非常特别的卡通字体。跟梁延不能讲高度（忠平言看梁延要仰视且心里是忐忑的），不能讲水平（辩论第一高手），只能用可爱的技艺别出心裁来吸引她的好奇心。”

△1994年，梁升强（左）与梁延合影

然而在当事人梁延的回忆里，杀伤力最强的还是师兄“恳切的微笑”，就这么稀里糊涂地加入了编委会。另辟蹊径的怪招，终于邀得良将。

梁延以其干练和冷静扛起了扩大《岭南人》影响的重任。多年以后，在众人的集体回忆中，梁延有如女神般的存在。出现频率最高的形容词依次是“美丽”“干练”“瞩目”“读书好、文字好”……凌翔借用第6期一篇文章《母爱》中的一句话来形容她：“她的优秀，是许多男孩谈论的话题。我作为她的同事，也获得了一些艳羡的目光。”

梁延领衔的第5期，无论是以郁金香作为封面，还是用“昔、意、痴、逸、潮”等划分栏目，都可以看出，作为女总编，梁延有作为女性的独特视角和对杂志定位的理解，“我总觉得，一本好杂志的灵魂是敏感、热情和诚实：对生活的敏感，对文字的热情，对己对人的诚实”，在梁延的努力下，《岭南人》第5期增大了印数，率先冲破岭院，第一次在全校范围内派发，使岭南人获得了更大的舞台。自此，

大一时我并不认识任何一位《岭南人》编委，却接到创刊总编升强老大给我的一封信。他来找我的时候那么恳切地微笑着，似乎是在说“我看好你”。

——梁延

《岭南人》不再局限于岭院的院刊，为后期在全校广纳贤才、以中大为办刊园地迈出了第一步。这在当时的大学生杂志发展史上，算得上一“最”了。

梁延在第5期《岭南人》出版后卸任，由两位副总编凌翔和邓永泽共同继任总编。

与很多编委“稀里糊涂”加入岭南人不一样，凌翔可谓意志坚定，目标明确，他自述“学生会干部来宿舍招新，我在申请表‘加入何部门’一栏中只填上‘岭南人’几个字。记得我放下笔的瞬间，几个学生会干部面面相觑。”邓永泽则是上门找黄洪飙求教如何办班刊，被黄顺手给招安的。“1994年秋，我和林蔚找到洪飙，向其取经，他很热情，并说岭南人正在招人，希望我们进编委会。至于班刊，洪飙更是爽快，他答应全部帮我们搞定。”

“永泽代表了岭南人情感传统的一面，凌翔代表的是懂运营创新的一面。”这是梁升强对梁延选择邓、凌出任双总编的理解。

1996年编辑出版《岭南人》第6期的时候，排版等技术已相对进步了，电脑、打印机、扫描等现代设备也一应俱全并更新换代了，经费也更加富足了，在这样的优越条件下，擅长运营的凌翔进一步争取到岭院董事会和院领导的支持，使岭南人拥有了一间专门的单独办公室。

而邓永泽继续“加强与岭南学长们的联系”，他从第3期当编委开始的主要工作就是外联，外联的对象不仅包括中大校内外的学生杂志、社团，还包括岭南老学长、岭院学工部、岭南大学广州校友会。回忆当年，邓永泽印象最深的是，“每次外联回来，中大的上空已是

△1998年毕业典礼，凌翔（左）与《岭南人》指导老师郝登峰合影

繁星点点，彼时穷学生，座驾就是一辆破自行车，来回一趟石牌华工与康乐园，耗时2个小时，有次还险些发生交通事故。”他甚至为了更方便与校友会老师交流而买回广州话录音磁带和书籍，2个月时间恶补广州话，居然也学得有模有样。那一腔热忱和一股子认真做事的劲头，是邓永泽身上最闪光的品质。

凌翔颇为自得的是当时岭南人看似松散的管理，却极大的发挥了各编委的积极性，“那时候真的很自由，完全由编委会自己决定干。我们那时候架构也很简单，就是正副总编和编委两层，非常扁平化，倒是很符合现在互联网时代的管理模式，大家一起就是做事，只有分工的不同。”

《岭南人》在技术上的改善，全赖胡南迪一人操劳，这正好也是读计算机专业的他的强项，“20世纪90年代早期，拷贝软件只能是用3.5英寸软盘，发展到后面，我们排版用上了Windows3.2和Word，慢慢地，岭南人还有了自己的喷墨打印机和扫描仪……”隔了十几年，胡南迪仍对这些如数家珍，在那个年代，能拥有这些装备的学生社团，也只有岭南人了。

一有空就琢磨如何改善装备、改进排版质量的胡南迪，不仅在硬件上逐步添置全了家当，还在排版上做出了成功的探索，使《岭南人》实现了全电脑排版，告别“剪刀+胶水”的年代，印刷质量大幅度提高。

岭南人为全校提供了编辑排版打印服务，也算是凌翔出色的经营头脑在校园时代的试水；而良好的分工合作也是岭南人编委们引以为豪的传统，凌翔尤为重视这一点，在他的组织安排下，编委会阵容整齐，工作井井有条、繁而不乱，众人各司其职、各展所能。

在凌翔、邓永泽以及团队的努力下，岭南人在各方面

我是大一第一学期进入《岭南人》（第3期）的，一直到毕业前，我都经常和岭南人的兄弟姐妹们在一起，留住我的，是兄弟姐妹们之间的那份温情。在我看来，岭南人就像是一个和睦幸福的大家庭，人情味比较浓，能让我感觉到温暖。

——胡南迪

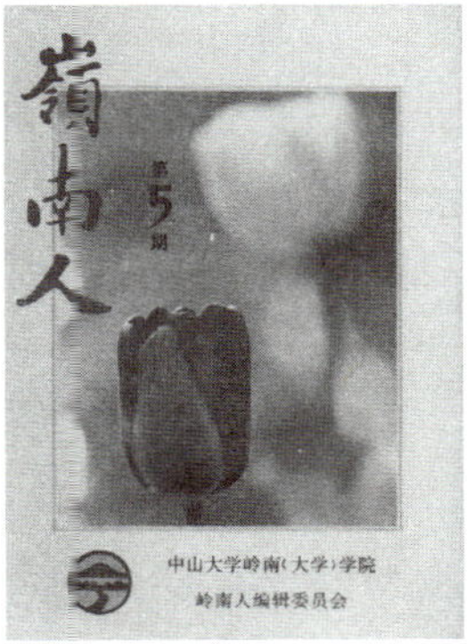

△《岭南人》第5期封面

△《岭南人》第6期封面

都变得越来越成熟。编委会人才济济，刘琼是五届老编，沉稳扎实，就像定海神针，选题交给她基本不用操心；罗长城长于美编宣传，而且人缘极好，与李海明组成的干活二人组，基本承包了编委会的苦活累活，还任劳任怨；陈悦最开始是被作为排版后备力量招进编委会的，意外发现写稿也很了得，担纲的专题有声有色……在他们多年后各自的回忆录里，其实提及的都不是自己写了什么好文章，完成了什么壮举，而是集体熬夜时的欢声笑语，那一遍遍循环播放的张信哲，夜色下大家分享的那个比蜜还甜的西瓜……那时候的岭南人，温暖得像个大家庭，那些细节，永远生动，永远炽烈。

“让全世界都能看到”

“前人种树，后人乘凉”，凌翔、邓永泽在乘凉的基础上提升了岭南人，奠定了比较鼎盛的时期，使得从第8期开始接任总编的周瑛后来被评为“最快乐的掌门人”，因为她接任时，继承的是前任们挣下的一份大家当，后面的路走得相当顺利。

周瑛因军训征文比赛的一篇文章被梁延看上，按她自己的话说，是被梁延“捡的”。而她当上总编也纯属意外，颇具戏剧性。1996年末，凌翔卸任，罗长城原本就是储备总编。孰料到情况突变，罗长城计划出国，意味着学业压力增大，在时间上无法兼顾《岭南人》，就这样，担子落到了周瑛肩上。总编这个差事，被她给“捡了”！据周瑛的回忆，她在第6、7期不过负责一两个专题，对于总编的重任，非常犹豫不决，完全没有自信。然而正是编委们的信任，给了周瑛力量，特别是胡南迪和刘家亮作为老编代表，给了她莫大的帮助和鼓励。多年以后，仍让她感念不已，而这也正是代表了岭南人一种传承，以老带新，保证了岭南人每届编委会的平稳过渡。

在周瑛任第8、9期总编期间，投稿从本科生扩大到研究生，她主张选稿多层次化，“我们可以有所偏爱，但不能有偏见。”这使《岭南人》更具深度，并且拥有更大的读者群。更上一层楼的印刷质量使人耳目一新，风格迥异，题材不同的文章百花齐放，而且大量采用电脑取图，《岭南人》更显得绚丽多彩。

第9期精美的过塑封面引来询问纷纷：“《岭南人》是出精华本么？”其实这也是一段“美丽的错误”：交付印刷时，恰好有一批等量的要求过塑封面的杂志，印刷厂知道岭南人对印刷质量一向是高要求，阴差阳错地免费为《岭南人》包装了一番，披上了华丽外衣的第9期也的确引起了很大反响。

还有一件开了中大学生杂志风气之先的事情也是在这个时候发生的。

1997年，是拨号上网的互联网史前时代。那时候国内大部分人没有用过电邮，但是一些大机构与学校已经组建了一系列的专网或校园网，全国联网的计算机不到30万台，估计网民的数量是62万。他们那个时候能用的网络服务是接到中国教育科研网的中大校园网。

当时已卸任的梁延和刘家亮一起向校方打报告申请，要把《岭南人》放到互联网上，校方接办的人问，你们的发行范围是什么？梁延他们解释道，理论上全世界都能看见。对方大为惊诧，你们小小一个学生杂志，怎么可以向全世界发行，这不符合规定。被拒绝之后，行动力极强的梁延神通广大，一边忙着毕业，一边还是委托同学把《岭南人》的内容编写成网页，挂在了校园网上。

周瑛之后的第10期，由丁楠任总编，任博任执行总编。丁楠对于总编的理解是一个和过去都不一样的概念：“总编要领导因为兴趣而走到一起的人，是非常松散的结合，要有所创新，也要思索《岭南人》的定位和未来的发展，还要能够招得来、留得住志同道合的岭南人。其实这就是要完成从一个只负责自己的individual contributor（个

进入岭南人是因为我鬼使神差地出过几期现在看起来很幼稚的班报，而我一开始的角色是美编，虽然从来不觉得自己有美术或者排版方面的天分；我记得第6期杂志的宣传海报中有几张史努比主题的漫画确实是靠我的“三脚猫”画工临摹完成的。

——陈悦

△《岭南人》第7期封面

△《岭南人》第8期封面

△1997年，梁升强回校与时任编委座谈，图中从左到右依次是刘琼、陈圆圆、任粤、丁楠、周瑛、范里浪、胡南迪、王钊、佘超梅、梁升强、罗琳

人贡献）到team leader（团队领导）的转变。”

恰逢创刊五周年，丁楠和任博决定将《岭南人》第10期办成了纪念特刊，还办了五周年聚会，约了一众老编委回家忆旧，留下了很珍贵的影像资料。从第8期开始编委会开始写编委日记，第10期挑选了精彩的花絮，当年觉得搞笑的桥段，后来者读来只觉满纸温情脉脉，青春逼人。

任博是临时被同宿舍的刘联国拉去岭南人帮忙的，跟佘超梅一起画宣传板。截稿期、宣传期加班熬夜一直是岭南人的优良传统，夜熬得越多感情越深，原本说是帮忙，没想一干就是通宵，从此一发不可收拾，直到再也不离开。任博和刘联国的友谊从学生时代一直保持至今，岭南人共同熬夜干活的经历成为最珍贵的青春回忆录。

在任博与丁楠主导的时期，五周岁的岭南人已达到了辉煌时期，越来越多优秀的编委崭露头角，如阎华、黄娜、邹勇兵，但招新的时候也曾遇尴尬。1997年招新，国庆之后报名者也只有两三个人，丁楠、罗琳、陈圆圆等人不服气，深入宿舍探访宣传，究其原因竟是新生们不敢报，觉得岭南人编委不是那么容易做，更有一句“岭南人居然要我”的惊呼，这成为历届岭南人不断勉励督促自己的“传家宝”。

从创刊到1998年的第10期，是《岭南人》发展的黄金时代，印数从2000册，一路涨到5000、6000册，发行由岭院内部，一路扩展到全校范围，在经费富足的环境下充分实现了岭南人的各种可付诸实践的理想。

穗港岭南人

在岭南人社团发展史上，与香港岭南人的相互交流成就了一段弥足珍贵的友谊，更意味着一种传承。

1978年，香港岭南学院成立（1999年升格为岭南大学）。1989年，中山大学岭南（大学）学院成立。穗港两地院校，具有深厚的历史渊源，其实是“花开两朵，各表一枝”。大家沿用同一校歌、校徽和校服。而且，香港岭南学院也有一本名为《岭南人》的学生杂志。

在这种大背景下，两地院校的学生交流也日益频繁。岭南老学长们也乐见其成，还经常为两地的学子牵线搭桥，两地出版的《岭南人》都被老学长们轮流传阅，拳拳之心，可见一斑。邓永泽还牢牢记得一件小事，1996年秋，李毓宏老学长获知香港岭南学院换发新院服，就马上联系院方，为广州岭南人编委会的编委每人留了一套。那套院服，邓永泽仍然珍藏着，这是穗港两地岭南人友谊的见证。

由第3期开始，广州《岭南人》开设了“穗港岭南人”栏目，选登一些香港《岭南人》的文章。当广州《岭南人》为彩印封面绞尽脑汁时，香港《岭南人》已经是铜版全彩印刷，土豪级配置，让广州岭南人羡慕不已，不仅仅羡慕他们宽裕的经费，更羡慕的是他们大胆的视野和观念。

找到岭南人的网页，发现我写过文章的是8、9、10期，加入应该比第8期出刊再早一些，在第10期担当过总编就退休了，那么退休是刚满20岁的时候，最美的18岁和19岁与岭南人在一起。

——丁楠

△《岭南人》第9期封面

△《岭南人》第10期封面

据黄洪飙回忆，他原本计划在《岭南人》第4期的“穗港岭南人”栏目上转载一篇《香港大学生性观念调查》，可惜在学院有关老师干预下换成了“伟光正”的《香港大学生谈理想》。此事被他自评为“岭南人期间最懊恼的一件事”，看似笑谈，也从一个侧面看到时代的进步。

1995年暑假，香港岭南学院组织了一批学生代表到岭南（大学）学院联谊，其中包括了香港《岭南人》编委。自此，两地院校交流一定带上两地《岭南人》编委成为传统。那个年代，对外交流的机会很少，穗港两地的学生相互间还带着因不了解而产生的好奇。但是年轻人终究是年轻人，很容易就熟络，一见如故。在特邀编委林蔚的回忆中，“联谊会上安排了各种活动，除了讨论两地《岭南人》的发展，还排练了爵士舞，还有校院的足球赛，我们当啦啦队，黄伟斌（时任香港《岭南人》编委）是守门员。那几个仲夏的夜晚，所有的穗港学子都在紫荆园畅谈各自理想，久久不愿离去，结下了深厚的友谊，后来还一直保持书信往来。”

1996年暑假，应香港岭南学院邀请，岭南（大学）学院组织了40人的访问团赴港访问交流。两地学子举办各种文体活动，竞逐“广州岭院董事会杯”。当年8月17日的香港文汇报B5版报道了“穗港学生交流团”访问香港岭南学院活动的情况。其中特别提到，“两地《岭南人》编委亦讨论有关合作事宜及就编报经验交换心得。”邓永泽、凌翔、赖淦锋作为《岭南人》编委会代表参加了这次访问团，从而也认识了香港《岭南人》总编郑义明、编委黄伟斌。邓永泽、林蔚毕业后均在深圳工作，与香港仅一线之隔，他们与郑义明、黄伟斌因《岭南人》而结缘，历经毕业、工作、成

（丙子年七月初七）星期二 文匯報 B5 教育／電視

穗港嶺南學院交流

△1996年8月17日，香港《文汇报》B5版报道了穗港两地《岭南人》编委会在香港岭南学院开展体育和学术交流活动的情况

△1996年8月，《岭南人》总编邓永泽（右二）、凌翔（右一）和编委赖淦锋（左一）到香港岭南学院（现岭南大学）与香港《岭南人》总编辑郑义明（左二）交流办刊心得。

家……友谊历久弥新。

2013年12月21日，郑义明、黄伟斌专程从香港赶到广州参加《岭南人》创刊二十周年聚会，后来，郑义明还特意写了一篇纪念文章，文中回忆他跟广州岭南人的因缘，正源起于老学长们带去香港的广州《岭南人》杂志。而恰巧，郑义明看到的那一期《岭南人》，选登的香港《岭南人》作品的作者正是他本人。"当时，各人都对此事十分好奇，心底同时涌起跟广州同学交流的念头。"

郑义明眼中的广州《岭南人》，"内容因生活环境差异，在取材、表现手法上各有不同，但目标却非常一致，就是为同学们制作一本高水准的刊物。"他对邓永泽等学友们印象深刻，"感受很深的是他们对出版的热诚，还有彼此间真挚的相处。与此同时，郑义明主导下的香港《岭南人》也开始转载广州《岭南人》的文章，"希望借此把两地岭南人连结起来，将他们的想法，透过文章呈现给香港的同学。"

香港岭南学院的部分同学和我们同住军营，几乎天天陪着我们，关顾着我们的学习和生活。我的日记这样记录着：1996年8月18日晚上，已经是十点多了，香港学生领队黄伟斌来到了我们（邓永泽、凌翔、赖淦峰三人）的宿舍。我们彻夜长谈，交流着深港两地学子对学习、毕业后的打算以及香港很快就要回归祖国的看法。观点虽有不同，但都流露出对未来美好的愿望。

——邓永泽

坚持：野蛮生长
（1998—2004）

缺乏经费、定位不明、跨校区管理、影响力减弱……无论如何，正因为如此坎坷，才有了后来岭南人的涅槃新生。从养尊处优到真正走进市场竞争，一切资源都得靠自己争取，岭南人“野蛮”地长大了。

“杂志不能断在我手里”

正当《岭南人》不断走向顶峰时，没有人会想到，一份校园杂志的命运，竟然跟时代的颠簸紧紧地连在一起。

1997年，金融风暴席卷包括香港在内的众多亚洲国家和地区。受此影响，来自香港的几位岭南老学长赞助中断，使《岭南人》在第10期出版后面临经费无着落的严峻考验。

自此，历届岭南人大多苦于经费问题，不得不各出奇招，除了常规的拉赞助，新生代们“预售办刊”“众筹办刊”等方式也应运而生。没有办法印彩版，就把黑白玩到炫酷；没有经费时停办，找到钱时就攒足力气连补数期。正如后来将岭南人编委会改组为杂志社的黄娜所说：“因为这是一本‘有传承的刊物’，不能‘断在我手里’这样的信念，一年一年地传下去，这真是一个奇迹。”

第一个接受挑战的是罗琳。96级的罗琳加入岭南人的时候，正处于岭南人的黄金时代。1998年秋，当暂别半年的罗琳再次回到岭南人时，她面临的不仅是人才寥落的编委会，还有总编的重担。

因为岭南老学长的赞助骤停，上届编委会余下的钱已然不够出一期杂志。任博回忆说，当时已经到了“无奶可吃，断奶就亡”的地步。刚接任总编的罗琳面对的便是这样一种境地。

在反复向学院争取经费无果的情况下，自创刊以来坚持每个学期出版一期的《岭南人》被迫中断了。而对学院方面“没有资金就停办”的态度，罗琳下决心要把《岭南人》办下去，并承诺：“资金我们自己解决！”

说干就干，罗琳和编委们决定去拉赞助。“岭南人迟早要自己谋求出路，只是我刚好遇上而已。”在没有选择的情况下，“要生存就要突破”，罗琳并不甘心。

得益于《岭南人》过去十期内容丰富、包装精美，派发量在全校无人可比，拉赞助的过程还是比较顺利。“只是这个道理今天才明白，那时只是觉得很幸运而已。”

除了经费问题之外，罗琳还面临着《岭南人》的定位问题。**“那几年是一段颇为尴尬的时期，核心是两个定位的问题：一是《岭南人》是岭院的还是中大的；二是《岭南人》当时的风格是否符合同学们的阅读兴趣。”任博如是说。**

与创刊之初不同，那时候的校园里，学生杂志多如牛毛，各种系刊、班刊，甚至有的寝室都有一本自己的杂志。罗琳努力按照自己的理解传承着《岭南人》的风格，有宏大叙事也有小清新，有纯美的散文也有针砭时弊的杂文，各种元素都尽量保留下来。她觉得这种风格比较像《读者》。

当时有不少轻松搞笑的杂志在学校里非常流行，这给《岭南人》带来一定的冲击，也让岭南人的编委们思考自己的杂志是否符合同学们的兴趣和阅读需求，是否太曲高

如果在《岭南人》的日子，上半段是浪漫喜剧，那么下半段就应该是励志片了。郝老师一句“没有资金就停办”让编辑部工作戛然而止。当时我们刚完成招新，进行着专题和征稿工作，但是没有资金只好停了一期。后来，经商议，我们还是可以主动出击拉赞助，毕竟杂志在中大有一定美誉度。但是《岭南人》有零广告的传统，记得好像是任博说的，“传统就由我们来打破吧”！

——罗琳

△《岭南人》第11期封面

和寡。“但我们还是不能变。”罗琳说，“有些文章要花一两个月才能写出来，有的文章一天就可以写出来，但五年十年后再回头看，哪个更有意义呢？”

即便编委们都说“写专题很苦”，但还是点灯熬夜全力以赴。不记得讨论了多少个晚上，也不记得熬了多少个通宵伏案埋头苦写。经历一年的煎熬，1999年6月，《岭南人》第11期最终出版，其中的《To Be or Not To Be》便是他们辛苦的成果之一。

《岭南人》得以延续，彼时的罗琳反而觉得很平淡，“只是觉得完成了自己的任务，可以顺利交棒给97级的师弟师妹了”。

从编委会到杂志社

熬过第11期以后，岭南人逐渐人丁兴旺起来，彼时罗琳交棒的是邹勇兵，1999年秋，邹勇兵完成了新人招募的大部分工作后，因为决定考研而把接力棒交给了同班同学、担任过两届编委的黄娜。黄娜和邹勇兵两人性格迥异，一个是热情的湖北辣妹，一个是低调的客家小伙，但在工作中却是难得的好拍档。

虽然时隔17年，但黄娜对加入岭南人时的情景仍记忆犹新，那是1997年岭南人招新日，刚入校不久的她拿着一个不锈钢饭盒，懒洋洋逡巡在几个招新的学生社团之间，精美而且风格感极强的《岭南人》映入她的眼帘，于是她停下脚步，把几本杂志仔细翻阅。黄娜回忆，当时让她印象非常深刻的是那几组讲述岭南历史的文章，有文笔幽默的龙原的文章，也有一首小诗《抓一根稻草思考》，“是我喜欢的调调”，黄娜说。看到《岭南人》时，她感觉找到了最适合自己的团体，她觉得这是一个非常务实、有境界和精神追求的社团。她就像找到接头方的地下党人一样欣喜若狂，缠着罗琳等几个编委问这问那，就这样开始了她的“岭南人生涯”。

那时候《岭南人》的风格很像《读者》，或者《青年文摘》，黄娜欣赏蕴育其中的人文气质，但也更希望杂志能够突出大学生的真实生活和思想性。因此，黄娜在接任岭南人"掌门人"后，借鉴自己喜爱的《南风窗》和《南方周末》，突出独家策划和专题采写稿件，因为独家策划能打破静态写作的局限，更有思想性和互动性。为了第一个独家策划的选题，岭南人反复开会讨论。

1999年秋，正逢黄达人校长履新，对新任校长，大家充满好奇，"不如去采访黄达人校长"，黄娜提出这个想法时，大家惊诧之余更多的是兴奋。当时黄校长履新，作为后来被证明深受中大学子和校友爱戴的继往开来的浙大前副校长，彼时还并不为在校学生甚至大部分老师所熟悉。通过指导老师的帮助，终于几经周折，黄校长确定能为《岭南人》的专访安排一个专门的时间。

为了这次专访，黄娜和编委王亚楠做了近一周的功课。除了大家一起反复讨论采访提纲，她们还在逸仙时空BBS上发帖征集对校长的提问，"除了大家关心的硬件、生活、服务问题，还有其他三个方面是大家所关注的：一是了解校长对于大学精神的观点；二是了解校长对于中大学术建设的准备；三是了解校内民主风气因为校长的到来会有哪些变化。"她们把这些恳切的期待放进了采访提纲中。原本预计仅半个小时的采访因为相谈甚欢而持续了一个多小时，校长畅谈他对中大的构想，畅谈他和学生沟通的趣事，他对中大的热情感染了黄娜和王亚楠，她们感到校长有着非常开放的心态，她们总结了一个关键词是"透明"，沟通才会有透明，只有透明才会有双方的信任和支持。

采访文章问世后，引起了很大的反响，之后又有许多学生杂志仿效《岭南人》，约访校长或院校方领导，"习惯沟通与对话，是一种非常重要的思维训练"，黄娜说，

那个夏天，一帮人互相结识，认真做事，畅谈对杂志的种种构想，渐渐决定让更多的人身上能贴标签、能做更多的事情。于是我们和指导老师讨论，增设更多的位置，但位置并不是一种"官职"，更多的体现着这个人适合在这里做事，以及有做事的热诚。

——黄娜

△《岭南人》第12期封面

“从在校开始，我已经深刻意识到这一点，大学生应该用自己的思考进入社会公共生活，而不仅仅是被动接受。应该说这是从采访黄达人校长开始的。”

随着经济、科技的发展与校园环境的变迁，80后成为在校大学生群体的主力，自我证明的各类诉求需要各种途径来表达，中大的校园社团因此如雨后春笋般生长起来。各类横幅标语、海报和宣传单张充斥在每一个它们能够被容下的时空和角落，很多宿舍开始在大门上张贴“单张杂志已为患，省省吧”“求求你，不要再发纸张了”……当时经济与科技的迅速发展、校园活动的日益丰富和功利追逐的现实环境，使真正对校园文艺感兴趣并愿为之付出的人越来越少，岭南人已开始面临重大挑战，原有的传统编辑部运行思路不再适应新环境下校园社团的发展，加强社团的综合运营与专业性的内容制作势在必行。

在这种情况下，黄娜决定将岭南人编委会改组为杂志社，原来总编负责制改为社长负责制，设专职主编负责内容制作。自此，内容采编、活动与栏目策划、社团外联宣传、杂志发行等各环节进行了更明确的分工合作，岭南人正式开始了杂志社形式的社团运作模式。有人称黄娜是岭南人杂志社的“制度创新者”，对此黄娜觉得自己并没有为岭南人真正做了什么制度的创新，“这样的制度改造是由当时岭南人的构成特点决定的，比如鲍岚岚是个非常不错的外联人才，但是她对于写作是不太擅长的；李焱文很有管理才能，就不能仅仅当成编委用，而应该让他发挥更大的作用；文珍比较愿意专心写稿，那么她就可以专心做编务。岭南人一向有非常自由的空气，每届岭南人都是一边传承，一边创造，每期都各有不同。”

同时，岭南人杂志社开始做大量的外联与宣策工作，邀请了本校和华南师范大学、第一军医大学（现南方医科大学）等校园文学社团进行联谊座谈，组织多次岭南沙龙，探讨许多当时的热点文艺问题。黄娜还注重发扬《岭南人》的优势，去寻找那些有才华的校园写手，名誉主编杨昂（当时是法律系研究生）、撰稿人李丽（当时是中大南方文学社社长、现用笔名木子美），都是在那个时期成为岭南人的亲密战友。

当2000年新年的钟声敲响时，《岭南人》第12期在全体编委的辛勤汗水和多个通宵达旦的工作中如期出版。封面一辆在大雪纷飞的黄昏中傲然屹立的单车，封底千禧龙年图案赫然醒目。

“搞不到钱就别当狗屁社长”

2000年春节后的新学年，黄娜在《岭南人》第12期出版后正式退出。在黄娜主持的杂志社全体会议上进行了无记名投票表决，李焱文作为社长、罗渊作为主编承接岭南人杂志社的工作。

首先摆在李焱文面前的还是经费的问题。李焱文跟几个社团外的死党聊起这个问题时，一帮热血沸腾的兄弟们七嘴八舌，最后一个结论：“老李，做社长，你就得有本事自己搞钱，不然，你就别做这个狗屁社长。”

天无绝人之路，恰巧岭院新开办的校友网站——“岭南人家”需要进行长期的更新维护与内容充实，招聘学生干事有偿承办这项工作。而该网站恰好是《岭南人》前总编凌翔的公司义务为学院筹办的，旨在研究岭南历史、联系岭南校友、弘扬岭南精神。

李焱文了解到这个信息后，立即兴奋起来，想着无论如何要把这活儿给接下来，一是要继续扎稳《岭南人》在校友中的传统影响力，树立历届师兄师姐努力开创来的不可替代的品牌地位；二是要解决杂志运行经费的长期来源，而不仅是短期的发行费用；三是为《岭南人》能够逐步过渡到内容与形式的市场化争取一定时间和空间。

经过李焱文与指导老师和学院领导多次的软磨硬泡，

当我们蓦然回首时，发现自己曾经完全为了兴趣、机缘、信念与自我证明，去记载和洗礼我们的灵魂与心路历程，不夹带任何私心地传承和维系一种“执着、坚持、互勉、同行”的精神与情谊，鼓励和重塑岭南人的昔日精神与欣欣向荣之象，于昔于今，已远远超出了岭南人杂志社团及其文字本身所记载的内容和意义，缘起缘落之中，这又何尝不是人生中有幸经历的一次感悟、洗礼与涅槃的快享。

——李焱文

△2002年，李焱文（右）和罗渊（左）合影

经历了近一个多月的焦灼不安与奔走之后，岭南人杂志社最终承接了"岭南人家"网站的更新维护工作，经费问题总算告一段落。

2000年6月，《岭南人》第13期如期出版，"岭南人家"网站也进行了改版和大幅度的内容与历史文献补充。当月的校友大会上，《岭南人》第13期发放在每位与会领导、校友和学生的资料袋中，"岭南人家"网站的页面截图也作为大会报告中的一张PPT出现。会后不久，伍沾德学长让他的秘书通过学院给予岭南人2000港元的出刊经费定向支持，同时也给予了岭院董事会主席的鼓励："很久没有关心你们了，略表心意，希望《岭南人》能越办越好。"李毓宏学长也对杂志和网站的建设赞许有加，并提出了很多建议。此后，在白天鹅宾馆举办的岭南大学校友纪念大会晚宴上，校友会为岭南人杂志社留了专门的学生代表席位。后来，李毓宏学长又直接通过校友会给予《岭南人》出版经费支持。

有了网站建设的有偿服务收入和岭南老学长们的支持，岭南人暂时没有了后顾之忧，同时，重新建立了与岭南老学长的直接沟通渠道。《岭南人》第14期在一片欢声笑语与无忧无虑中，按时按质在2000年底顺利出版。

跨校区管理时代

2000年注定是个特殊的年份，中山大学与珠海市政府合作，开设了第一个分校区——珠海校区。珠海校区总建筑面积近20万平方米，设施完善，不仅有号称“亚洲第一长”的教学楼，还有十三层高、拥有整幕面海落地玻璃窗的图书馆，可谓美景无敌。

中大00级也成为了特殊的一级，所有院系的新生都将在珠海校区度过大学一、二年级的学习生活，岭南人也因此步入了跨校区管理时代。

当时，李燚文跟罗渊、周游、陈杰、唐安琦、林莉、文珍等编委讨论后确定的思路是，要想方设法做好00级的招新工作。

借助与岭院学工部助理师姐混得脸熟，岭南人偷翻了岭院00级新生的花名册，将有亮点的同学全部记录在案，包括各省考分排名前列有机会拿凯思奖学金的，高中阶段活动积极分子，有办报经验的，拿过各类征文比赛奖项的……而后趁着学生会、团委还没有来得及选拔苗子，带着杂志把相关对象都沟通了一遍。经过了长时间的准备和校园BBS的招新造势，岭南人在国庆后的第一个周末开始了00级的招新。

同时，岭南人不仅仅把眼光放在珠海校区的新生招募上，在康乐园本部校区，大家发动力量，大力发展愿意参与校园杂志和社团的同学，不限系别、不限学院、甚至不

△《岭南人》第13期封面

△《岭南人》第14期封面

△2000年，李焱文及一众编委与创刊号总编梁升强（右一）在珠海校区招新现场偶遇

限学校，除社长外，主编、副社长都可以物色其他院系的才子佳人担任。

这里有一个不得不提的小故事，李焱文曾在回忆文章中提到，在珠海校区招新现场碰到了创刊总编梁升强："周六的上午，梁升强师兄等一行人恰巧在珠海校区参加校友活动进行参观。看见招新的横幅和正在派发的《岭南人》，升强饶有兴致地走过来，拿起一本《岭南人》认真地翻阅起来，问：'这是你们做的？'虽然此前从未与升强谋面，但依旧有一种莫名的亲切，我出口应过去：'是啊，师兄！'意气风发的升强师兄，指着第2期杂志中的一幅照片凝重地说：'这个是我，梁升强。'惊诧之余，其他小伙伴们一同过来膜拜与攀谈。但那次行色匆匆，校友会还有其他统一的行程安排，约十来分钟之后，升强师兄旋即随大队离开……"

00级的招新网罗了一大批佳人才子和日后的社团活跃分子，如陆玉娟与殷达明伉俪，任江涛、林冬、全文文等等。

在谱出2000年一年出版三期杂志的阶段性辉煌之后，接棒的99级岭南人还不知道自己将要担起一副二次创业的担子。2001年2月，李焱文和罗渊先后退出岭南人，陈杰作为社长、唐安琦作为副社长、林莉作为主编接棒和见证了岭南人的新世纪第一年。

除了招新，资金问题仍然是烦恼的事情，陈杰为此跑动了很久，因为学院需要跨校区开展学生工作无暇多顾的原因，他无缘与多年关注岭南人的李毓宏学长取得直接联系，来自岭南老学长的资助又断了。好在李焱文留下的部分经费能够贴补一期杂志的印刷费用，且当时的市场环境尚好，承接“岭南人家”网站更新、世奥书城征文比赛、柯达胶卷两校区联合推广等业务及活动的结余也算可观。

2001年6月，《岭南人》第15期杂志出版，这是岭南人跨校区管理的第一个成果。封面红灰色调，令人耳目一新，林莉主笔的卷首语《因为疯狂而追求or因为追求而疯狂》，俞蓓、王岚、韩颖采访的与创刊号同名专题《墙里秋千墙外道》……这些都是对《岭南人》“创刊五虎将”美丽宏愿的致敬。

第15期，是我真正下定决心要大刀阔斧干一场的一期。我甚至很专断，排版也悄悄一个人做了。说是排版，其实只是自己画，当时CorelDraw刚刚出来 我不会用，为了提高效率，还是决定让印刷厂的人帮忙，之前，我把这期的稿子一篇一篇地斟酌，挑选画面，用几十张A4纸画出每一页的排版。等到我把厚厚一叠“排版”交给印刷厂的时候，他们也吓一跳。可能想不到还有人这么傻。我觉得那个时候挺苦的，不过好开心，欣赏一种投入和忘我的状态。

——林莉

重心转移到珠海校区

由于岭南人杂志社是2000年10月第一批在珠海校区展开招新的社团，也是当时在所有社团中第一个召开全体成员会议的，社团招新人数一度独占鳌头，达到80多人。分为编辑部、宣策中心、外联部、网络部、书友会等部门，其中岭院学生的比例占到近50%。有趣的是，外院系的学生比较集中的部门反倒是编辑部和书友会，而岭院的学生多半选择了宣策中心、外联部等部门，突显了经济类专业（当时计算机类的系已调整出岭院）学生务实的特点。

△《岭南人》第15期封面

由于00级的特殊性，珠海校区岭南人更多地呈现自由奔放的状态，部门与部门间的交流少，各部门几乎是自行运作。第一学期内，表现活跃的是宣策中心与外联部，当时由任江涛、侯国楠、汪涛等负责，提出了在杂志社下设摄影协会、公关协会等设想（后来摄影部门分离出去单独成立了中山大学摄影协会）；而在第二学期，书友会在负责人陆玉娟的带领下，取得了实质性发展。

第二学期后期，由于受到班委、学生会以及团委选举的“三大狙击”，再加上管理方面的某些原因，珠海校区岭南人杂志社成员大量流失，由原先的80多人急降到20多人。为了稳定社团，岭南人紧急组织了珠海校区分社的第一次社团选举，陆玉娟、汪杨明分别成为分社第一任社长、主编，一起携手开展工作。对于当年的选举情况，陆玉娟在回忆中谈到：**“当时书友会的自我定位和会员招新结果出乎大家意料，成为岭南人内部唯一通过自己努力争取到费用的部门，并加强了社团的影响力。因为这样的创新举动，所以才在当时的选举中得到了大家的认可。”**

进入大二学年，珠海校区岭南人面临的第一项工作就是针对01级新生的招新工作。在宣传上，“琴弦断了旧知音，谁来唱歌谁来听，谁喊了青春谁来应”成为主打宣传词（此宣传词在今后几届延续常用，得到广泛认可），并吸引了一批新人的加入，01级的余峰、范媛媛、杨楚量、张洁平等，就是这一批中表现突出的新生力量。但由于没有历史铺垫，珠海校区岭南人面临定位上的困境。从名称上，外院系的新生会容易认为这是专属岭院的杂志而不选择加入或投稿；另一方面，对文学有兴趣的新生人数也呈下降趋势。

△01级编辑部成员合影（左二为范媛媛，左四为张洁平）

在这一学年中，为了扩大社团影响力，岭南人在珠海校区举办了

△2002年，岭南人杂志社与《中大青年》报社、《求进》报社、金字塔学社共同举办“涅槃之石与陌上之尘”大型沙龙（前排左三为汪杨明，二排左三为陆玉娟、右一为张洁平、右二为赵英杰，后排左五为杨楚量）

六大高校合作的征文比赛（六大高校分别是：中山大学、华南理工大学、华南农业大学、广东外语外贸大学、暨南大学以及华南师范大学）。并与校内的《中大青年》报社、《求进》报社、金字塔学社三大社团合办了一个大型沙龙，名为“涅槃之石与陌上之尘”，探讨校园人文精神的现状，此次沙龙在校内引起了一阵辩论思潮，并以专题形式在《岭南人》第16期上发布。同时，编辑部积极征集并编辑第16期的稿件，其他多个部门的工作蓬勃开展。

2002年秋，陆玉娟升大三回到校本部——南校区，与陈杰交棒，继续《岭南人》第16期的编辑出版工作，并将珠海校区社长职务交接给了余峰。此后，陆玉娟、余峰两人跨校区携手并进。在一定程度上，回到南校区后的陆玉娟承担了“总社长”的职责，完成了岭南人承上启下和跨校区社团管理的完美过渡。自00级起，岭南人的重心逐渐转移到了珠海校区。

值得一提的是：在这样动荡的跨校区传承时期，岭南人的特殊方式——“谈心”起了重要作用。唐安琦在火车站迎

那是岭南人的第十年，我们决定出一本《岭南人》十周年精华版。在杂志出版最困难的时候，我和玉娟见到了忠平、升强、洪飙师兄等祖师级的人物，也是由于他们的帮助，十周年精华版才得以顺利出版。他们出钱出力，让我再次感受到身为岭南人的自豪，我想很少有一个社团会如此传承——感情在，什么事情都好办！

——余峰

新时接到陆玉娟的故事，梁升强师兄珠海招新时的闪现，李毓宏学长的持续支持，校友会老学长们的殷切期盼……都成了老编向新人宣讲时的动人材料。鉴于珠海校区岭南人团队重建期的情况，抓住任何机会谈心成了行动上最无奈、结果上却最完美的“意外”。“谈心”“讲故事”作为极为有效的工作方法，在后续岭南人的发展中发扬光大。

陆玉娟回忆到：“其实当时除了在岭南人杂志社的职务外，我还同时兼任院学生会的学习部副部长和团委的职务，后来有一个夜晚，安琦师兄在教学楼的一楼跟我谈了很久，具体分析了各个组织的前景，还谈到了未来规划等等。我已经不记得当时的具体谈话内容，只记得过后我就把学生会和团委的职务都辞了，唯一留下来的只有岭南人的职务。可以说，安琦师兄对传承的坚持是让我留在岭南人工作的重要原因之一。”

余峰也回忆到：“在岭南人最难忘的一个人是玉娟师姐，如果不是她，她的选择，我不会加入社团并成为社长；如果不是她，她的坚持和乐观，我们在珠海校区没经验、没经费、没学院支持的条件下，未必能够撑过来；珠海校区最开始的那两期杂志可能也不能问世，可能也未必有后面的故事。岭南人的社团史不会有‘如果’，然而，任何一个人、一件事都可能是掀起太平洋台风的那只蝴蝶，对于我而言，玉娟无疑是那只蝴蝶。”

此外，社长写史、专题策划、传递编委日记、主编交班时带一把……都成为岭南人经年的优良传统。可以说，传承的意义，在这一阶段得到了完美展现。

由于岭南人的重心已转移到珠海校区，回到南校区后，陆玉娟面临的主要问题是将已经编好的《岭南人》第16期印刷出版，印刷经费预计要一万多，虽然有在珠海校区积累的部分书友会会费及活动费用的盈余，以及上一届留下来的部分经费，但缺口仍然很大。陆玉娟暗下决心，“不论如何，《岭南人》不能断在我们手里，一定要传承下去”。

为了凑齐出版经费，陆玉娟寻求多种渠道解决问题。一方面，她积极与学院联系，在一周内写出《岭南建筑史话》专题，延续此前《岭南

△南校区岭南人手捧新鲜出炉的第16期杂志（前排从左自右依次为黄勇、陆玉娟、汪杨明，后排左一为范媛媛、左二为林冬，右三为钟莹）

人》宣传岭南文化的传统，从学院争取到了数千元支持；另一方面，她通过参与编辑《中山大学学生社团》一书，将岭南人杂志社排到了学生社团中的第三位，然后拿着印出的书出去谈赞助，也争取到了部分资金。总之，几经周转，杂志的印刷经费，在很短的一个时间内最终凑齐。2002年秋天，《岭南人》第16期终于问世。

同样的故事也发生在继任社长余峰身上，他2003年秋天回到了南校区后，同样秉持着"每一届社长必须出版一期《岭南人》"的信念，把全副身心投入到新一期杂志的出版上。

这一年，也是《岭南人》创刊的十周年，余峰和团队决定出一本《岭南人》十周年精华版。但是，由于大环境的影响，筹措经费非常困难。在最困难的时候，余峰找到老总编刘忠平、梁升强、黄洪飙和凌翔，告知在资金上有困难，他们二话不说就拿出2000元作为经费支持；而作为上一届社长，陆玉娟也拿出了自己的1000元奖学金。在此基础上，剩下的资金缺口由社团剩余部分经费以及余峰自己解

有幸的是，当时负责岭南人广州工作的陈杰、我和林莉都是99年便加入的老同事，大家合作起来有默契，能抗得住担子。加上有李焱文、罗渊、周游的支持，我们成功推动了岭南人在珠海校区的第一次选举，陆玉娟社长加汪杨玥主编的组合精彩亮相。岭南人此时才算是在珠海稳住了脚跟。

——唐安琦

△《岭南人》第16期封面

△《岭南人》十周年精华版封面

决。最终，承载着历届编委们的热望，还有对岭南人未来憧憬的十周年精华版得以破茧而出。

特殊的书友会

每一届岭南人都用自己的方式为《岭南人》出刊获取独立的经济来源，而长期维持岭南人部分稳定经费的功臣却离不开书友会。

书友会的最初构想来自于唐安琦。2000年初夏，唐安琦提出了他的书友会设想。时任社长李焱文后来在回忆社史时谈到，“刚开始我并不是很支持发展书友会，因为感觉书友会运作方式上与杂志社的运作没有直接契合点，容易分散社团资源和力量，对好不容易在动荡之后站稳脚的岭南人来说不太合时宜，我的想法是大家能集中精力借势把杂志的内容和社团运作再提高一个层次。但是，唐安琦的执着，很快让书友会有了雏形，用事实证明了我的固化思维与单方面判断并非全部正确。”最初的书友会构想，是与当时广州知名学生创业网站世纪校园网合作的项目，通过他们的渠道，可以给同学购书提供折扣。但由于跨校区管理和部门人员有限的原因，并未来得及大规模实行。

正式将书友会付诸运营并面向全校大规模招新，则是从珠海校区开始。唐安琦将书友会交棒给陆玉娟的初期，珠海校区岭南人书友会并没有明确的职责与任务，基本上是协助其他部门或是社团的工作。后来，经过内部讨论，书友会决定面向全校招新，自己画海报、印传单、跑赞助，第一批招收的会员就已超过200人。对于如何定下书友会的发展方向，陆玉娟回忆到：“虽然最初并没有确定的工作内容，但当时书友会这个部门每周都会开一次会，交流彼此的想法，分享近期的书籍读后感。后来有一次会议，我们不知不觉聊到晚上九点多，然后大家都觉得，我们这群人一定要做点创新的有意义的事情，于是经过讨论，我们就定下了成立读书人俱乐部这个发展方向。”

自2001年起，珠海校区岭南人正式将书友会定义为面向全校招收会员的读书人俱乐部。一方面，书友会与校内的书店及市区最大书店——

文华书店谈合作，让书店给予持有他们会员卡的学生8.8折的购书优惠，并给予他们一笔赞助费；另一方面，书友会面向全校招收会员，会员卡每张2元，除享有购书优惠外，还能参与他们组织的读书沙龙活动。第一次的会员招收活动出乎意料地顺利，短短2天就招到了超过200个会员。陆玉娟有感于书友会的丰收，“当会员数超过200人的时候，我们清楚地看见心里开出的花，有泪的芬芳”。

由于有了会员费加上赞助费，书友会成为岭南人内部自给自足、自得其乐的部门。陆玉娟被推选为珠海校区分社第一任社长。

分社进入换届交接后，01级的杨楚量成为书友会的负责人。在杨楚量看来，“书友会算是一个比较特殊的部门”。当初他选择书友会是因为他认为书友会人数众多，规模庞大，感觉比较有气势。

由于当时的岭南人因经费筹措难一年只能出一期杂志，所以平常的一些活动不少是以书友会名义来开展的。书友会会员众多，除了提供购书优惠以外，如何有效组织会员活动，提供会员有价值的服务，让杨楚量等书友会的同事们陷入了很长时间的迷惘中。

如何在学校众多沙龙的背景下独辟蹊径，显示出书友会会员活动的特色？经灵感触发，杨楚量决定办一场多媒体沙龙，主题是探讨周星驰“无厘头”文化的盛行。所谓多媒体，即是在普遍以座谈为主的沙龙上，使用投影仪，以影音的方式呈现。这些今天看来司空见惯的手段在那时候的社团活动中还算首创。此活动得到了杂志社上下的重视，小伙伴们动用所有人际关系，还召来特别嘉宾，现场演绎了星爷经典的对白。当时的活动取得了非常不错的效果，也自此定下了书友会定期举办多媒体沙龙的惯例。

收会费的时光是好玩的，还记得我们是拿着会员卡一栋栋宿舍去扫楼，就像居委会的大妈一样去敲门。此外，我们还推动了书友会员们共享书籍制度，制订会员共享书籍名录；同时还举办书籍阅读推荐沙龙，定期向会员们介绍值得阅读的书刊。

——杨楚量

除了沙龙之外，书友会还在招收书友会会员的形式上进行了创新。由杨楚量带头，一行人拿着新印制的会员卡一栋栋宿舍去扫楼招会员，最后总算不负众望，新招了超过200名会员，加上上一届，书友会的会员总数超过了400名。

另外的一项重大的调整是把会员费从2元提升到5元，制订了会员共享书籍制度和名录；同时还举办书籍阅读推荐沙龙，定期向会员们介绍值得阅读的书刊。

可以说，岭南人书友会的理念在珠海校区萌芽、生根、开花、结果。陆玉娟、杨楚量等书友会负责人及团队所创新的各种薄利增收办法，不但缓解了当届杂志社经费的困难，更是开创了岭南人创新筹款的新门路。

第一任“非岭院”社长的挑战

2003年珠海校区岭南人的新旧交替是具有历史性的，余峰升大三回本校区后，来自法学院02级的幸岚以微弱优势当选社长，标志着岭南人真正成为一个全校性的社团。

刚刚上任时的幸岚雄心万丈，决心要把社团做得更有影响力，更符合“全校性”这一定位。然而，理想很丰满，现实很骨感，由于全校性社团的定位，岭院方面认为岭南人应该由珠海校区团工委统一管理，岭院没有义务拨款支持，再加上幸岚的身份使然，与岭院的联系、沟通就更加困难了。“当时，岭南人杂志社陷入水深火热之中。”幸岚回忆说。

当时举办沙龙，岭南人要为出席率懊恼，而大型活动繁多，岭南人的黑白传单在彩色的海报面前相形见绌，很多人都视若无睹。当其他社团轰轰烈烈开展活动，铺天盖地大摆横幅时，岭南人编辑部在默默地组稿编辑，外联部则在四处奔波寻求资金出版杂志。

困难重重之下，小小的鼓励让人备受鼓舞。幸岚回忆，在杂志征稿中，社会上的一位“叔叔”级读者和一名高中生的来信、来稿让他们受宠若惊，并由此坚定了信心，“无论如何也不能丢了《岭南人》这一基业”。

当时，经费筹集方面主要是外出拉赞助和争取团工委资助。除了一些小公司出资一两千块做宣传外，杂志社与团工委不断加强沟通，也得到了一部分经费支持。虽然前前后后筹集五六千元，但离出版《岭南人》大本杂志还有很大距离，因此，幸岚只好出版了一本小一号的《我们》特刊，同时还创办了书友会报纸《墨色书香》。

在幸岚看来，《我们》印刷排版是纯黑白，稿件质量虽然还不错，但由于篇幅所限等原因，整体的深度和层次始终不如原来的《岭南人》。

但是，无论如何，正因为如此坎坷，才有了后来岭南人的涅槃新生。从养尊处优到真正走进市场竞争，一切资源都得靠自己争取，岭南人“野蛮”地长大了。

有一次为书友会“化缘”时遇到了有“大哥大”性质的组织，细节很微妙，场面很刺激，然而竟然也都已淡忘。还有一次去珠海市区印刷报纸，校对，排版，印刷，最后坐着公交车一路晃晃晃的长途苦力把成品提着扛着抱着拖回中大，借用和曲来说是“不！离！不！弃！”

——刘玲玲

新生：大放异彩
（2004—2008）

青春不确定，又充满戏剧性。当岭南人杂志社因困难辗转、踌躇时，却峰回路转地踏出令人惊叹的一步。一年之内，《岭南人》迎来“春夏秋冬”四期杂志，并开始转变为新锐文学风格。2004年9月，中山大学正式进驻大学城，建立东校区，岭南人东校区分社也随即宣告诞生，随着时代更迭，岭南人谱写了每一代人的精彩。

所有人都记住了《岭南人》

2004年，中山大学迎来八十周年华诞。中大校友纷纷赶回康乐园，对于中大人来说，这是欢乐的一年。然而，对于岭南人来说，却是挑战和危机并存的一年。

挑战来源于能否继续如常出版杂志，危机来自所剩无几的经费。岭南人能否迎接挑战、能否危中寻“机”，责任落在了两名大二学生肩头。来自岭院的冯莹莹接任社长，来自传播与设计学院的王击凡则出任总编辑。

王击凡向冯莹莹提出了《岭南人》出版史上从未有过的做法——在任期一年内，要出版四期《岭南人》，春夏秋冬各一期。

在当时看来，这番“豪言壮语”实在有些大胆。曾经不用自筹经费时，《岭南人》一般就一年出版两期。如今杂志社一穷二白，居然还试图一年出版四期。且不说内容策划所需的精力，光出版经费就不是小数目，这笔钱又要从何而来？

量变在继续，质变在酝酿。

从“创刊五虎将”开始，追求“Top”就一直都是岭南人的DNA。

在王击凡的回忆文章中提到：“我当时在想的是，我们在做的这本杂志，要吸引的到底是怎样的伙伴呢？”他提出了一个在校园中至Top的理念，开展文字实验，让新锐青春文学成为《岭南人》的旗帜。

冯莹莹回忆，当时她也无法接受这个理念，但与此同时，她认为要和中大的另一个社团——南方文学社区别开来，最终大家达成了共识。

“剑走偏锋”的办刊理念从第17期开始得到了实践。效果立竿见影，引来了不少追随者。

“这期杂志没有目录，也没有页码，有的只是不同的心情文字。不喜欢过多的人为限制，标题并不可以告诉你文章所想要表达的一切。要用心一个个字地去看，把自己的心揉进杂志里面，真正了解文字背后的内心。所以，如果你留意，字里行间，都会发现我们的态度。”

王击凡在《岭南人》第17期的刊首语《因文字而可能》一文中写下这样的文字，也袒露着自己的感情。

清新的文风、感性的文字、一反普通杂志的风格，忧郁的、偏执的、黑色幽默的、个人趣味的，各种各样的小众文字出现在这本杂志上。这一期秋季号成功打响了头炮。紧接着的第18期冬季号主题定为“一个人在途上”，第19期春季号的主题为“我的快乐时代”，第20期则是“二十万岁万岁万万岁”。从《岭南人》这“春夏秋冬”四期杂志的主题可以看到，这种“蓄谋”的文学实验也在不断得到延伸和锤炼。

那时的《岭南人》，已经走到了一个“山穷水复疑无路”的境地。入学时拿到的大红色《岭南人》十周年精华版，已经是上一届的杰作。正式与岭院“脱离关系”后，资金一直是《岭南人》的老大难问题。每一次开会，身为干事的我们，都是懵懂地听着前辈在烦恼“钱从哪里来”。

——王击凡

△《岭南人》第17期封面

△《岭南人》第18期封面

对于改变，也有不同的声音。

当时，前任副主编张晓露的忧心也代表了为数不少的人的看法："我亲自选出来的主编，把杂志改得翻天覆地……"

指导老师欧阳老师、郭老师陆续找冯莹莹谈话，核心思想是希望她能"拨乱反正"，把《岭南人》引回正轨。

后来，冯莹莹总结道，爱她者觉得她是中大学子张扬个性的先锋杂志，不爱她者觉得她彻底颠覆传统且没有思想深度。她说，不论是否喜欢，但那时候的确是让所有人都知道了《岭南人》这本杂志。

把最优秀的媒体人请来对话

"新闻理想与产业抱负比翼齐飞"，这是若干年后某知名报业传媒集团提出的党报走向市场的突围理念。这样的理念，同样也适用于2004年的那个暑假。除了办杂志，岭南人还干了几件大事。

书生意气不仅体现在办刊理念的大胆革新，冯莹莹、王击凡和其他小伙伴们还奔波于各个企业间。和许多拉赞助遭遇的情况类似，他们屡屡碰壁。比如某野生动物园的中层人员一拖再拖，一个月后又随便给了一个理由"婉转"地拒绝了请求。

屡经挫折后，他们尝试揣摩商家想要的宣传效果，开出诱人的条件。一个多月后，一家日化企业决定提供1万元赞助费。作为交换，《岭南人》第17期为其刊出了历史上首个4P全彩广告，并且随杂志派发企业提供的试用品到各个寝室中。在

△2004年，第二期"传媒中国"论坛工作人员与沈颢合影

一年时间内，岭南人史无前例地取得了3.7万元的赞助经费。

同时，冯莹莹和王击凡意识到，除了办杂志，一家好的杂志社，必须是一个立体的传媒机构。他们认为，《岭南人》以社会公共媒体的定位来严格要求自己，所以当时打造的“传媒中国”系列论坛，也希望可以把最优秀的传媒人请到中大来，与《岭南人》对话。

“传媒中国”第一期，冯莹莹邀请到了广东名嘴任永全，主题为《任讲唔嬲》，这是任永全主持的极受欢迎的广东第一个“栋笃笑”（脱口秀）节目，王击凡担任主持人。活动在珠海校区榕园饭堂多功能厅举办，花了500元租下场地，许多学生以及学工部老师也前来参加，反响强烈。

同年11月的第二期，王击凡邀请到时任南方报业传媒集团21世纪报系执行总编辑、《21世纪经济报道》发行人——沈颢，活动在中大南校区小礼堂举行，参与人数比第一期更多。

大胆的出击也在校内进行着。

为了扩大影响力，《岭南人》第18期出版前，王击凡他们彻夜把学校里所有宣传栏都贴上了岭南人的黑白海报——海报上印着的是一个站在路灯下的影子，这正是当期“一个人在途上”的定位。

同时，岭南人与香港岭南人也再次建立了联系。2004年夏天，冯莹莹有机会随岭院代表团赴香港岭南大学交流。赴港前她提出希望与香港岭南人见面交流，指导老师欧阳老师特意为她单独安排。初次接触香港岭南人，感觉像是见到多年未曾联系的同胞兄弟。接待她的是香港《岭南人》的指导老师和主编，当时他们给岭南人提出的建议是，针对社会热议的话题策划专题，制作电子刊物，发动

△《岭南人》第19期封面

△《岭南人》第20期封面

全校学生参与讨论。

对于此行，冯莹莹感到遗憾，与香港岭南人的交流未能形成一种常态机制。由此，她也感到另一个遗憾，当时的岭南人过于专注自我发展，较少开展与本校其他社团以及外校文学类社团的交流活动。

二十万岁万岁万万岁

“20这个数字是一个梦想。”《岭南人》一位老编委这样评点道，一年能够出“春夏秋冬”四期，意味着《岭南人》将出到了第20期，这是一个里程碑。

第20期纪念特刊定位为“二十万岁万岁万万岁”。既是纪念《岭南人》走到第20期的关口，同时也纪念岭南人的20岁。20岁的大学生离开了《岭南人》，去经历各自世界的精彩；但《岭南人》永远都定格在他们20岁那年，那是凝聚了无数岭南人的20岁，那是莫问庙堂多高莫问江湖多远的青春年华。

也是因为这份凝聚，《岭南人》第20期上出现了一份家谱。冯莹莹他们相信，创刊于1993年的《岭南人》，传到他们手上的时候经历了10多个“朝代”的更迭，每一代人都试图给这本杂志添上自己的印记。他们相信，当他们试图去寻找这些陌生而又熟悉的名字时，历史就会浮现。

早期的《岭南人》，由于年代久远，只剩下一套孤本被珍藏在岭院。冯莹莹和王击凡两人在岭院学工部借阅《岭南人》的旧刊，把上面出现过的名字逐一收集在“家谱”里头，依姓氏由A—Z依次记录下来。

创刊号的前辈没能找到，但他们顺藤摸瓜，靠着“六度分离理论”，找到了陆玉娟、林莉、余峰、唐安琦、范媛媛、张洁平等师兄师姐的联系方式。一提到《岭南人》，师兄师姐们即使再忙，也愿意两肋插刀。对于师弟师妹的纪念特刊约稿，每位前辈都一副义不容辞的样子，在繁忙的工作中抽出时间写下他们对岭南人的记忆与期许。

“看杂志和做杂志的人，始终固定在20岁上下。20不仅仅是个数字，它是由你们、他们和我们的20岁共同组成的。当文字变成印刷品，衡量印刷品真正价值的标准，不在于印了多少，而在于被阅读和理解了多少。而正在读杂志的你，是否已经跟最初的岭南人一样，一路成长，渐渐有了自己的改变，变得更有勇气去面对不可预知的未来，从而彻底改变了你原本的生活轨道？”

这是王击凡在《岭南人》第20期写下的刊首语，无论是“五虎将”的创刊还是如今的文字实验，这些都是对岭南人20岁“Top”精神的一个个注脚。

回想起来，尘封记忆中关于岭南人的故事，用一句话概括，那大概是一个关于文艺青年们组成的复仇者联盟是如何兴风作浪，席卷中大的故事吧。

那时在偌大的校园内遇到一个人多难，而我们这些人却聚到一起，皆因文字而可能。

——陈剑峰

我们不是在做杂志，我们是在做“公司”

2005年3月，伴随着《岭南人》第20期的筹备，因应岭南人杂志社东校区分社成立的情况（后文有专门记述），珠海校区分社进行了换届工作，来自岭院04级的王城坚担任执行社长。

经过4个月的“过渡”，新一届珠海校区岭南人团队终于成型，并在2005年暑假期间，扛起出版《岭南人》第21期的重任。正如王城坚在第21期卷首语中写道：“这个暑假，大家都在忙碌着，在不同的城市，采访、约稿、写稿、审稿、编排、拉赞助。一日一日，一夜一夜；惆怅，微笑。也许这本杂志，会让你想起了某个久违的朋友，会让你想起某个不眠的夜晚，会让你想起某些莫名的感动。我想这就够了，因为那一刻，你，我，文字里面许多许多的人，我们，在一起。”

2005年10月，新学期招新。在招新现场，岭南人杂志社举办了第21期《追忆似水年华》首发式。新颖的设计、丰富的图案以及感性的文字，这一期杂志大受欢迎，很快被一抢而空。

面对珠海校区社团“百花齐放、活动不断”的现状，

△《岭南人》第21期封面

04级岭南人新班子着手调整思路，提出“杂志、活动双轨运行”的理念，以办好杂志为立足点，通过为杂志举办首发式和同主题嘉年华扩大影响力。理念的转变带来珠海校区分社内部机构的变革，统管运营活动的部门——秘书处也应运而生。首任秘书长王海青回忆说：“或者我们那个时候不知道需要做什么才是对的，但是我们如果什么都不做，却终究是错误的。”副秘书长吴晓琦更是在《岭南人》第23期中动情写道：“把我们一年的回忆剪成烟花，便可在霎那间望尽繁华。一年来，秘书处在社团工作中留下了一串或深或浅的脚印。过去的，是温暖，是忙碌，我们将每一个琐碎的细节铭记；未来的，是希翼，是可以想象的美好，我们把每一份梦想珍藏。”

△社服设计样稿

活动的开展，离不开传承和创新。自第21期开始，岭南人就有了举办首发式和短信预约的新传统。秘书处主导的“回忆录”“涂鸦嘉年华”“城堡密码”三个首发式，至今依然是珠海校区04、05级校友们美好的回忆。宣策中心部长王佳蓉也逐步让宣策团队由单一的“宣传设计”走向真正的“宣传设计、策划管理”，打造了“立体文学”“班刊设计比赛”“社服设计比赛”等精品活动。信息部与宣策中心的“书签设计比赛”“电子书”也横空出世，大放异彩。书友会也紧跟时代步伐，每月一次的“电影文学沙龙”是陈翀部长在任期内一直努力坚持的。

“杂志、活动双轨运行”的思路也得到了指导老师的认可，时任岭南（大学）学院党委副书记欧阳可全老师在学院学生会换届大会上发表感言：“活动创新难，但传承更难，前阵子岭南人杂志社送了我一本他们最新的杂志，第20期，确实值得我们团总支和学生会的同学们学习。”欧阳老师还在《岭南人》第21期上题词“感受大学文化，传承大学精神”，勉励全体岭南人。

或是因为年少的轻狂，或是因为小众的痴狂，04级的岭南人们，在2005年10月份与05级的新生们一起“追忆似水年华”（第21期）；通过“几米主题书签设计比赛”推出了《这些·那些》（第22期）；最后，临换届的时候，总编辑林胤力排众议，给王城坚送了一个大礼——将《岭南人》第23期的主题定为“城”。林胤说，“我终归还是没有受经费的限制，出了想出的杂志。”

事实上，经费一直是困扰每一届岭南人的一个难题。学金融专业的副社长陈锦浩，还有思维开放的外联部部长鄢黎，副部长陈丽纯、赖洲洋，却总能一次一次地化解“经济危机”。通过筹办活动，与商家协商活动额外的“杂志经费”，这种“以活动养杂志”的模式，细水长流，保证了每一期《岭南人》的基本费用。而04级的编辑部似乎胃口较大，发行量的增加带来资金的缺口。王城坚在上任之初信誓旦旦说不能“贴钱”做杂志，在面子下不来的情况下，与副社长陈锦浩、庄晓升等商议“借钱”做杂志，即先由核心骨干“借钱”，秘书处登记（“债主”多为《岭南人》第22期特别鸣谢人员），等后期拉到赞助时再“还钱”，并且将这一模式美其名曰——无息债券。另外，通过内部培训，外联部手把手教其他部门拉赞助，形成“全民皆兵”的态势。王城坚曾写到：“就连秘书处的干事，都能够在‘东北人家’（珠海校区附近的小餐馆）拉到300元的小赞助。”在交棒给05级的时候，王城坚对新任社长林冠陆说：**“或者我们并不只是在做一本杂志，我们似乎更倾向于运营一个‘公司’——路演募资、调拨资金、运营发行。社长必须保证社团的发展，全力支**

△《岭南人》第22期封面

△《岭南人》第23期封面

持总编辑的‘主营业务’——杂志。”

珠海校区05级岭南人新班子属于“高配”，社长林冠陆有强大的后援支持——主编肖飏有安妮宝贝般的文笔，副主编林立煌有闰土般的朴实，并且从校学生会“挖”来公关部原部长人选杨添任外联副社长，另外两位副社长张育哲、吴桐雨以及秘书长王材尹除了有人文学院的强大学术背景外，更是管理、宣策的好手。“高大上”的《岭南人》第24期《走也好，停也好》似乎开始了他们的探索之路，紧接着，第25期《逍遥游》又打开思想的另一扇窗。正如编辑部当时的征稿宣言：“庄周说，要绝对自由，就必须无所依赖，‘至人无己，神人无功，圣人无名’，你躲不开充满功名利禄的人世，能否逍遥，又该如何逍遥？”

05级的岭南人们真正摆脱经费的束缚，并且将杂志社推向一个新的高度。而这一切有赖于林冠陆带领的外联团队和肖飏、林立煌的编辑团队的默契配合。林冠陆经常形容自己“不是社长，是后勤办主任”，对于社团的运营，“大管家”王材尹似乎让林冠陆少操一份心，对于《岭南人》这个一亩三分地，林冠陆给了总编辑绝对的话语权。林冠陆在卸任时形容那是一种“乌托邦”式的时光，或许他，真的逍遥。

原创歌词创作大赏

2007年5月底，来自岭院06级的易哲接任岭南人珠海校区分社社长。博客时代，单凭纸质杂志要获得喝彩不容易，要想与更广泛的群体共享文字之乐、令文字立体化，需要借助活动作为载体。另一方面，由于纸质杂志要得到资助实在太困难，社团的持续运营，也需要活动的支撑。

那做一个什么样的活动呢？最初的概念是做一个和文学相关、门槛低、可立体呈现作品并且具延续性的活动——这就是《岭南人》“原创歌词创作大赏”的策划初衷。文学相关是社团性质决定；门槛低能提高参与度；可立体呈现作品便于延伸活动，扩大活动影响力，拉赞助也容易得多；而延续性，是希望留给以后岭南人一份礼物。

活动的机会来得正好。书友会副部长谭健樟在网络上无意中与A8音乐集团市场部人员取得了联系。当时A8音乐集团正在举办“原声飞扬——原创音乐大赛评选”，活动评委包括：“我型我show之父”许智伟，台湾流行音乐教父陈彼得，著名音乐人、曾任华纳总裁的徐晓峰，太合麦田董事长宋柯等，他们希望借助高校社团的平台来征集大学生原创音乐作品，新一届岭南人因此获得了第一笔赞助，“创作大赏”得以在11月中启动。

随后，易哲通过豆瓣邀请了在校园中非常具影响力的《城市画报》时任副主编黎文、香港知名独立音乐人AniDa与中文系郭冰茹老师共同担任评委。活动前期的执行交给了书友会。当时书友会除了组织读书会、每周更新两岸三地书讯以外，最大的任务是承担起各种活动的策划执行工作。

最终，出乎所有人的意料，征集而来的作品接近400份！与此同时，外联部部长詹虚致也带来了好消息，“康师傅”计划年内在珠海各大高校举办“康师傅冰红茶达人show”，本来预想的“创作大赏”晚会有了实现的可能——与校内唯一的乐队社团“乐元素”及当年新成立的MAXCELL DV STUDIO合作，进入终选的8首歌词作品，将由“乐元素”社团的乐队谱曲，冠军则获得MAXCELL DV STUDIO拍摄的MV一支。

回忆起当年的故事，易哲这样说：“‘康师傅’原本打算在学校周边举办三场大型活动的，现在回看岭南人的‘康师傅’活动方案，实在没法想象，当年虚致是何等的巧舌如簧，说服‘康师傅’最终做成了一场在校内举办、颇具文艺气质的歌词大赏颁奖典礼。”

进入晚会策划期，为了调动起岭南人近80位成员的积

△《岭南人》第24期封面

△《岭南人》第25期封面

极性，活动以成立“特别策划小组”的形式执行，成员可自愿加入某一小组，各部部长们每人带领一组。当时的副主编林璐韵是策划小组的组长之一，配合主舞台策划了“户外电台”的“分会场”，如今她已是一名房地产业策划者，至今仍念念不忘当年的得意之作。

第一届“原创歌词创作大赏”反响非常热烈，颁奖晚会群情汹涌。岭南人成为了当时除学校直属社团外，唯一在珠海校区榕园广场举办过露天晚会的社团，当晚活动耗资近万元。“创作大赏”大大增强了岭南人珠海校区分社在校园中的影响力，后来也逐渐成为岭南人常规的年度活动。

筹备“创作大赏”的同时，《岭南人》第26期《无常》的印刷费压力也如期而至。珠海校区分社外联部几位部长日夜奔走，最终选择建设银行珠海分行作为合作方，为他们代理信用卡销售。易哲回忆：“社团成员们纷纷自愿参与，推荐其他同学办理信用卡，用成功办理100张信用卡的成绩，为杂志换来了5000元赞助，解决了三分之一的费用。”后来担任岭南人东校区分社社长的麦宇云主动承担了三分之一的费用，剩下的三分之一是易哲自己掏钱垫付的，这些钱里面有个人积蓄、每月生

△2007年《岭南人》第一届“原创歌词创作大赏”颁奖晚会现场

△2008年《岭南人》创刊十五周年庆活动现场

活费，还有奖学金。《无常》最终印刷了1500本，电子版也同时上传至校园FTP上。

2008年，是《岭南人》创刊的第15个年头。为了预热十五周年庆，2007年10月28日，也就是珠海校区分社刚完成招新的两周后，岭南人面向全社成员举办了内部沙龙。通过王击凡的帮助，邀请了唐安琦、陆玉娟、钟莹、杨楚量、冯莹莹等岭南人前辈来到珠海校区，与全体成员交流大学规划及职业道路成长经验，给予新岭南人鼓励和启发。

十五周年庆的重头活动是“电子杂志创作大赛”，评委请来了《周末画报》视觉总监Alex So及高级编辑陆敏君，还有《岭南人》前主编林莉。大赛举办了“一人一杂志”论坛作为开幕式，邀请了王击凡担任主持，唐安琦、扈立奇、王城坚、林立煌担任论坛嘉宾，畅谈杂志梦想，庆祝《岭南人》的15岁生日。

东校区分社的诞生和成长

2014年恰好是广州大学城落成十周年，经历10年蜕变，如今郁郁葱葱的大学城已成为数十万学子追梦之城。

△《岭南人》第26期封面

然而10年前，大学城选址番禺区新造镇小谷围不过是一座鲜为人知的“孤岛”，岛上只有农田、鱼塘和村落等，交通闭塞。2001年，广州市政府关于在小谷围岛及其南岸地区建设广州大学城的决策改变了这座小岛的命运。

2004年9月，中山大学进驻大学城，建立东校区。那时候在光秃秃的校园里，工地依然随处可见，宿舍通往教学区唯一的黄泥路一到下雨天就变得泥泞不堪。中大学子们戏称这里为“中东”，戏谑自己为荒岛上的“拓荒牛”。2004年10月，东校区举办首批社团大招新。岭南人杂志社虽然并未参加本次招新，但是已开始谋划建立东校区分社的大计。

2005年3月，幸岚、冯莹莹、王击凡等人率队到东校区举行《岭南人》第19期发行活动。此行更重要的目的是，打响岭南人的名号，并借此东风广发英雄帖，招贤纳士，开辟东校区岭南人根据地，使岭南人杂志社晋身为跨校区社团。黑白分明、风格犀利的《岭南人》第19期吸引了东校区众多文学青年的眼球，特立独行的学生杂志迅速风靡校园，岭南人一时名声大噪。经过招新面试，最终45个新鲜人加入。

由此，岭南人杂志社东校区分社正式宣告诞生，首任执行社长廖丽罗是《岭南人》第19期的视觉设计师，她与郑宇钧、崔爽等骨干一起，为岭南人在东校区打开了一片新的天空。

但当所有东校区岭南人期待着大展宏图的时候，发展却遭遇危机。由于当时的指导老师不认可岭南人颠覆传统的办刊理念，多次要求“拨乱反正”，导致2005年5月第20期出版发行后，刚成立两个多月的东校区岭南人分崩离析，执行社长、副社长及编辑部部长等社团骨干同时出走。刚刚燃起的星星之火，几近熄灭。

迷茫之时，前辈们经过反复掂量，慎重挑选了时任宣策部部长的叶小玲接任东校区分社社长，并希望叶小玲牵头把社团的其余成员重新组织起来。尽管毫无编辑经验和杂志社管理经验，但叶小玲对学生活动充满热情，也有较强的组织领导能力。经过一段时间的细致观察及反复掂量，她决定挑选颇具实干精神的周盼出任副社长，原编辑部副部长卜咏琪升任部长。叶小玲临危受命，虽颇感压力，但凭着初生牛犊不怕虎的精神，她最终坚定勇敢地拿过接力棒，带领全体成员熬过最艰难的一段重整期。

“20期了，《岭南人》一步一步而来，她也一样欢笑过，喜悦过，辛酸过，楚痛过……对吗，我的岭南人？用我20岁的手轻轻摩挲第20期的《岭南人》。这一路而来留下了一路的印迹才走到了今天。早已有人把这里当作一个家，一个归属，一个造就完美之梦的地方。约定，约定彼此坚定地走下去；约定，约定寻找跃点一起飞翔。”

叶小玲在当年日记里留下了彷徨，更刻下了承诺。

重整后的东校区分社，成员虽然走了不少，但是留下的却格外团结，经过了分离的无奈和痛苦，大家更懂得珍惜和感恩，因为大家心里都有一个信仰，那就是必须把《岭南人》和岭南人的精神代代相传。

2005年6月，为协助校友会举办“寻访中山大学校友的足迹”志愿者招募活动，岭南人们一呼百应，跑腿贴板报，现场维护秩序，不顾一切地付出，忙前忙后，不亦乐乎。协办活动获得成功，也得到校友会的赞赏。更重要的是，东校区岭南人在这次活动中，坚定了重新出发的信念，一个全新的、有凝聚力和战斗力的团队，正等待着展翅高飞。

6—9月，《岭南人》第21期筹备出版，东校区岭南人在配合珠海校区分社完成杂志主题策划、出版赞助筹集等工作的过程中，获取了经验，锻炼了能力。

10月，配合第21期首发，东校区岭南人一并展出了《岭南人》第17—21期，加上壮观的宣传海报，吸引了大批05级的精英加盟，包括颇具领导风范的林琳、怪才周懿及第七届新概念作文大赛二等奖获得者郭燕平等人。招新再次获得巨大成功。

△2005年东校区岭南人与校友会的老师们合影

招新后，岭南人东校区分社扩充到近70人。社团人员扩充后，叶小玲牵头制订了社规，为日后规范化发展打下了基础。社规具体规定了主要负责人和各部门的具体分工和职责，还

△2005年东校区招新现场，《岭南人》备受瞩目

要求各部门负责人定期提交下一步工作方案，为杂志社创造了共言共策的良好氛围。

至此，重整后的东校区分社，羽翼逐步丰满。

东校区分社创建的第一年，注定是不平凡的一年。没有天时、地利、人和，靠的只是一份传承，一种信仰，执着、坚定……从重整，到协同出版，再到招新，艰难，但从不后悔。

"没有师兄师姐，我们步履维艰，却又桀骜不驯，在这还没有底蕴、没有沉淀的校园里，也没有束缚、没有参照的氛围里，大胆地抒写属于我们的大学时光。"在叶小玲的回忆里，这一年有不少遗憾，也有很多未竟的梦想，却也充满青春的骄傲和自豪。

长风破浪会有时

2005年11月，为进一步扩大岭南人的影响力，东校区分社筹办"精品书递，品越千年"书展活动。叶小玲牵头筹得第一笔赞助费——为华懋书店提供图书展区，赞助费400元，书展售书提成140元；为兴业银行提供宣传展区，租金1300元。这弥足珍贵的1840元，为当时岭南人的日常运转带来莫大的帮助和支持。

回忆当初拉赞助的情形，叶小玲历历在目："不记得多少个晚上，我与兴业银行信用卡营销人员通了长时间的电话，费尽唇舌要求他们提高赞助金额；不记得沟通多少回，才打消学校团工委的疑虑，让他们从出尔反尔变成肯定的准许；还记得书展当天保安的阻拦，导致兴业银行营销人员不满，夹在中间费力解释游说得大汗淋漓。”

有了05级“新鲜血液”的注入，东校区分社步入平稳发展阶段。继书展活动之后，社团网页大赛、“仰望阳光”沙龙等活动也相继展开。比较遗憾的是，当时筹备已久的“痞子蔡与中山大学的第一次亲密接触”讲座，因学校审批等种种原因不得不取消，让东校区学子失去了一次与成名网络作家亲密接触的机会。

2005年底，《岭南人》第22期开始筹备出版，由珠海校区、东校区分社共同供稿，珠海校区分社负责选稿，东校区分社负责排版，时任珠海校区分社社长的王城坚还特意给东校区分社撰写了一份详尽的排版要求。东校区分社尽管是第二次参与《岭南人》的出版，但由于经验不足，更多的还是做配合与支持的工作。

2006年4月，东校区分社进行了换届，起因是叶小玲获得了到中国政法大学做交换生的机会。换届选举采用无领导小组讨论的方式进行，林琳脱颖而出成为新一届社长，以其奇才获公认的周懿成为主编。4月8日，东校区分社的新老骨干前往珠海，与珠海校区分社进行联谊，参观校园、走访景点、讨论交流，两校区岭南人实现了完美对接。

新一届的东校区岭南人意气风发、踌躇满志，林琳、周懿和副社长齐峰，在学校十佳社团的颁奖结束之后，在公共教学楼的走廊上，谈起了杂志的未来，谈起了社团的发展，决心要好好为杂志社拼一把，“没有人，不要紧，我们招！没有钱，不要紧，一起拉！拉不到，也要找出路，这是一个纸媒消亡、互联网兴起的时代，要让文字继续传播下去”。大家都努力朝着共同的目标不断前行，在这个喧嚣浮躁的“百团大战”（当时对众多学生社团招新时激烈竞争状况的戏称）时代，不仅仅要守住文字的阵地，守住青春的理想，更希望这个彼此共同的精神家园拥有更广阔的发展空间，以鲜

△“精品书递，品越千年”书展后，东校区分社成员合影

花盛放的姿态傲立于校园。林琳，这个来自北京的气质美女深得小伙伴喜爱。编辑部的刘清华认为她“热情大方，处事得当，为杂志全身心投入，是在用生命做杂志的人”。林琳认为自己在任期间做的最有意义的事当属对社团架构和社规的调整完善。

当时的东校区分社一共32人，分为四个部门：编辑部、宣传部、外联部和书友会。每个部门都设有一位部长和多名干事。到2007年换届后，逐步扩张到了近50人，社团架构也增加到六个部门，新增设了秘书处和美编部，书友会则变身成了实践部。

对人员扩充后的社团后续管理问题，在林琳看来，显得非常必要。**“在我心里，岭南人是一个大家庭，社长就是‘大管家’，要操心所有的人和事。有了‘家规’，每个‘家庭成员’才会有处事准则和行事规范的依据。这份‘家规’凝聚了很多人的努力，经历过无数次修改。”**这份吸纳了全社意见，历经多次修改完善后的“家规”涵括职能分工、选举制度、招新培训、退社制度及各种工作制度，在当时作用不可小觑，既增加了社团成员的归属感，也使整个团队更有凝聚力和生命力。

2007年4月，林琳因准备出国事宜卸任，周懿由主编升任社长，邓裕由副主编升任主编，继续这一届东校区岭南人的精彩。

2007年底，东校区岭南人完成了05级向06级的有序交棒。面临社团竞争激烈和经费困窘的局面，接任社长的麦宇云继续“前人”未竟的事业，进一步调整了社团架构及发展战略，从以杂志为重心走向杂志与活动并重。一方面，调整主编一职的定位：主编等同于副社长，分管编辑部与美编部，负责杂志编撰；另一方面，重新定位和明确各部职责，实践部更名组织部，负责活动创意和执行，宣传部负责各类活动海报、宣传板设计和制作，外联部负责对外社团或机构的联系交流，秘书处负责财务、会务、后勤等日常事务。调整后的东校区岭南人不再局限于传统的沙龙、讲座等文学性活动，开始尝试多元化的社团活动，发掘和留住了一批活泼实干的活动分子，使得岭南人在东校区的“百团大战”中站稳了一席之地。

无论是架构的调整，还是社规的完善，这些变化在今天看来如此简单，但当时改变的过程却漫长复杂，不断尝试、受挫、反思，甚至推倒重来。在不断实践、摸索的过程中，岭南人东校区分社逐步发展成为一个成熟的学生社团。

不争第一，只做唯一

2006—2007年间，东校区的学生社团发展势头迅猛，整体数量每年倍增，同类社团之间的竞争非常大。“做不了第一，就做唯一吧，要让更多的人记住《岭南人》！”这是当时周懿心里的想法。

这一学年可以说是岭南人东校区分社编辑部兵强马壮的一年，QQ群十分热闹。鬼马点子特别多的周懿希望能打造出与众不同的编辑部、独树一帜的校园杂志社。这期间出版的《岭南人》，东校区分社无论在主题策划、供稿还是排版方面，参与度都大大增加。另外，在社团活动方面，东校区分社敢于涉猎、敢于尝试，也创造了不一样的精彩。

有这样一则小故事。2006年的夏天，有一位70岁高龄的老汉王柱国卖掉了自己的房子，把所得的钱来出书，买了一辆小面包车自驾周游全国，途中到各大高校签售新书《宁静的大山》。由于没有事先审批，王老汉自行发售的行为在一些高校遇到不少保安的阻拦。当他来到中大东校区的时候，岭南人主动接待了他，帮他联系了洗澡的地方。王老汉卖房出书的故事也感动了岭南人，为了做出一篇有价值的访问，林琳、周懿连续三晚追踪他的故事，和他面对面交流，甚至到路灯都熄了，他还坚持“等老爷子再跳多一曲”。这一篇专访文章《王柱国：“草根作家”的地质情结》最后登载在《岭南人》第26期上。

“关注这些有故事的人，《岭南人》会更有深度，更

当时作为社长的林琳、副社的齐峰，还有时任主编的我，三个人在十佳社团的颁奖夜晚，在公教的走廊上，谈起了杂志的未来，谈起了社团的发展，当天晚上没有吃饭的我是有多饿真的记不清了，但是那种踌躇满志，要好好为它拼一把的心情，却还真实清晰着。

——周懿

有底蕴。”这一次的专访让林琳和周懿印象尤为深刻，也使得他们打造有深度视角学生杂志的想法更为明确。

电影沙龙是东校区分社的精品活动之一。当时的岭南人里面爱看电影的人不少，大家还经常在一起讨论、写影评，于是沙龙也慢慢地热闹起来，一系列电影专题沙龙也如火如荼地开展。每一次的沙龙活动都吸引了不少人参加，刘清华记得教室里坐满了人，自己都差点被挤到门口了。

2006年，恰逢博客等新媒体开始迸发力量，新浪博客圈大力推广应用，东校区岭南人秉承开放、互动、创新的精神抢占新媒体的影响力高地，开创专属的“岭南天地”博客圈，希望以此为平台激发广大成员的创作热情，同时认识更多志同道合的创作人。在对外交流方面，利用大学城得天独厚的围城优势，岭南人就近走访华南师范大学、广东外语外贸大学各杂志社，与华师《文苑》杂志社开展联谊活动，这是东校区分社建社以来首次开展对外交流活动。岭南人“麦霸”特别多，于是大家齐心合力出谋划策，精心编排糅合了视频播放、唱歌、小品的舞台剧《一路岭南》，在社团风采大赛上展现岭南人的异彩。大家一起种植“岭南树”，让它见证岭南人在大学城的阳光与风雨。

遗憾的是，拉赞助依然是东校区岭南人的“软肋”，由于大学城学生社团多、商家少，尽管他们也曾尝试突破“围城”，把眼光投向市区中心的商家，但依旧屡战屡败，效果甚微。所幸，林琳曾成功获得来自《时文博览》杂志社5000元的赞助款，金额虽然不大，却是杂志按预定计划出版前的一场及时雨。

△杂志首发式后东校区分社成员合影

周懿爱好拍视频记录活动，兴之所至，拍完了就剪出来，在开会和招新后

△东校区分社岭南人放飞写满美好祝愿的孔明灯

播放。他也利用这一特长能力，抓住了更多的资源和机会，扩大了岭南人的影响力。2007年，由他导演的轻松搞笑校园电影《师兄不是无情物》由东校区分社承办了首映式，也引起了众多中大学子关注与讨论。

周懿接任社长后，在杂志的创作上，东校区分社编委集思广益，继续将打造"具有深度视角学生杂志"的创作理念付诸实践。2007年4月，由周懿和邓裕带领团队策划的《新岭南》特刊，以"积淀厚重，开风气之先"的岭南文化特色为切入点，策划的栏目既有关注争议性话题的"岭南视线"，也有认识岭南地域风云人物的"粤人无数"，充分体现了东校区岭南人的办刊理念。

"生活会是个多远的旅程？人间又会有多少我们无法捉摸的未来？文字会帮我们记下，直到时光把我们的心情晒得陈旧。那一份写下的心情，也会依然真实。未来的，恍如今天。当你看到，我在阳光下安静地阅读自己，你会明白。一路岭南，我的生活有花香没有后悔。"曾经也面临着学业上的压力，挂科、补考、转系申请失败等挫折，然而回首那些烟花般灿烂的时刻，周懿坦言不曾后悔。

在周懿这一届东校区岭南人换届之时，一群小伙伴特意买来孔明灯，写上了对岭南人的祝福，在东校区大操场放飞。

几乎与孔明灯同时放飞的，还有06级的东校区岭南人，带着师兄师姐的"殷殷嘱咐"开始书写独属自己的精彩。杂志编辑方面，主编段文威、编辑部长林月婷带领编辑部在内容组稿和编辑上更贴近社会需要，以方明子为首的美编部在设计风格上更为大胆新颖。

活动方面，经过副社长张朝雄的努力争取，东校区分社陆续承办了团工委的演讲比赛、朗诵比赛等校园赛事，不仅缓解了活动经费短缺的困难，也加深了社团与团工委的联系；另一位副社长黄华丽带领组织部在校内征集运动达人，组建弹跳鞋运动团队，拉到了2000元的活动经费；得益于大学城高校集中的优势，东校区岭南人走出本

△2007年11月29日，岭南人承办了林清玄、曹又方“逆风穿云，绝境飞行”主题讲座

校，联合华工木棉人文学社、广外云溪文学社、华农绿窗文学社、广大棠棣文学社等高校文学社团筹建“高校文学社联盟”。最值得一提的是，2007年11月29日，在将近半个月的“死缠烂打”后，广州购书中心终于同意代付演讲费邀请台湾作家林清玄、曹又方到东校区举办讲座，并由岭南人东校区分社承办了林清玄、曹又方这场“逆风穿云，绝境飞行”主题讲座，现场座无虚席，反响空前巨大。

“在这个老地方，付出过青春，燃烧过梦想。”段文威在回忆时写道：“岭南人”这三个字，对那些经历过的人来说，是“最珍贵的礼物”，也是“最盛极的青春”，更是“最美的时光”。

分治：分裂阵痛
（2008—2012）

中山大学校区的变革也影响着岭南人，岭南人杂志社相继成立了珠海校区分社、东校区分社，经历了社团架构重新整合的阵痛。聚是一团火，散是满天星。无论是分社还是分离，岭南人因子从康乐园散播到珠海唐家湾，再到小谷围大学城，都是最富活力的光芒。

分家而治

1993年《岭南人》创刊的时候，中山大学只有康乐园一个校区，2000年中大珠海校区成立，2001年中大与中山医合并，2004年中大入驻广州大学城，自此形成了南校区、珠海校区、北校区、东校区四大校区并立的格局。

2005年，岭南人东校区分社成立并逐步发展起来后，为了从机制上解决珠海校区、东校区两分社之间的合作问题，时任珠海校区分社社长王城坚提议在南校区成立岭南人杂志社总社，建立"总社+两分校分社"的体制，并说服了其前任冯莹莹出任总社长。但总社没有完整的组织架构，一直只起到协调作用，实际运作还是在两校区分社具体工作上。

由于办刊理念不同，特别是对每一期《岭南人》的主题，两分社一直争论不断。王城坚在回忆中提到"没有处理好的事情，或者是说给后几任留下'祸根'的事情，便是没有很好的处理好主题之争。"

同时，由于两分社的换届时间有别，造成双方在日常沟通配合方面不够顺畅，协作上比较费力。

一方面，珠海校区分社在冯莹莹、王城坚和林冠陆任社长时期恢复岭南人的鼎盛面貌，冯莹莹和林冠陆均拉到三四万的赞助，创下岭南人史上的“吉尼斯纪录”，王城坚发行“个人债券”的创新模式也很好地解决了杂志出版的经费问题。

另一方面，东校区分社自2005年组建人员起，经受了主要骨干出走的打击和困境。后来在总社、珠海校区分社的指导和影响下，东校区分社很快成长起来，尽管在拉赞助方面无法与珠海校区分社相比，但到2006年中，已经有成熟的班子和独立的风格，对岭南人的传承与发展起到重要作用。

2008年4月，《岭南人》第26期出版后，为弥合两校区分社越演越烈的分歧和裂缝，应时任珠海校区分社社长易哲的邀请，前任总社长王城坚、时任总社长林冠陆和东校区分社主编段文威、编辑部长林月婷来到了珠海校区。双方围绕两分社的分歧和发展谈了很久，从下午开始谈到晚饭，晚饭后继续谈，谈到宵夜，宵夜后还谈不拢，就喝酒，段文威喝醉了，但分歧依然。因为年轻，大家都很坦诚、很动情，但又非常坚持自我。

大家谈到各种解决方案，除技术方案外，还提到了主次与名号的意见，包括有一正一副（一校区为正刊一校区为副刊）及其中一分社改名号另图发展的激烈提议，但都不为双方所共同接受，双方都坚持自己对《岭南人》的传承。最终，经过东校区分社社长麦宇云与珠海校区分社社长易哲双方坚持不懈地协商，达成了求同存异之策，决定在同一个《岭南人》刊名下分家而治，各自解决经费问题，各自传承与发展。

以这一年岭南人珠海校区、东校区两分社分庭抗礼为起点，两校区分别独立运作。分家之后，珠海校区分社继续推出第27期《新鲜人》，东校区分社则编辑第27期《运动》。“我们的社团改革进行得如火如荼，相比起周懿时代对杂志的高度倾注，我们更倾向于杂志与活动并重，稳固社团根基。”麦宇云在回忆文章中说，“也许不是所有人都参与《岭南人》的编撰，但所有人都用自己的方式坚持了对岭南人的热爱和责任。”两个校区的岭南人秉承着自己对文字的信仰，分头耕耘。唯一不变的，就是每一期杂志封面上遒劲厚重的“岭南人”三个大字。

凡精彩的便是有态度的生活

分治之后的岭南人，珠海校区分社接任社长的07级梁梓颖和团队没有停下脚步。“歌词创作大赏”、颁奖晚会、电子杂志创作大赛、封面设计大赛、座谈会……每个活动的细节很难被全数记起，身处其中曾经付出的伙伴们却可以从中搜寻到不少闪光的回忆。

从加入这个社团，他们可能都没有意识到彼此在最初即达到了一个共识——“《岭南人》首先是一个作品，用她的主题、文字、图像以及三者的组合形式清晰地指向出一种风格。这一风格是完全自发的，即便初始有些稚嫩，但完全出自青年人最初的真诚。”时任副主编的张笑如是说。

自接任主编开始，杨祺便开始有了一种念头：要让教学楼里、球场上、楼道里的人，都来分享我们的“热爱”，愈多愈好，请他们一齐来显摆青春，毫不保留地表达自己的态度，把大胆追求的自由砸在杂志封面上，务必要掷地有声！

杨祺心底反复思考最多的是这样一个问题：杂志如何定位，是艺术气氛浓厚的文学读物，还是用文字记录大学生活，更加“接地气”，甚至尝试探讨更深层次的问题——同龄人生活意义的媒介？历史又呈现出惊人的相似，《岭南人》创始之初已思考过这个问题。这群20多岁的年轻人的想法似乎与前辈们不谋而合，更倾向于保持自己的敏锐触觉，关注和思考最年轻的思维风向。

“百团大战”即将开始，我们印刷了少量的27期《新鲜人》杂志，在大一学生宿舍每层用卡纸手工制作了书架，得以让杂志挂在当眼处。在大一新生枯燥的军训生活中，这样的杂志给人耳目一新的感觉，岭南人在此时赢得了良好的美誉度。

——梁梓颖

△《岭南人》珠海校区分社第27期《新鲜人》封面

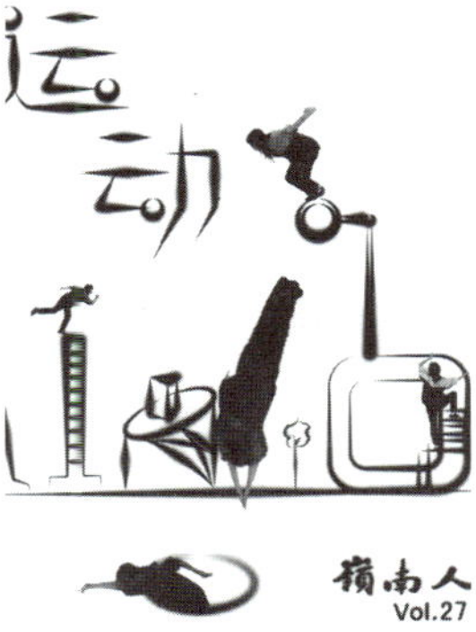

△《岭南人》东校区分社第27期《运动》封面

于是，杨祺联合两位副主编——张笑和朱文菁，着手规划栏目、组稿、确定设计风格。采访、写稿、审稿……《岭南人》第28期的主题“态度attitude”诞生了。编辑部分头采访了学校里喜欢蓝调口琴的同学、校区第一支全女子乐队、桌面游戏爱好者等等，他们倾力想传达一种的观点：凡精彩的便是有态度的生活，态度从来取决于自己。

2009年中，珠海岭南人再次换届，08级新一届班子的核心成员包括社长罗旺娣、副社长崔瑜和吕世康、秘书长郑上保。

这一年，“歌词创作大赏”和书友会作为传统活动成功举办，在珠海校区校园里，掀起了一阵文艺之风。传承的同时，08级岭南人也开创了许多先例：创意市集、文学沙龙。创意市集，是由岭南人“做市”，同学们“租摊位”，在校内进行模拟市场交易的活动；文学沙龙，则是通过举办一系列的讲座和座谈交流会，邀请文学和传媒的专业人士，为同学们打开一扇通往文学的大门。

这一时期的珠海校区，社团活动蓬勃发展，每个社团都有一两个主打的大型活动，举办大型活动几乎是每一个社团的头等大事。作为杂志社，岭南人经历了一小段挣扎：有限的经费，是用来举办活动还是用来出版杂志呢？几番衡量考虑后，08级岭南人决定先举办活动，同时发展电子杂志，再努力寻找经费把07级编辑的《岭南人》第28期《态度》给印出来。

罗旺娣在文章中回忆：“当时真的想关起门来做杂志，打造一个单纯的文学社团，从纷扰的校园活动中沉静下来，哪怕是自娱自乐也好。但社团有六个部门，除了编辑部可以是纯文学以外，其他部门的50多名干事也该得到相应的锻炼，更重要的是，岭南人发展到今天已经不止是一个纯文学杂志社，她跟其他社团一样，有自己的品牌活动，而且也需要通过这些活动来提高她的知名度（当时我们还是很在意知名度的），最后我们选择把活动继续做下去。现在回想起来，还挺羡慕前辈们当年潜心做杂志的时代。”

风雨飘摇的珠海校区岭南人

2009—2010时期的岭南人，相对于学校其他文化传媒类社团如广播台、中大青年来说，已是社小势微，在学校的影响力已变得极为有限，甚至知道的人也不算多。来自岭院09级的蔡玮珩就是在这样的情况下加入岭南人的。

回忆岭南人的往事，她述说道：“学校社团招新，岭南人成员比较少，我虽然是读保险专业，但自己平时就喜欢写写文学方面的东西，所以就加入了岭南人，而且当时社团里面女生占大多数。”

当时的岭南人珠海校区分社主要有五个部门：编辑部、信宣部、外联部、秘书部、书友会。书友会后来被取消了，并入秘书部。

社团的开展离不开资金的支持，当2010年中蔡玮珩接任社长一职的时候，能用的经费非常有限，社团要想运作，要想开展下去，必须筹集资金。那时的蔡玮珩、李楚洁、刘晨曦三个女孩一直如履薄冰，“生怕哪一天社团就这样解散了”，用她们的话来说，就是“不知道当时是怎样生起这样的韧性和斗志，满脑子都是不拼出一点家底来就咽不下这口气”。为了解决资金的短缺，外联部成员到广州以策划开展讲座的方式筹集资金。纸质的《态度》终于得以诞生，蔡玮珩她们如释重负，唯一的遗憾，是为筹措经费奔忙那么久，却也只能按顺序先印刷出版上上届编辑好的杂志。蔡玮珩回忆说：“从当时到现在，我们都比较遗憾，在我们那个时期没能出版一本署有自己名字的纸质杂志。”

后来，珠海移动公司非常看好《岭南人》在校内的影响力，支持岭南人参加全国创业计划大赛，大赛一直从2010年10月一直延续到次年4月。最终，岭南人拿下了全

接下来的一年，是印象非常深刻的一年，很痛苦，也很快乐，很充实，也很彷徨。后来我们出了一本电子杂志《五感》，其中酸甜苦辣咸，便是对这一年最为通俗的诠释。尽管在资金和人员上有诸多缺失，但是往年社团所主办的活动，在我们这一届手里，跌跌撞撞，几乎都沿袭承办下来。从最开始的社团全员大会，到农夫山庄出游，再到“原创歌词大赏”，以及大大小小的讲座、论坛，一路走下来，超乎想象。

——郑上保

△《岭南人》珠海校区分社第23期《态度》封面

△08、09级珠海校区分社岭南人合影

国创业计划大赛金奖，奖金加起来达到1万多，除去比赛过程中的花销，社团日常运作的一些开支，到2011年7月，留给下一届也有5000多元。

除了资金问题，人事问题也让蔡玮珩面临很大压力，新成员没有特别大的积极性，有时候只能依靠活跃分子一个人干几个人的活。2010年底，由岭南人珠海校区分社牵头，联合暨南大学等其他院校学生社团组成珠海大学生电子杂志联盟，创立《珠海青年》旗下杂志《echo》。但这次合作并没有资金方面的实惠，只能在每年分到几个珠海市优秀编辑名额，这在一定程度上也加剧了社团内部人事的压力。

在外缺乏长久的资金来源，在内面临人员的流失与运行机制的不成熟，使得彼时的珠海校区岭南人处在风雨飘摇之中，虽然蔡玮珩和一些热心的伙伴付出了巨大的努力，但岭南人在内外交困的黎明前夜再一次面临考验。

珠海校区岭南人的最后一班车

到了2011年，岭南人在珠海校区的影响力日渐弱化，在社团招新大战中，显得有点力不从心，新生对加入岭南人的热情跌到了冰点。

在内忧外患的时刻，社长重任落到了10级的袁歆玥——一位中文系女生身上。她回忆与岭南人的结缘时讲到：“因为我的专业是中文，我一进入大学我就想加入这样一个文学社，当时珠海校区那边还有中大青年等几个文学社团，岭南人当时在学校里面是属于比较小众的一个文学社，当上一届的主编刘晨曦到我们寝室宣传，给我们看了他们的纸质杂志后，我觉得《岭南人》更为自由一点、风格更为浪漫一点，氛围很好，当时我就与他们约好要加入岭南人。”

袁歆玥接手的岭南人，当时只剩下20多个成员，部门也改组为3个：编辑部、信宣部、外联部，好在上一届还留下一些社团运行资金。袁歆玥计划在任内出一份电子杂志和一份纸质杂志，但由于技术上的意外，主题为“行乐”的纸质杂志还没付印便已经夭折，电子杂志最终也没能顺利出版。

这个时期的岭南人依旧保持着与《珠海青年》杂志的联系，参与创作《echo》，但由于人员缺乏等原因，后来也断了联系。2011年下半年，微小说大赛开展起来，珠海校区岭南人也在极力往前慢慢挪动自己的步子。不过，这种坚持仍然显现出了疲态。

后来大家总结道，珠海校区岭南人的没落具有多方面的原因：既是因为管理机制不够科学，人心比较懒散，成员积极性不高，缺少主人翁意识，也有人员配置的缘故——当时社团的主力来自中文系，但中文系的成员大二就要迁回南校区，两校区分隔阻碍了内部沟通。对当时还没有把成员凝聚力重新提振的岭南人来说，这点非常致命。更致命的是当时的外联部基本丧失了作用，让社团陷入断粮的境地。

我已经忘记是怎样的机缘巧合，参加了共青团中央的创业大赛，拉票、不断地和主办方沟通、彻夜准备讲稿、一个电话让我立刻从湛江直奔广州，长达半年的时间跨度。最终，我们挣得了全国金奖的荣誉和留给下一届的资金，那时唯一的想法就是，下一届的小朋友终于可以稍稍扬眉吐气，不用像我们这般困窘。而我们，也算是尽了最大的努力，也终于对得起自己。

——蔡玮珩

六月像是驾着阿波罗的马车，一瞬间只剩下尾巴。搬迁在即，攥在手里的《岭南人》，还没有换届，心里一阵又一阵地出汗。每一个部长都问过，每一个小朋友都问过，可是没有人愿意留下来，接手我们快要出版的这一期《行乐》，更没有人愿意承接这个本来应该更加壮大更光辉的社团。

——袁歆玥

由于没有下一届的成员愿意继续留任社长，袁歆玥这一届的岭南人成为了珠海校区最后一届岭南人。

首度以电子版问世的《岭南人》

2008年起，中大东校区的学生社团蓬勃发展。繁杂的社团和五花八门的活动使校方对学生社团的态度悄然发生了改变。一些活动少、影响力小的社团面临着被“劝退”的命运。分家后的岭南人东校区分社也身处其中。时任社长的07级郑洋回忆，有的活动原本不需要审批，逐渐就变成必须了；办讲座原本容易获批，逐渐变得越来越难。杂志社花了更多的精力在应付学校团委的工作上，评优评先、社团展示……想把社团做大做强，就得遵守规则。“这些，和杂志社有什么关系呢？”大家都这么想，却又无可奈何。

经费是社团活动的物质基础，东校区的赞助环境为社团发展设下了许多局限。继任社长的08级李婷婷将赞助困境的原因归纳为几点：第一，东校区是一个孤岛，商业环境并不成熟；第二，东校区的社团可谓百花齐放，僧多粥少，竞争相对激烈。在岭南人东校区分社“单飞”的阶段，团队建设尚未稳固，经费问题无疑是雪上加霜。

外在的媒体变革和时代发展也给岭南人带来了不小的冲击。新媒体发展飞快，大环境充斥着浮躁、功利的情绪，还有多少人能静下心读书？大学生参加社团的意义和目的还如从前一般仅是因为兴趣吗？“这些问题的答案很残忍。”李婷婷坦言，“当然这还有一个恶性循环的问题，社团做得不好，影响力就会变弱，自然是吸引不了赞助和人才……做得不好，影响力更弱……”那两年的东校区岭南人，从未停止过焦虑和不安。

出杂志需要钱，但《岭南人》作为一本独立的校园杂志，坚持免费面向学生发放。“不售卖，因为文字是无价的。”郑洋语气平缓而又坚定。当时，每出一期纸质杂志的预算大概是五六千元，然而当他接任社长时，整个社团只有几百块的余钱。许多次聚餐，还是师兄师姐们自掏腰包。一年的运作，到换届时，还是剩几百块，所有经费都刚好维持在平衡点。

彼时，郑洋这一届编辑的《岭南人》第28期杂志《弱水》已经制作完毕，面对手头并不丰裕的赞助经费，大家心里五味杂陈，陷入了沉默。亲手编好的杂志像是亲生骨肉，凝结着所有编委的心血，更担负着鼓舞新成员的重任。可是，05级师兄师姐编辑的《新岭南》特刊因经费不足尚在等待印发。虽然大家希望能尽快印发新鲜滚烫的《弱水》，但最后还是决定先出版《新岭南》特刊，共1000册，首发350本册，主打岭南文化和老广州风物。《新岭南》特刊出版后，受到了读者们的肯定，这自然让大家欢欣鼓舞，但《弱水》的心结始终无法解开。郑洋什么都没说，却都看在眼里、藏在心里。"因为这是一个传统，我觉得我要带好头。"有时候，承担责任看起来像是一意孤行，实际上早已千回百转。

"那是我第一次知道，我们没钱，历史上还有杂志没印。"李婷婷在回忆文章中写道。2009年夏，07、08级交接完毕。由于外联薄弱，07级组织部部长高静军主动提出留任一些时日，并在招新前夕带着08级副社长刘冰玉拉到了一个啤酒商的赞助，约五六千元，基本够出一期正刊。于是积压已久的《岭南人》第27期《运动》顺理成章地出刊，成为"百团大战"时重要的招新筹码。

这个过程中，李婷婷经历的是与郑洋同样的纠结。她这一届编辑的第29期《恋物》，与《弱水》一样，最终只能以电子版问世而无缘印刷。这也成了他们至今难平的遗憾。

△《岭南人》东校区分社《新岭南》特刊封面

△《岭南人》东校区分社第28期《弱水》封面

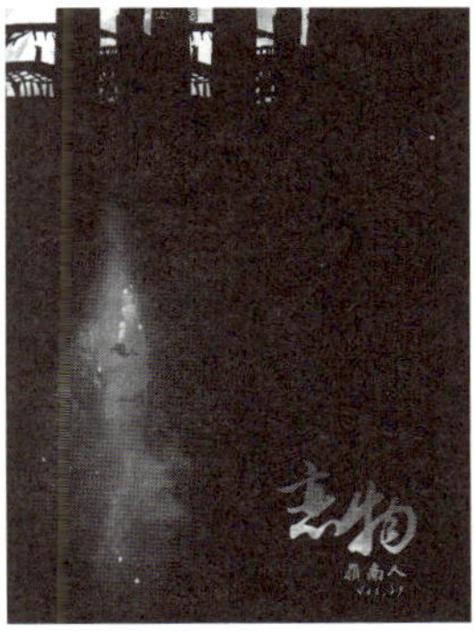

△《岭南人》东校区分社第29期《恋物》封面

△2009年东校区分社招新现场

杂志困窘难行，活动生机乍现

尽管在出版杂志上面临窘境，但东校区岭南人的艺文类活动依旧办得风生水起。书友会作为岭南人的读者俱乐部，实行会员制，为读者提供更多元化的活动体验。2008年，书友会在东校区已达到300名会员的规模。书友会每周举办一次电影沙龙，郑洋称这样的活动“简单、方便、成本也比较低”。第一次放的电影是《天使之城》，不算太小众，也不算太晦涩。后来的每一次活动都有一两百人参加，会员们也时常在书友会的群上讨论最近阅读的书籍。

虽然分治了，但东校区分社还是沿袭珠海校区分社举办“原创歌词创作大赏”活动。08级的编辑部长钟碧莉认识一些著名音乐人，加上东校区有一批爱好音乐的牛人，大家都乐此不疲。征稿启事上写着在“歌词创作大赏”中入选的前几名可以获得由专业音乐人谱曲、录制歌曲的机会。获奖作品有展示的活动，大家租了一个教室把音乐人请到现场，借来音乐器材，现场进行演唱。活动吸引了一两百人参加，郑洋回忆这次活动，自我评价“还是比较成功的”。李婷婷那一届举办的“歌词创作大赏”活动征集了六七十份歌词，还制作了歌词图册、拍摄了MV。

值得一提的还有讲座，形式多样，异彩纷呈，比如与当时火热的3G门户网站合作征集网络长篇小说，参与金字塔学社等校内九大社团联合策划活动，举办“古籍修复”讲座，以及校内的社团风采大赛等等。

当被问及这些活动是否是为了扩大岭南人的影响力，郑洋说其实是一种维系。“所有的活动主要还是围绕着我们是一个文学类社团，大家对岭南人的观念也慢慢这样建立起来。”这一切努力，在杂志首发的时候得到了体现。许多拿到杂志的同学会说：“噢，这就是书友会的岭南人，这就是办讲座的岭南人。”

我们组织过广州西关的外出采风，阳光下的她们笑靥如花，从石室圣心大教堂一路跑到光孝寺，跑到西关，好像精力永远耗不完。直到现在我还在遗憾当时为什么没机会一同出游呢，相信陈新伟看到这里一定又会笑我了。后来，我们又与《梦想家》杂志合作举办过几次沙龙，主题多是关于现代文人的思考。在沙龙活动中，我们接触了《梦想家》杂志的创始人李青。

——李蕾

《梦呓》不易

2010年的中秋节来得十分赶巧，恰逢新生入学，东校区“百团大战”的火药味似乎早已挤进了游园会。东校区岭南人09级社长李蕾带领着她的团队准备第一场战役，精心布置的摊位招徕了许多凑热闹的新生，细细筛选后，40余人组成的新一届岭南人悄然诞生。

主编陈新伟将《岭南人》第30期的主题定为“梦呓”，言下之意“放逐逻辑，信笔由缰，便成呓语”。怀揣着自由而美好的愿景，岭南人风风火火地组织广州西关的外出采风，愉快之余还为“光影”栏目捕捉到不少素材，“足迹踏在路上，也是一片繁花似锦”。为此，岭南人特意将“光影”制成电子杂志，这一刻光与影的交

△"新青年新阅读"活动现场

错，永远定格在记忆深处。然而，经费欠缺的命运未能扭转，任期将末，他们没能如愿将已经完成制作的《梦呓》揽入怀中。这又是一个道不清的遗憾。

在活动方面，这一届岭南人也投入了不少精力。他们积极地与校外杂志《梦想家》合作举办文化沙龙，交流当代文人的思考。同样在现实的压力下喘息却不曾放弃，两支团队惺惺相惜，彼此鼓励。此外，在几经波折的情况下，他们成功拉到一笔服务业的赞助，为"歌词创作大赏"的顺利举办提供了经费保障。后来，团委举办策划大赛，他们依靠"歌词创作大赏"的活动策划案又将一笔学校的经费收入囊中。顶着资金的巨大压力，李蕾心中的阴霾总算散去，也更加笃定，"只要坚持一下，再坚持一下，一定会有好事发生"。

倾力而为的一年过得艰苦而甜蜜、漫长而短暂，李蕾和陈新伟回忆起在岭南人的日子，最怀念伙伴们之间的默契与陪伴，而最感激与惊讶的是继任社长的10级陈妙凤和团队带着纸质版《梦呓》踏进了现实，上演了一出绝境逢生的戏码。

2011年9月23日，东校区岭南人杂志社开通了微博，发出的第一条微博是“不辞长作岭南人”。这是经过大起大落后，岭南人始终坚守的心境写照。

谈到接手社团时的心态和定位，陈妙凤表示：“被10级‘统治’期间的岭南人一路走‘小而美’路线，不随波亦不逐流，虽然有时候会有一种宁死不屈的悲壮错觉，但是，当时的我们确实有这种悲壮的决心：哪怕我一直逍遥游一直碎碎念一直梦呓和自言自语，也终将能让你两行清泪决堤。”

正是这样的骄傲和坚持，陈妙凤在一次次挑战中兑现着“守住纯粹，无需迎合媚俗”的信念。《梦呓》筹备发刊前期，社团的经费已经捉襟见肘。卖杂志的议题如历史重演般再次引发争执。“文字非卖品”，这五个大字让一切都安静下来。后来，他们争取到机会承办《南方周末》的“新青年新阅读”活动，大伙做得比任何时候都尽心尽力。面对这个不可多得的机会，大家的使命感瞬间迸发，几乎全员出动，传单、海报、横幅铺天盖地。活动当天座无虚席，这一帮岭南人欣喜若狂的心情无以言表。

《梦呓》就此出刊。

“在百来个野心勃勃躁动不安的社团里，能坚持读书，以纯粹的文字牵动人心的，也就只有岭南人了。”陈妙凤毫不掩饰对岭南人的喜爱和自豪，安静而坚定。正如《梦呓》之不易，历经两届岭南人的努力，终究是要掀起一番风云激荡的。

《梦呓》筹备发刊前的两个月，当时刘普贺提出，以公益为目的，把杂志卖出去，哪怕一元两元。令我印象深刻的是，平常总是乐呵呵的麦师兄几乎拍案而起，他说：“岭南人最难得可贵的地方就是这么多年坚持着‘文字非卖品’，这是我们的宗旨，我们哪怕是走投无路，哪怕出不了《梦呓》，我也坚决不同意卖杂志。”我也是那个时候突然意识到，也许这就是我们最可贵的地方。20多年来，代代传承的认同感、归属感和凝聚力，让我们不自觉地往那一片纯粹的净土靠拢。

——陈妙凤

△《岭南人》东校区分社第30期《梦呓》封面

展望：笃行致远

（2012至今）

《岭南人》一出生就风华正茂，20年的成长道路在时代的更迭中起起伏伏，创造过辉煌也难逃低谷。每一代岭南人都把20岁的青春年华贡献给这个社团，有喜有悲，无怨无悔。自2013年底起，历届岭南人重新汇聚在“岭南人联谊会“的旗帜下，为现在和未来的每一代岭南人提供坚强后盾。我们有理由相信，《岭南人》必将继续传承，岭南人的故事必将继续流传。

一路风景一路歌，站在新的起点，岭南人，再出发！

坚持

“《岭南人》作为一份校园刊物，曾经是诸多大学生获取信息的主要渠道，而如今网络信息的高速列车快速向前飞驰而去，后面徒留下这个他们苦心坚守的小站。”2012年中接任东校区岭南人杂志社社长的11级黎明华这样理解《岭南人》。

黎明华谈及当时东校区岭南人困境时说：“岭南人在东校区的影响力确实有些微弱，对于拉赞助肯定有很大影响，我们不如中大青年等社团有强大的校方资金支持，也没有办法为参加活动的社团成员提供加分等‘实利’，影响力也随之受限。”

但是，坚守总有希望。

遇到困境时，一种责任感和使命感就沸腾了起来。在黎明华看来，这颇有些要“伟大复兴”的意味。于是，岭南人在校园里开始借助一些品牌活动，取得了很好的效果。譬如与青年志愿者协会一起组织的换书活动让更多的人重新认识了《岭南人》——虽然她已经存在了近20年。微博、微信的平台也开始建立、完善，让这个弱冠之年的校园媒体在另一个维度下焕发了新生。

钱从何来，一直是萦绕在黎明华心头最核心的问题。上一届印刷《岭南人》第30期《梦呓》已经花掉了超过九成的经费，但她还是安抚大家不要担心。担负如此巨大的责任，让她战战兢兢，有时也难免脆弱，她曾经彻夜痛哭，但第二天便擦干泪水，与主编等人自掏腰包填补资金空缺。黎明华开始明白，这是一个社长必经的历练，她比别人要承担得更多，也成长得更快。

最终，在经费最紧张的时候，《岭南人》第31期《XIANG》还是呱呱坠地了。当初定选题时候，既想形式创新，又不想限制创作人的思路。于是团队想出了这个主题——XIANG，既可以是想念的“想”，也可以是思乡的“乡”，还可以是香气的“香”，只要能想得到，并打动编委的稿子都可以被采用。黎明华回忆说：“这一期杂志从内容到排版再到封面，来来回回改了很多遍，但是当最后封面呈现在我面前时，我非常激动，恨不得马上去拥抱团队成员！封面的色彩，构造都是我十分欣赏的类型，用茶壶造型抠图，加以窗花镶嵌，给人一种典雅而美好感觉。就像现在这本杂志带给我的回忆一样，是说不尽的味道。”

守望

2013年，时间重新回到20这个数字上，《岭南人》迎来了20岁。

此时，东校区岭南人杂志社社长秦志伟也会对比起20年前的那些年轻人，“我很羡慕创刊号编委团队，虽然只有几个人，却干起了一番轰轰烈烈的事业。我越来越觉

《梦呓》已经花掉了超过九成的社费，我走每一步都战战兢兢，我也不知道我哪来的勇气，跟主编许下豪言壮语让他们无需担心印刷费的问题，该花的一定要花。

——黎明华

△《岭南人》第31期《Xiang》封面

△《岭南人》第32期《感悟时光》封面

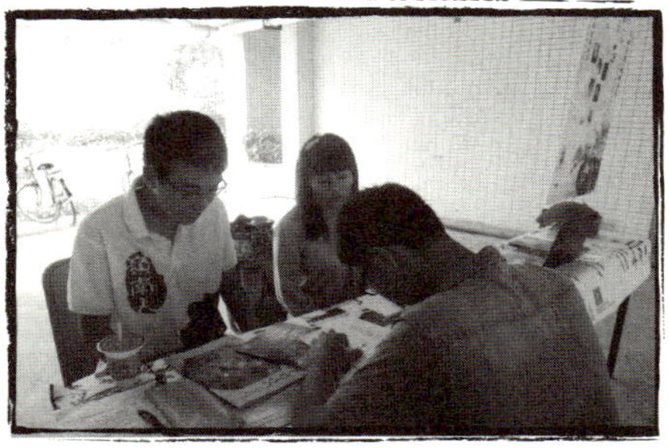
△2014年东校区招新现场

△2014年《岭南人》第33期《风物文辞》在中山大学东校区校庆嘉年华上宣传

得，做好一件事并不需要很多人，只要有几个骨干分子愿意为之付出，不怕吃苦，就可以了。”

《岭南人》的载体从纸质杂志扩展到微信公众号。载体虽然不一样了，但对于喜欢《岭南人》的人来说，无论是杂志，还是手机终端，都是捧在手心的感觉。

在《岭南人》创刊二十周年庆期间，杂志社举办了光影大赛，主题是“感悟时光——廿年不忘”。随后，出版了《岭南人》第32期《感悟时光》，同时也是光影大赛特刊。

沙龙也回归到岭南人。2014年4月，岭南人邀请到冯原教授作为“风物与文辞——中大建筑”沙龙的主讲嘉宾。可以看到，岭南人正努力摆出“拒绝沉底，奋力向上”的昂扬姿态。“岭南人现在虽然影响力微小，但正在重新走向强大。”秦志伟等新生代岭南人对未来充满信心。

2014年7月，13级杜孟珊和谭慧分别接任社长、主编，在一个暑假的迷茫与摸索后，开学初面临的第一项任务便是招新，杜孟珊认为杂志社需要有凝聚力强的团队，人多反而易散。经过一个月的努力，两轮面试的筛选，东校区新一届岭南人最终形成了24人的全新团队。

新团队刚诞生就面临了一个大的挑战，即岭南人献礼母校九十周年特刊的出版。沿用上一届已确定的主题和定位，编辑部火速在一周内完成了校庆特刊的编审工作，美编们更是彻夜赶工。

11月7日，《岭南人》第33期《风物文辞》暨纪念母校九十周年诞辰特刊出版发行。值得一提的是，该期校庆特刊和上期光影大赛特刊的编辑出版，都得到了岭南人联谊会的直接资助，合计1.3万元，岭南人联谊会还承诺给予本届杂志社1.5万元以作为杂志出版和活动经费。杜孟珊感叹：“拥有像岭南人联谊会这样强大的后盾，我们更有信心，向前的脚步也将走得更加坚定。”

11月9日，在中大东校区校庆嘉年华上，岭南人杂志社面向各届校友派赠校庆特刊，得到了广泛的好评。经过新团队的努力，岭南人重新为人所知。

《岭南人》一出生就风华正茂，20年的成长道路在时代的更迭中起起伏伏，创造过辉煌也难逃低谷。每一代岭南人都把20岁的青春年华贡献给这个社团，有喜有悲，无怨无悔。自2013年底起，历届岭南人重新汇聚在“岭南人联谊会”的旗帜下，为现在和未来的每一代岭南人提供坚强后盾。我们有理由相信，《岭南人》必将继续传承，岭南人的故事必将继续流传。

一路风景一路歌，站在新的起点，岭南人，再出发！

我一直觉得岭南人的气质中该含有的是一种大气，既包容小天地也包容大视野，既怀古追思又弄潮于现代风流之间。所以我在完成排版、海报、封面时总是摇摆在各种想法之间，或许这是一种不成熟表现，而效果也并非总让人满意，但我却乐在其中。我最后的一次表达是在设计社服时，我让城市剪影逐步变成向上勃发的花树剪影，意为生长于现实土壤中的思想之木、时代风潮中的浪漫之花。

——余展豪

△《岭南人》第33期《风物文辞》封面

第二篇

青春时·恰同学少年

编辑：王击凡 陆玉娟

青春是一个永远不老的题目。

这个世界的美好、梦想和诗意，似乎都与青春有着最天然的联系，以梦为马，诗酒趁年华。我们曾经不惜代价，去挥霍或珍藏那些匆匆时光中稍纵即逝的片段，当然免不了有困惑、伤感与无奈点缀其中，在理想与现实之间，年轻的我们希冀着尝尽人世间每一种新鲜况味。

当我们回首往昔，那些陪伴《岭南人》一起走过的日子，或许你不是风云时代的弄潮儿，或许我也没有值得细诉的传奇往事，但你会记得，一张张流经你我年轻生命的面孔，经过时间之河的洗礼，剥落了世俗的标记，只留存着他们最初的可贵与美丽。这里面有些面孔，你一定也很熟悉，他们在杂志初创时展现出魄力和坚毅，为社团酝酿气象万千；他们在勇攀高峰之际意气风发，把最热烈的青春都献给了社团的事业；他们在全新的路径上逆风奔跑，闯出一片新天新地；他们在艰难守业的过程中稳步求索，从不失去勇气和希望。

从他们每一个人的叙述中，我们仿佛可以穿越时间的隔阂，重回那些令人感动的昨日场景，经历那些跌宕起伏的传奇故事，读懂那些岭南人的朴实心跳。

他们所回忆的，不正是每一代岭南人的黄金时代吗？有单纯的梦想可以让你豁然开朗，有热爱的事可以做，有文字可以写，有爱的人在身边，即使如指间细砂，转瞬即逝，也足够值得珍惜。

崭露头角

作为《岭南人》“创刊五虎将”当中的两位，黄洪飙用淡淡的笔触，记录了关于《岭南人》的那些事、那些人、那些文、那些情；潘春燕则以细腻的视角，深情地回忆了“五人旧事”。还有远居海外的梁延、刘家亮，以及对岭南前辈用情至深的邓永泽，也用文字记录下对《岭南人》犹如初恋般的真挚情感。

我的《岭南人》纪事

□ 黄洪飙

2014年我年届不惑了，按国人的平均寿命计算，生命已经过半。我这半生中，身在《岭南人》，历时两年半，但心在《岭南人》，则已不止二十载。从1993年中到1995年底，从参与创办《岭南人》到协助梁延完成第5期，那些年的那些事、那些人、那些文、那些情，无一不值得我一一铭记。但至于要形成文字 我想，人见于事，文成于事，情生于事，淡淡地“纪事”足矣。

一

1993年初秋的一个晚上，素未谋面的90级师兄梁升强到宿舍找了我。当时我是班刊《看今朝》的主编，正在考虑升大二后如何交班。升强说，两系的系刊准备合并办院刊，问我有没有兴趣当编委。那时我所在的经济系系刊《弄潮》的主编是91级的卜国琴，升强则是计算机系系刊《扬帆》的主编。几乎没怎么犹豫，我就答应了升强的邀请，还给升强推荐了跟我同届的潘春燕。

春燕是我的同乡，她是市中学保送上中大的学霸，事迹早在高考前就已刊发于当地日报，令当时在县中学就读、面临着巨大高考压力的我看得非常眼热。入大学后的第一个中秋节聚会上，因为同为班刊主编，春燕在同学们的哄笑声中给我出了一个上联，让对不上下联的我尴尬不已。好在，后来《看今朝》在全系众多班刊中脱颖而出，给我挽回了少许面子。

至于卜国琴、刘忠平，都是后来才认识的。之前读过国琴在《弄潮》上的文字，文如其人，优雅而恬静的江南女子形象。93级的忠平刚入学不久，却比我和春燕更成熟稳重，说话不多，但总能一语中的，思路开阔且逻辑严密。

△大学时期的黄洪飙

五人团队组建后，《岭南人》联合编辑部开始运作，升强、国琴理所当然是总编、副总编，我、忠平、春燕仨编委则被分别附注为“采访”“沙龙”“栏目”。在春燕生日当天的雨夜，我们开始了采访工作，五位84—88级的师兄师姐分别是私企老板、私企总经理、外企高管、国企中层、银行职员，从他们身上，我似懂非懂地思考着未来。文章标题后来是由春燕定的，古文基础薄弱的我没学过“墙里秋千墙外道”这句诗，当时没有互联网，又放不下面子去问春燕，常常在为“道”的意思究竟是“道路”还是“说道”而纠结。

约稿、改稿，自然是我们的常规工作。升强明确定义，约稿为“编辑”，改稿则为“责任编辑”。我“编辑”了四篇来自同班同学的稿，其中一篇《沉重的色彩》是诗歌，作者谢兴云是我的班长，对我办《看今朝》给予莫大支持，也是我在班里最好的朋友。前年兴云因病英年早逝，偏偏适逢我们班入学二十周年，彼时我因公务在身远在北京，而未能送他最后一程，颇感人生之无常、天意之弄人。至于我“责任编辑”的稿，则是一篇纪念当年因意外去世的Beyond灵魂人物黄家驹的短文，改稿时的痛心疾首（一为家驹之不幸，二为改稿之艰辛），让我有了系统地写一写当代华语流行音乐的最初冲动，此乃后话。

升强要求我们除了编委的份内工作外，每人都要写一篇稿，感觉有点像“投名状”，这也成了后来《岭南人》对新晋编委的规矩。我那篇的矫情和浮夸，让我至今不忍再读，倒是“标戈”从此成了我在《岭南人》的专属称呼。校对是我在后期的唯一强项，原本最枯燥的工作也充满了乐趣。海报宣传则是我主动请缨的工作，我组织炮制了三张可能是当年中大学生社团史上最“高大上”的巨型海报，贴在饭堂门口，全校为之侧目。

创刊号的故事还有很多，定刊名、敲定创刊词、栏目设计、沙龙、拉赞助、文字录入、排版、插图、印刷、宣传口号和宣传标语……印象最深刻的是出版、发行，那一幕堪称“传奇”，可谓是一波三折，连我这个配角也演得惊心动魄。升强在岭南“校友日”上的孤注一掷，李毓宏老学长的一念之间，使《岭南人》一出生就成了“贵族”。

之后的寒假，国琴、春燕要退出编辑部，在升强的提议下，我邀请大家到我家玩。两天一夜，我们在海边嬉戏打闹，在客厅彻夜长谈，除了升强的“鸬鹚照”依然清晰，其他的细节已经有点模糊，可幸的是10年后春燕在美国记成文字，读罢感慨不已。

我们五个人，用半年时间做了一本可以传承20多年的杂志，也做了可以延续一辈子的朋友。

二

1994年春，新学期开始了，创刊号的辉煌慢慢褪去，《岭南人》还要继续前行。国琴、春燕退出了，升强当然不能再离开，尽管他已面临毕业和就业。没有他，那《风雨一百天》又有谁能写得完整呢？在把联合编辑部改为编辑委员会，把我和忠平摆上副总编位置的同时，升强邀请李田田出任执行总编一职，协助他处理大小事务。92级计算机系的田田是创刊号的美编，只是我与她不熟，当时仅留下圆圆、胖胖、嗲嗲的印象。可不久后，田田的“投名状”《再探武侠小说》着实让我大吃一惊。本以为女生一般不读武侠，不料田田不仅读得多，而且颇有心得，让一直自诩“武林高手”的我深感天外有天人外有人。

接下来，升强张开了搜罗编委的大网。93级计算机系的刘家亮，常年铮铮发亮的板寸头，跟他在创刊号上匕首般锐利的《报废的<废都>》一样令人印象深刻，忠平时常想念家亮“老实巴交的温暖”，我却总记得他憨憨的脸上坏坏的笑。梁延、王雅君是我的师妹，一入学便在学院辩论赛场上锋芒毕露，升强分别给她们写了一封情深意切的信，外加意切情深的恳谈，才得以纳入《岭南人》麾下。再加上分别来自经济系92级的周粤萍、蔡远健，来自计算机系92级的黄淑青、钟泽晖，第2期的编委阵容，陡然比创刊号翻了不止一番。

采访一直是让升强引以为傲的王牌，不仅在形式上，而且在内容上也超越了当时中大所有的学生刊物。第2期我的采访对象是岭南老学长，采访团队成员包括梁延、田田、家亮、远健，以及来自外语系的特邀记者王珍。完成采访后，梁延整合各人的采访手记写出稿件，本来从质量上，这篇采访稿是完全可以过关的，但经过众多岭南老学长和岭南大学历史资料“洗脑”后的我，却决定进行重写式的“责任编辑”。当我翻了不少故纸堆把重写后的稿子《悠悠岭南》拿出来时，梁延说：“原来你要写历史啊。”是的，岭南的历史、岭南的精神太值得我们写了，也是《岭南人》的责任，以后我们还要一期一期地写下去！可以说，《悠悠岭南》是当时岭院成立近5年来，在校岭南学子对岭南历史、岭南精神的第一次近距离接触。自此，《岭南人》被打下了深深的“岭南烙印”，也增添了其他学生刊物所没有的历史厚重感。

“班团春秋”栏目的设置，本是体现《岭南人》作为院刊的一份责任感，旨在为班级提供一个出版“迷你班刊”的平台，可惜后来没能坚持下去。而在《岭南人》上登载当年学院运动会的成绩公告，却让我在责任感之外颇感风格不协调。

历经风雨，终见彩虹。1994年6月12日，《岭南人》第2期在我20岁生日当天正式出版，成了我“行冠礼”的最好见证。6月21日，《岭南人》发出“夏夜之邀”，《中大青年》、《康乐之窗》、《求进》报社、金字塔学社、晨啸文学社、紫荆诗社等校内各大社团负责人“群贤毕至”，我们在一起分享成长的喜悦，畅想未来的希望。

三

升强终于要毕业离校了，我和忠平终于要避无所避地挑起总编的担子，尽管实际上，忠平比升强更早就游进了商海。同时还有第2期部分编委要退出，好在我的运气还不错，新学期开学后不久，93级的邓永泽、林蔚为了办班刊来请教我，我自然邀请他们加入《岭南人》，永泽认真考虑两天后便慎重地答应了，林蔚则当上了特邀编辑。兴云跟我说，一位中学师弟想加入《岭南人》，兴云的眼光我自然是相信的，这个师弟就是凌翔。刚入校的胡南迪则直接给我写了一封信，表示想加入《岭南人》，这种毛遂自荐的热情，自然让我没有拒绝的理由。一切都来得那么自然！

升强的第一份工作在佛山，他获悉新一届编委会顺利组建后，说国庆放假时要用第一个月的工资请我们到佛山一聚。除了忠平请假外，第3期全体编委加上国琴、林蔚来到佛山，在对升强的办公室和卧室进行“考察”后，我们又搭火车来到南海小塘金沙滩。那个在烧烤场的通宵，我们都在忙着烤鸡翅，升强则在给永泽、凌翔、南迪进行《岭南人》的”革命传统教育“。多年后回头看，我不得不佩服升强的教育成效，永泽、凌翔、南迪在《岭南人》都待了超过五期的时间，绝对可以在《岭南人》的“老黄牛榜”上名列前茅。

1994年是岭南（大学）学院成立五周年，作为院刊的《岭南人》当然要献礼，梁延、家亮和特邀编辑王稚蓓担起了这项意义非凡的重任。忠平继续负责沙龙，他的搭档换成了永泽、家亮。我和忠平一直以为，在布置会场时不慎毁掉经济学社的海报，是这次沙龙的最大阴影，十几年后竟然听永泽说，他为了沙龙外联，六次骑车往返各大高校，有一次遭遇车祸，差点为《岭南人》丢了性命！后怕和感动之余，我想，永泽的大难不死，冥冥中注定了《岭南人》之长青不死。

至于《岭南人》增刊的创办，是在学院个别老师对《岭南人》的特立独行颇有微词的背景下，我们为保持《岭南人》的整体风格，而与学院达成的折中之举。《岭南人》增刊旨在报道学院、学生会的各项活动动态，在我的游说下，顾全大局的雅君出任增刊主编，并出版了四期增刊。

我也终于腾出了时间去写酝酿了将近一年的华语流行音乐专题。有梁延的相助，我不是一个人在战斗。《漫话当代华语流行音乐》是迄今为止我除了硕士论文外写过最长的一篇文章，小伙伴们给过太多溢美之词，我愧不敢受，但那个留着半长分头、戴着银链铁戒、穿着破洞牛仔裤的叛逆形象，以及结交过众多地下摇滚乐队、组织过中大首次摇滚音乐会、接受过日本NHK电视台摇滚节目采访的疯狂经历，却在我的青春印记中，与《岭南人》同样重要、同样难忘。

第3期的出版故事依然惊心动魄，当时我还未学会排版，也没有方便使用的电脑，最后关头不得不赶到佛山，求升强为我们熬上两天一夜。忠平设计的四封付印后，因为沟通不畅，印出来后面目全非，但因时间紧迫，不得不将错就错。还好，夹在刊物里送给读者的“彩蛋”——1995年的年历彩色活页，没有印错成1994年。

第3期出版后，我们迎来了创刊一周年的“冬日小聚”，桂治镛学长以及他请来的著名书法家、中大古文字研究室廖蕴玉教授，学院的舒元院长、陈腾华书记、李少真老师，校友会的胡景钊学长、温建中老师、余春花老师，与《岭南人》第1—3期的所有编委共聚岭南堂。廖教授还为《岭南人》送上了厚礼——重新题写刊名（原刊名为前任院长王屏山所题），并赠诗一首："灰红辩证不矛盾，冷静热情始出真，爱国爱家勤进取，岭南接力有群英。"欢聚之余，可惜的是，连续三期赞助《岭南人》的李毓宏学长未能从香港过来参加这次聚会，而廖教授的珍贵手迹，后来不知怎的竟然找不到了。

四

1995年忠平退出后，创刊五人组只剩下我"硕果仅存"了。《漫话当代华语流行音乐》只完成了上篇，梁延自然要陪我写完下篇，她还答应出任副总编。第4期《岭南人》的岭南专题，其中一篇是梁延等人负责的《朝花夕拾》，主要写岭南大学独特的级社制度，采访对象除了李毓宏、桂治镛学长这两位《岭南人》的老朋友外，还有被尊称为"高师"的中大物理系教授高兆兰学长、被公认为"粤语说书艺术泰斗"的张悦楷学长，他们都毕业于岭南大学。

校友会实际上也成了《岭南人》编委会的"家"，李毓宏学长赠送给我们的最新款386电脑、打印机都放在那里，所以我们常常往校友会跑，海量的复印只需象征性地付费，办公用品还通通免费使用。校友会所有活动的纪念品、礼品，温、余两位老师都会记得给我们留一份，他们吃工作餐偶尔也会叫上我们，为岭南人改善生活。

这一期的沙龙由凌翔、永泽和新晋编委刘达恩担纲，拟以大学生的恋爱作为讨论议题。为了让这个敏感的话题敏感到底，我原本准备在"穗港岭南人"栏目中转载一篇《香港大学生性观念调查》，可惜在有关老师的干预下被迫换成了《香港大学生谈理想》。这算是我在《岭南人》期间最懊恼的一件事吧！随着《岭南人》知名度、影响力的不断扩大，越来越多文学青年以在《岭南人》发稿为荣，面对收到的众多稿件，并非文青的我只好请来同班的文青肖波帮忙把关。

三期杂志连续在出版过程中发生惊心动魄的故事，终于事不过三，不再在最后关头发生。因为有了电脑，我在痛定思痛之下学会了排版，虽然没法像升强一样排出弯月、星星和蜡烛，但我"投机取巧"地使用边缝花絮、语丝等方式，使版面设计有了变化。虽然由于中《读者》的毒太深，我下意识地把封面设计成《读者》的"山寨版"，但这种大面积留白的小清新风格，配廖蕴玉教授新题的刊名，我认为是相得益彰的。

△1996年6月毕业典礼，李毓宏学长（右一）与梁延（左一）、梁升强（左二）、黄洪飙（左三）于岭南堂前合影

更让我感动的是，李毓宏学长不仅每次上广州都会请我们到白天鹅、中国大酒店等“高大上”的地方吃饭，还给我们讲永远也讲不完的岭南掌故。《岭南人》募集的经费也一下子比第3期翻了一番，使得《岭南人》从此进入了无广告时代。第4期出版前夕，为了掩饰《岭南人》的“土豪”形象，我决定不再搞任何庆祝活动，而用一次读者问卷调查为前三期《岭南人》做了总结，也为自己的《岭南人》生涯做了告别。但我的这一告别却与升强如出一辙，深深的《岭南人》情结，浓浓的岭南人情谊，让我不舍离开，直至协助继任总编的梁延完成第5期的出版。

时至今日，对《岭南人》的种种回忆，就如老电影的画面般，在我脑海中清晰上演，每一位角色、每一句对白、每一段桥段、每一样道具、每一份情愫，都仍旧触手可及。人事沧桑，漂白了记忆，缺省了色彩，模糊了言语。而《岭南人》却仍旧是一届又一届地传承了下来，二十载岁月，足够让一个呱呱落地的婴儿长成有追求的栋梁之材了。

“二十余载续传承，玉树芝兰傲迎风，而今迈步从头越，不辞长作岭南人。”祝愿《岭南人》在未来的岁月里依然陪伴中大学子，一起走过如诗的青葱岁月，书写纷呈的精彩人生。

*作者黄洪飙，岭南（大学）学院国际贸易金融系92级

岭南五人旧事

□ 潘春燕

记忆不知不觉地回到我的大学时代、我的岭南人年代、我们五个人的从前。五个人里，老顽童（梁升强）是大三计算机系的师兄，瘦小干枯，却总有无穷的精力，笑起来眼睛完全看不见，嘴角全是孩子般的天真神气，连走路都是弹来弹去，没一点停下来的意思。阿卜（卜国琴）是90级经济系的师姐，这个纤细的扬州女孩，夜深时常在我的对面窗边吹箫，写得一手好词，温和的外表掩饰不了骨子里的骄傲。洪飙跟我来自同一个地方，大男子主义得厉害，右边手指总是捏成“剑诀”，随时发号施令的样子。忠平看起来很文弱，却有着数不清的身份，名下还有若干公司，但我并不关心这个，我只知道他的诗写得很悲壮。五个人凑在一起，是为了创办院刊《岭南人》。

1994年的寒假，自幼寄人篱下的阿卜不愿回家，老顽童善解人意地提议到海边走走，忠平放下他的生意过来。洪飙的家就在海边的镇上，所以我们都住在洪飙家的小楼里，窝在小客厅彻夜谈天，说着每个人的理想。

我的理想，就是住在水边的竹屋里，偶尔有三两朋友来小酌一杯。老顽童则说他要“挣大钱”，挣够了就满世界地去旅游，游完再挣，挣完再游。洪飙素来有指点江山的志气，对此很不以为然，他们两人争得不亦乐乎。阿卜师姐没有直说，这个冰雪聪明的女孩总有很多心事。忠平的理想是很神秘的，他不说，我们自然也不问。忠平有一千种面孔，我们看到的这一面，至少可以让我们成为朋友。

第二天一早，我们骑了自行车一路到海滩。南方的冬天是阴冷的，那天没有一点阳光，可是我们都很快活，沙滩上是我们划出的一道道纵横交错的车印。骑得筋疲力尽，我们把自行车撇在一边，躺在沙地上做白日梦。老顽童发现远处有一艘废弃的旧木船，忽然一跃而起，跑过去爬上船头。那船一半埋在沙里，一半船头翘起，老顽童

△大学时代的潘春燕

穿了一身牛仔装束，手里撑一根破木头，被海水浸湿的裤腿挽到了膝盖，眯着眼睛咧着嘴，活脱脱地象一只鸬鹚。这张“鸬鹚照”是我迄今照过的最生动的照片，也算是我们五个记忆里很经典的一张吧。即使我们每个人都学着老顽童爬上去作鸬鹚状，无奈形神都难望其项背。

老顽童的字和画都极其卡通，他曾经画过一张卡片给我们，给我的卡片上还画了很多不同星星的脸，有笑的、有恼的，就是没有哭的。那时候他们叫我“星星”，因为我做的专栏叫“星星草”。我20岁生日那天，忠平郑重其事地把我喊到宿舍楼下，端了一个巨大的盒子给我，盒子用银色的包装纸包着，上面缀着20颗星星。我从来没收到过这么大的礼物，一口气跑上楼拆开来看，原来是整整一箱康师傅牛肉面！里面的卡片写着：“星星的宵夜”。创刊时我们经常工作到深夜，康师傅牛肉面是我们每天的宵夜，那箱牛肉面自然也就成了我们的宵夜。

创刊号出版后，阿卜师姐和我退出了《岭南人》的编委阵容。那份让我们结缘的刊物，在忠平、洪飙的发展下越发壮大。老顽童毕业后，在证券公司找了份不错的工作，经常回来看在校的女朋友，当然也不忘请我们打牙祭，而且规格从学生时代的吃草鱼上升到吃桂花鱼！老顽童最引以为傲的是，我们从来没有用公款吃喝，即使是宵夜的牛肉面。1995年的夏天，阿卜师姐也毕业了，以一己之力留在广州工作。心高气傲的她忍受着种种人情世故，只为了留下来陪她那位我们从没见过的男朋友。两个月后，她男友忽然决定回南京，阿卜师姐毫不犹豫地辞职随他回去，那时已过了毕业投挡的时间，不知她经历了多少波折才在南京安定下来。碰巧阿卜师姐在我哥哥的学校教书，假期时哥哥回来说，“去看过你师姐了”，她窝在小小的单身宿舍阳台上，扇着小炉子，做两个人的饭。

翌年毕业的是洪飙和我，但我还在学校里继续念研究生。远在南京的师姐曾写信来淡淡地说：“哪里都是一样的生活。”此后3年，我再也没有见过阿卜师姐，再听到她的消息时，她的孩子已快1岁了。洪飙在回家过年时给我打电话，说起做笔杆子的艰难，抱怨的口气里却不免听出些踌躇满志。忠平则见过一次，送给我一张“海漂邮品”的首日封，说是他策划发行的中国第一枚“海漂邮品”，我们五个都有，几十年后可是古董！无论忠平有多少种面孔，我都只在意我看到的那一面，在意他的那箱牛肉面，在意他在图书馆逮住我说，“星星走路不要那么用力”。至于“海漂邮品”，我只在乎他记得我们，古董什么的反而没多大意思，后来也不知道被我放到哪里去了。

倒是老顽童我知道的最多，血液里天生的不安分，让他4年后辞掉了证券公司的工作，满怀希望地寻找他的理想。每次碰见老顽童，他都有新的想法，只是挫折也越来越多，不知道是他太过理想主义，还是运气太差。老顽童说，他总是在一个临界点，多一点时机就能跨过一个槛，可他的合作者、投资者都没有这样的耐性。但至少有一样他是幸运的，他那性情温和、与世无争的女友，陪着他辞掉了银行的工作，在私企辛苦奔波，在老顽童最艰难的时候给他全部的支持。

2001年初我到美国后，听说老顽童果然结婚了。忠平没有联系过，感觉里他总在到处奔波。洪飙则一帆风顺，娶了一位端庄大方的太太。阿卜师姐不知道还有没有经常在窗前吹箫？我时常还想起那个在海滩骑自行车的冬天，以及老顽童在船头的那张“鸬鹚照”。没有照出来的是，船下面我们四个人年轻的脸，和记忆中有些模糊的笑容。

*作者潘春燕，岭南（大学）学院财政税务系92级

朝花夕拾

□ 梁延

这是一个回忆的季节。

"要给《岭南人》写一些纪念的文字呀！"小伙伴们都在催促着。

隔着千山万水，在灿烂的阳光下想起你，想起所有认识的岭南人，我有很多快乐的回忆。大一时我并不认识任何一位《岭南人》编委，却接到创刊总编升强老大给我的一封信。他来找我的时候那么恳切地微笑着，似乎是在说"我看好你"。于是，我就这么稀里糊涂地加入了编委会。

按照规矩，新人进门要先交一篇自己的稿子，我几乎一挥而就地写好了一篇。嗯，就是"我手写我口"的那种一挥而就。现在看来，那文字不是不浅显放肆的，十几岁的我，当时就是那个样子的吧。

直到大家一起去金沙滩烧烤，听升强老大向大家讲述创刊的威水史和种种趣事，我才有机会慢慢了解这个群体的成员。飙哥与忠平一样时不时总有各种高论要发表，大家只有听的份儿。记得那天夜深了，大家围在篝火旁，升强老大还特意把我们一个一个地拉到一边，细细叮嘱了好多事。现在想起来，快要毕业的他像是要把一个初生不久的婴儿交托给我们一样，那样殷切的表情，让你不敢不老老实实地凝神细听。

后来发现，编委会里其实都是些爱写字爱说话的主儿。我们采访制作专题，举办岭南沙龙座谈，参加岭南校友活动，在校内校外约稿，踏着月色哼着歌开编委会会议，讨论稿件之余叽叽呱呱地谈天说地，在"死线"前点灯熬油地排版和编辑稿件，在人头涌涌的学生饭堂门口贴海报，在出版的大日子里骄傲地把宣传横幅拉到校园窄窄的林荫道上，把新印好的杂志分送到每一间学生宿舍。印象最深的是，在第3、第4期里飙哥策划和撰写过一篇很长的关于华语流行乐的评论，我也帮忙写了一部分文字，稚蓓还约到她在北大的笔友参与了友情供稿。

△ 大学时期的梁延

是的，那样无忧无虑的日子也是会过去的，一晃眼就快20年了。眼前有一张照片，家亮、我和凌翔并排站在学生饭堂前新贴的《岭南人》海报下面，旁边的小桌上还摆着几个饭盒。正午的阳光照着这三个人，身上的白衣服和脸上没心没肺的笑容都几乎一模一样。

在第4期杂志时，我们做过一个关于岭南大学历史的专题。我借用了鲁迅先生散文集的名字给它起名为“朝花夕拾”，意思是说，岭南校友们的历史，像早上开放过的花朵一样慢慢飘落。我们现在把它们拾起来重新审视，好让它们不至于湮没。这算是我写过的自己最喜欢的岭南专题。那么20年后，我们今天再来看看《岭南人》的往事，也算是另外一种朝花夕拾吧。

有一次参加学校组织的国际学生交流活动，我和一个荷兰学生聊起什么事儿正聊得高兴。刚好手边有新出的《岭南人》杂志，我就忍不住要献宝，拿出一本内页黑白封面彩印、美术风格类似《读者》的《岭南人》对他说：“这是我们自己办的杂志，怎么样，漂亮吧？”要知道在20世纪90年代，《读者》是全国发行量第一的纸质杂志。我们的《岭南人》凭着香港岭南校友的支持，才能做到2000份封面封底全彩印的奢侈，当时一般的学生刊物是没有这个条件的。

带着类似新生儿父母的那种得意，我静等着他的赞美。谁知这个蓝眼睛的家伙温和地笑笑，带点矜持地从袋子里随便摸出一份整本铜版纸彩印的商业杂志说："我习惯的学生杂志，是这样的。"我一下子就噎住了。他接着还翻开那本沉甸甸的杂志，指着里面登有整幅彩照的跨页，笃定地对我说："我们做的跨页不比这个差。我们有自己争取的商业赞助。"

好吧，这个"我习惯的什么是什么"的讲法，我以前是听过的。记得在大学的英文课上，我们的美国教授不时抱怨广州天气不好，灰尘也多，害得她老人家呼吸系统的毛病老是发作。我们那时年轻不懂事，也不晓得体谅人，老爱和她争辩说，你看，这不是蓝天白云阳光灿烂嘛，广州的天气算好了，北方人冬天都喜欢来避寒呐。结果有一天教授来上课，从包里掏出一张巨幅的彩色照片，大得几乎挡住她的脸，上面整片的蓝天上没有一丝白云。她平静地说："我习惯的蓝天，是这样的。"好，很好。

家亮在他的回忆文章里也提到过，我们快毕业的时候曾经做了一次把杂志搬上网络的尝试。没错，那是1997年，是拨号上网的史前时代。那时候国内大部分人没有用过电邮，但一些大机构与学校已经组建了一系列的专网或校园网，全国联网的计算机不到30万台，估计网民的数量是62万。

当时《岭南人》可以用到的网络服务是，接到中国教育科研网的中大校园网。我们委托同学把近期《岭南人》杂志的内容编写成网页，挂在校园网上。那时的校园网管中心才刚建立，是学校里的老师在负责，好像也任由我们随随便便地就把杂志的网页放上去了。等我们想起来要去正式申请一个学校的许可，才碰上了预期里的"不"。

记得校方负责人问我和家亮，你们的发行范围是什么？我们解释说互联网嘛，理论上全世界都可以看见的啊。是我们年少无知，不知道原来一个学生刊物的发行范围，也是一个要审批的东西。我们还自大地以为，只要我们的宝贝杂志一放上网，一定会有四方八面的读者争相点击阅读。不，当然不。

20年后回头再看，我们之后的《岭南人》有了很多变化。不但参与编务的同学更多，活动的范围更广，文章的主题也日趋多样化。排版设计当然更加精美，全本彩印和电子杂志也不是问题。与之相应的是，截至2013年12月，中国互联网网民规模达6.13亿，互联网普及率为45.8%……想想现在的师弟师妹们，要是知道我们当年的种种，是要笑的吧。

我总觉得，一本好杂志的灵魂是敏感、热情和诚实——对生活的敏感，对文字的热情，对己对人的诚实。只有这样，才能真正做到有感而发，言之有物。过了这么久，所幸这些东西，这些老朋友都还在呢。

嗯，忆莲说的，潮和浪纵洗足印，情依然真。

*作者梁延，岭南（大学）学院国际贸易金融系93级

岭南学长，令人敬仰

□ 邓永泽

在岭南人的日子，每一期杂志出版后，标戈（黄洪飙）都会叮嘱我要给岭南学长们一一送去或寄去。当年的《岭南人》，得到了很多岭南学长的关爱。每一位，都值得我们感恩和敬仰。

李毓宏学长：我们永远怀念您

李毓宏学长是实业家、企业家，同时也是岭南大学香港同学会出版委员会主席，为广州《岭南人》的出版和发展倾注了很多心血。毓宏学长还有一个身份是广州市政协委员，不时都来广州出席政协会议或“校友日”活动，几乎每次他都会约我们见面、座谈，并请我们吃饭。在上世纪九十年代，还是学生的我们就有机会到中国大酒店、白天鹅酒店等“高大上”的地方吃饭，实在令人羡慕。记得在广州最后一次见到毓宏学长是1995年的秋季，标戈带着我、梁延到流花宾馆见他，那年毓宏学长已经70岁了，但身体依然很好，思路清晰，反应敏捷，午餐请我们吃饭时还喝了点小酒。这次见面时，毓宏学长特别谈到，当初是何等辛苦才找到《岭南人》的创刊人升强、标戈他们的。

△1996年，李毓宏学长（中）与穗港岭南人合照（左二为邓永泽）

1996年春季开学后，我在第三教学楼上晚自习，标戈在课间告诉我，毓宏学长的夫人走了，我们得知后都深感惋惜。标戈代表编委会拟写了唁电，我们都签了名，发给了毓宏学长。

2013年12月20日，《岭南人》创刊二十周年聚会前夕，我建议升强、标戈邀请李学长出席，我们三个人似乎都同时意识到了什么。是啊，如果从我1997年毕业算起，已有16年没见面了，毓宏学长还好吗？电话是升强打的，却获悉学长不久前去世、享年88岁的消息，令人扼腕。

毓宏学长，我们永远怀念您！

桂治镛老师：年轻人的良师益友

1995年岭南大学广州校友会“校友日”活动活动开始前，我与标戈、梁延来到桂治镛老师家，桂老师随即赠送给标戈一条“岭南人领带”，这足以体现桂老师对年轻一代岭南人的深厚感情。这是我第一次到桂老师家，后来我了解到，桂老师是岭南（大学）学院的首任第一副院长。之后每次去桂老师家，他都会送我出门，并叮嘱一句：“代我问同学们好！”我想，桂老师所指的同学们是指《岭南人》的编委，因为我们采访过他，桂老师对此很有印象。

那时，桂老师住在康乐园东北区311栋别墅的二楼。我总喜欢到英东体育馆长跑，恰好要经过桂老师的家，经常看到他在修剪花草，我们也就经常驻足谈心。因着这特别的缘分，我和桂老师本来是年龄上相距甚远的两代人，却成了好朋友。2013年回广州参加《岭南人》创刊二十周年的活动，下午跟标戈一起送桂老师回家。没想到桂老师还是转身目送我们进电梯。跟以前一样，桂老师可亲可敬的领导风格一点也没变。

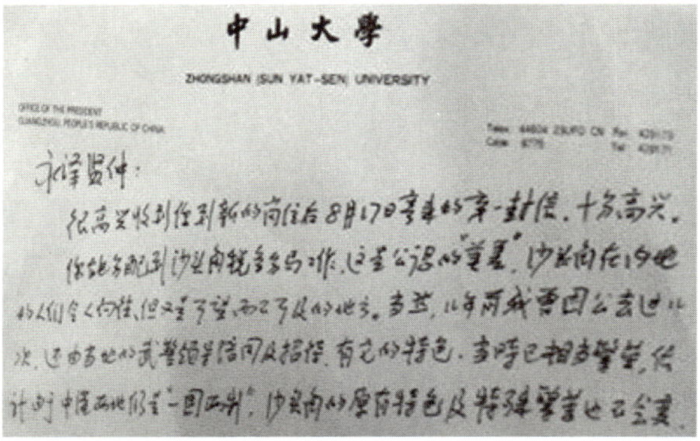
中山大學

ZHONGSHAN (SUN YAT-SEN) UNIVERSITY

OFFICE OF THE PRESIDENT
GUANGZHOU, PEOPLE'S REPUBLIC OF CHINA

永泽贤仲：

△桂治镛老师给邓永泽的亲笔回信

校友会：编委会栖息的港湾

1994年秋季，我刚进岭南人编委会的第一个任务不是采访、约稿，而是拜访岭南大学广州校友会。一个周末下午，标戈带着我从宿舍出发，连走带跑上了一座古色古香的办公楼。那时我对校友会的认识还是一无所知，正是在校友会，我逐渐了解到岭南大学的深厚历史。

当时的校友会有两位专职老师：温建中老师、余春花老师。记忆中，每次去校友会，都看见两位敬业的老师在狭小的办公室里埋头苦干。李毓宏学长赞助给编委会的电脑就寄放在校友会，为《岭南人》的编辑工作带来了便利。他给《岭南人》募集的捐款也是从校友会转交给编委会的，余老师让我写一个简单的收条，就算是办好了手续，对我们非常信任。

标戈毕业后，我多少感到失落，有点不适应，最大的寄托就是校友会。有时路过校友会，都会不自觉地上楼看看。走进校友会，自己的心就踏实很多。

后来，校友会的专职老师只有余老师一人了，她的担子比以前更重，但她仍然给予岭南人编委会很大的理解。记得有一次，我简单地向余老师说明了一下情况，并请她结清编委会在校友会复印的费用。余老师知道我自己垫钱了，她犹豫了一下，仅收了19.6元。要出版一期《岭南人》，由始至终的复印量很大，如果按市场价计算，何止19.6元啊！我心里明白，余老师只是象征性地收了纸张费。当时，我的眼眶一下子湿润了。

*作者邓永泽，岭南（大学）学院财政税务系93级

东游记

□ 刘家亮

我就是那个人。二十年后，再次遇见。

惊喜开始于初冬的某日，微信提示说：“梁升强请求添加你为好友。”说实在的，二十年前的初次相见，已经被漫长的时间冲刷得几乎没有留下一丝印记。这次重逢我会好好记住。

然后就遇见很多故人，然后就说起很多往事，然后就泛起很多思念和追忆。

你是一个婴孩，诞生在我们初相见的季节。那一年，我二十岁。分别之后，我时时想起，默默追索，以为再也找不回。就好像一群失散的蚂蚁，爬行在枝繁叶茂的通天大树上，不知不觉越岔越远。可竟然就这样转过街角又遇见了。这一年，你也二十岁。“Hi，我就是那个人，当年为你熬过好多夜，点过好多蜡烛，吃过好多榨菜。这些年，你过得还好吗？”

然后还碰见很多曾经二十岁的人，谈起很多二十岁的事，一样的熬夜，一样的梦想，不一样的故乡，不一样的离愁。

你是一条河流。我在唐古拉山见过你。我见过你从冰川滴落，漫过粗砺的岩石，在山间一跃而下，渐渐就去得远了。那时我开始在旷野里漫游。有时闻着花香走，有时听着泉水走，在夜里迷过路，在白天发过呆。一直走到大地的边缘，一直走到，那个曾经想对全世界倾诉的少年，已经有点忘了信天游的调。直到这一天，人们告诉我，脚下的黄浦江，它也是你。

△大学时期的刘家亮

于是我就好奇了。

谁陪你闯过崇山峻岭，山谷里回荡什么样的歌声。谁在险滩里默默拉纤，二十岁的汗水流进你的血脉。还有后来呢，两岸的稻花香呢。后来的后来呢。

上帝说，答案在编委会。于是，我就入了编委会。

我们就是那群曾经二十岁的人。我们在横断山脉见过你，在巴山蜀水见过你，还有在三峡，还有在荆州，还有洞庭湖，还有崇明岛。你在我们的20岁流过，你目送我们出发去远方。我们在你的二十岁归来，我们一起来写这个答案。

*作者刘家亮，岭南（大学）学院科学计算与计算机应用系93级

意气风发

《岭南人》一出生就风华正茂，在校园社团的视野中，我们很容易就捕捉到这么一群人的身影：她执掌社团期间，《岭南人》像一个养尊处优的公主，衣食无忧，可以专心一意地做好一本杂志；他因为《岭南人》的办刊条件优越，便半路出家加入了；她选择了“高难度”的模式度过大学四年，激烈地爱，投入地去做事；她一直觉得《岭南人》的前辈是“腾云驾雾”一般的高端存在，却不曾想后来的自己也拥有了一个充满传奇色彩的名字……

最热烈的青春都献给了你

□ 周瑛

△大学时期，岭南人闺蜜情深（从左自右依次为佘超梅、周瑛、刘琼）

回忆真是象一匹布那么长……

1998年初大三寒假，编完第9期《岭南人》，至今已整整16年，漫长到我极少回忆，也不再提及，以为自己已经忘记了你。这一回首，始知岭南人永远是我心底的珍藏，只因我把最热烈的青春都献给了你。

第一次参加编委会会议是在哲生堂，那是20世纪20年代岭南大学时代留下的建筑，老旧的红砖，昏暗的灯光，那些印在纸上的名字，变成活生生的人站在眼前，我极力掩饰自己的怯意，少言寡语。要是有人回忆，还说我那时叽里呱啦的话，一定是你记错了！印象极深刻的是家亮，说什么都忘了，好象是谈论他的那篇《别了，何智丽》，我对写杂文的家伙一向景仰得一塌糊涂，因为我不擅长说明文、议论文、诗歌、杂文等等。所以，只好一直走抒情路线。特别记得的是他的笑声，笑得肆无忌惮，哈哈哈……哲生堂里绕梁三日！后来陪他逛书店，看到兴起，也是这副德性，一串银铃般的笑声！想来甚为惆怅，自从家亮去了加拿大，逛书店再无笑声相伴。

当年岭南人是不愁经费的，阔气得很，香港老学长们每期捐出15000港元，注意，还是港币对人民币1.1：1的年代。我们有自己的办公室，有电脑，586哦，甚至配置喷墨打印机。南迪作为技术派，整天琢磨添购什么设备有助于提高我们的出刊水准，记得有一款手掌大的扫描仪，用来扫描照片、插图，我们都很新奇。我还央求南迪给我打印过一张男神Brad Pitt在《燃情岁月》里的截图，结果打印设置有误，有点压扁了，但是被压扁拉胖了的“男神”依然被我如珠如宝地珍藏着。幸福呀，相对后来需要自筹经费的师弟师妹们，充裕的经费，令我们专心专意只为做好一本杂志，已经很好了，还能不能再好一点，每一任编委会交作业时都是诚惶诚恐，如履薄冰。

至于我，真正领了差事，做事写稿是凌翔主编的那几期。那时候岭南人有拽的资本，每期策划专题，几人一组，领走各自负责的题材，编委会会议定期开，大家要汇报进度。真是快乐呀，想起来仍禁不住嘴角上扬。混熟后，我的本色暴露无疑。跟陈悦搭档过两个专题，“没心没肺”这类的词汇就是为我们发明的。有一期是采访留学生，留学生楼的舍管不给进，只好在那儿蹲点撞人，见到面善的就上前去问愿不愿意接受采访，想想我如今脸皮的厚度原来是从那会儿就开始攒了。

年轻时，精力真是无穷，除了写稿，但凡岭南人的差事，全都屁颠屁颠地跑去做，哪怕什么忙也帮不了，只需在旁边插科打诨。比如长城，海明他们出海报，我跟陈悦主要就是负责裁纸磨墨，还带着丁楠，罗琳，超梅“打酱油”。凌翔，家亮这两张嘴太厉害，我们一般沾不了便宜。但是，我还可以逗小泽、长城，海明他们，夜深收工时，从哲生堂到东区宿舍，长长的林荫道，一路欢声笑语，月亮星光请见证，那一张张青春的脸庞，我从未曾忘记，已经成长为我人生的一部分，怀念在岭南人的岁月也是怀念我自己的青春！

我记忆中的编委会会议极少正儿八经地开，总是在饭堂附近宵夜，小破桌一拼，摆上几张塑料凳，我们谈天说地，就着啤酒、花生、瓜子、炒螺。家亮，小泽，凌翔，南迪，长城，海明，刘琼，丁楠，罗琳，超梅……这些名字，恍若昨日！聊了些什么？全然忘记了，假使有时光机器，我愿穿梭回去，听听墙角，那几位少年，聊些什么呀你们，笑得这么开心，嘴角含笑，眉眼飞扬！青春时我们多么得瑟，让人回忆起来既甜蜜又满怀忧伤……

那时候的我正当最好年华，沈从文庆幸"我行过许多地方的桥，看过许多次数的云，喝过许多种类的酒，却只爱过一个正当最好年龄的人"，我呢，庆幸自己正当最好年华的时候，遇上一帮岭南人。

我很怀念那本叫《岭南人》的杂志，和那一帮叫岭南人的人。怀念杂志漂亮的版面设计，"接地气"的文风，这在当时的校园刊物中独树一帜；怀念和他们一起做事的认真、投入；怀念我喜欢过的人，哎，就是说你呢，那年一起坐在学苑顶楼吃盒饭，天空中一架飞机掠过，划出一道长长的尾线，你连忙唤我看，教我说不是每一架飞机飞过都有痕迹。是的，也不是每一份倾慕都有结果，因为喜欢得太过隐秘，捂得太好，连自己都浑然忘却……这一生，值得爱慕的人很多，错过的每一段无疾而终的感情，最终成就了我的婚姻，美好得我哪有遗憾，唯要珍惜我们到底还有擦肩而过。

*作者周瑛，岭南（大学）学院财政税务系95级

那些年，那些人，那些事

□ 任博

我向来不喜欢接陌生电话。正在开车时手机里显示出一个来自广州的陌生号码，挂掉后立即又响了起来，为了不被持续骚扰就接一下吧。那边传来一个声音："我是周瑛！"我的天啊！一把方向停在路边。

周瑛说花了两年时间找我，有这个可能。我现在身处遥远边疆，手机信号走到这里估计也得费好大劲呢。更有意思的是她竟然让我写回忆录，难道我们已经到了要写回忆录的年纪了吗？但当我看到微信群的名单上有人署名为"12级秦志伟"后，掐指一算，可不是已经过去一代人了么。

我是临时被拉去岭南人帮忙的。同宿舍的刘联国叫我去帮着佘超梅画宣传板，在哲生堂有吃有喝有音乐，工作环境还不错。原本是帮忙，没想到一干就是个通宵，从此一发不可收拾，算是半路出家入了岭南人。

我们这批人是听着周瑛讲述师兄师姐的光辉岁月长大的，间或听她夸张地抒发自己是多么深爱杰克逊。师兄师姐的光辉形象在我脑子里深深扎根，再加上周瑛师姐的演绎，他们一个个已经变得神乎其神了，那是岭南人的"黄金一代"，遗憾的是没能见识几尊真身。真正接触到前辈们反而已经不是在岭南人工作的范围内了。凌翔师兄的沉稳老练，罗长城师兄的温文尔雅，胡南迪师兄骨子里透着聪明，他们可都是我的偶像啊。

我在岭南人期间，与丁楠、罗琳、陈圆圆共事时间最长。丁楠浑身散发着才女气息，我俩曾共事很长一段时间。她乐观、有主见，内心远比外表强大，用现在的话说，她简直就是"女神"。罗琳的好性格是人尽皆知的。看着慢吞吞真是急坏人，但是你怎么说她都不会生气，最终还在岭南人危难的时候勇敢地挑起重担。说实话，

△作者任博，1998年摄于中大东区A栋宿舍楼上

她最终“二进宫”回到岭南人是出乎我的意料的。我和陈圆圆同班，我清楚记得有一次在线性代数课上，我俩热烈地讨论岭南人的事情，整整一节课嘴没停头没抬。等到下课时，老师忍无可忍地对我俩说：“那两位同学，以后请不要在课堂上谈情说爱……”青葱岁月啊。

这两天我一直在回忆我究竟在岭南人做了几期？怎么和丁楠一起退休后，感觉和罗琳、邹勇兵、黄娜都有过某些交集？甚至对李焱文都有清晰的记忆；尤其是与罗琳和邹勇兵的交往最多。我所经历的那段时间应该是岭南人最困难的时期，当时面临的主要是“红旗还能扛多久”的问题。记得多少次与罗琳、海明一起商讨，罗琳慢声细语中透着坚定，是她的韧劲和责任心让岭南人继续活了下来。

我的舍友们常说邹勇兵是经济学系的粉嫩小师弟，那段时间他总来找我，衣着从来严整的他和光着膀子的我常常站在A栋6层的走廊里远眺珠江，一聊就是半夜。他心思缜密、勤奋上进、踌躇满志，恰逢困难时期仍不离不弃。他是我在学生时代接触最多的师弟，没有之一。相信他必然能成就一番事业。

黄娜是个胆大心细的女孩，在她以及后来李焱文的时代，岭南人有了很大的转变，做成了很多前任社长没有做的事情，奠定了岭南人一段时期的发展格局。这些转变在当时也引起过很多争议，不管改变的结果如何，改变本身就是一件需要勇气和值得肯定的事情。

那几年，岭南人经历一段颇为尴尬的时期，核心是两个定位的问题。一是岭南人是岭院的还是中大的；二是《岭南人》当时的风格是否符合同学们的阅读需求。

岭南人的归属问题是历史形成的，这个问题师兄师姐们已经讲了很多。当时有主张应该立足于岭院以便继续获得支持的，也有主张应该放眼全校，不能固步自封的。第9期已经增加了一些来自岭院以外院系的编委，但是始终无法让他们有归属感，也一直没有能系统地做好编委的培养工作。以至于很多有才华的院外人才不愿意来参加一个纯粹的岭院社团，内部成员如王钊、许劲涛、方晓安、李海峰等才华横溢的院外编委始终无法获得足够的发展空间。

前几期《岭南人》的风格颇为鲜明。凭着前辈们的才华和魅力使刊物做得风生水起、独树一帜。但优秀的种子是否能代代传承，依靠什么传承，这两个问题在当时没有解决好。我们那时候的沙龙基本停滞，采访工作也是浮于表面。岭南校史是每期的重头大戏，必须由总编们亲自操刀。这符合了学院的要求与定位，也更加突出了刊物的学院特色。但在其他内容没有大突破的情况下，读者也日渐萎缩。我曾亲见有人拿岭南人垫饭盒，让人心痛不已。

后来我虽然已经离开了岭南人，转去负责学院新筹建的社团理事会，但还是常常去与辅导老师沟通，到校友会反映情况争取帮助。第11期的时候，已到了“无奶可吃，断奶就亡”的地步。我主张我们必须自己去解决生路，自己想办法去解决资金的问题。拉赞助、登广告，没有什么不能搞，只有先活下来才有发展的可能。几位98级的小师妹干劲很足，拉来了两个赞助，《岭南人》的封底上出现了庸俗的广告。

作为曾经的负责人之一，若说遗憾，一是没能在任期内勇敢地完成对岭南人的改造，将危机和困难留给了后来人。另外就是没能营造出一个很好的环境让那些才华出众的师弟师妹们尽情挥洒。我清楚记得阎华犀利的笔锋和不妥协的性格，记得吉蕾、杨薇、张扬眉闪烁着青春光华的眼神……无论你们现在身处何地，感谢你们！

回头看来，曾经组织严密、风光无限的一些社团早已销声匿迹。而松散温暖的岭南人虽跌跌撞撞，却一路走来，仍然能让这么多人牵肠挂肚。这不能不说是精神的力量。这种精神到底是什么，需要我们大家共同来发掘、发扬、传承。这或许也是岭南人下个20年得以立足、成长的根本。

初遇《岭南人》的时候，觉得她特立独行，用今天的形容词就是“高大上”。不知道现在的《岭南人》是个什么样子了。有人说她是我们的理想构成的，有人说她就是纯粹的文学，在我看来或许都不是，她就是一段青春记忆。时过境迁，我们曾经为她挥洒青春的时候，现在的编委们才刚刚出生。现在的编委们正雄心壮志谱写新篇章的时候，我们已然在追忆那激情燃烧的岁月。

那时候的意气风发和年少轻狂在今天看来是那么的可笑可爱。唯有老友间的情谊历久弥新。

那些岁月、那些人、那些事，不管她是否美好、不管你爱与不爱，她就在那里，吹不散、抹不掉、记犹新。她就是《岭南人》。

*作者任博，岭南（大学）学院国际贸易金融系96级

启示录

□ 黄娜

几天前，参加《岭南人》纪念图书的编委扩大讨论会，算是第一次见到了《岭南人》的历任领头人。周四是上班日，但大家竟不动声色齐齐到来，倾谈到夜半，一起用不锈钢饭筒喝汤，分食由细心的忠平师兄准备的各式零食果子，实在太开心。

听各人分述那二十年间的《岭南人》故事，也太震撼。

我们都把最深的爱恋给了这本刊物，这怎能不算是一个奇迹？

属于《岭南人》的奇迹，还有很多：

中大图书馆里多年间寄放着我们的杂志，中大校门口的学而优书店里多年间永远有个显眼的位置留给《岭南人》，她还曾去过北大、第一军医大……

如果以读者数量计，这本每期发行量仅以千计的校园刊物，因为传阅率惊人而拥有以十万计的读者。十几年间，超过百万人读过我们的刊物！

毕业多年后，还能接到读者因为我们的文章感动落泪而辗转发来的邮件。

升强、玉娟等许多岭南人，甚至在这个社团找到了自己的一生挚爱。

记得大四那年，曾经自嘲地跟某个来采访的社团说过："哪怕《岭南人》垫过你们的饭盒呢，更不用说她曾经让你们喜爱、感动。《岭南人》存在过、存在着，这就足以让我骄傲。"

在平媒从业前后超过十年，每每惊讶于纸张给人带来的力量。年华飞逝，当平媒逐渐离开主流传媒圈，只能由衷感谢，从大学时期开始跟纸张这十多年间的相伴。像是烟花谢去之时，庆幸自己竟有幸见证了她最灿烂的时光。

一本校园刊物，二十年的"小历史"，谈不上惊心动魄，却也险情不断，遭遇的问题跟外面的世界惊人地同步。断粮、分校区、办刊理念分歧、网络时代冲击……年

△大学时期的黄娜

轻的我们彼此陪伴着，一路走了过来。

《岭南人》衔着岭院的金钥匙出世，算是“家底厚”的校园刊物 但富裕的生活没有持续太久，历届编委大多受困于经费问题，而被迫各出奇招。

除了常规的拉广告赞助，新生代的“预售办刊”“众筹办刊”等方式也应运而生。没有办法印彩色版本，就把黑白玩到炫酷；没有经费时停办，终于找到钱时就攒足力气连补数期……因为这是一本“有传承的刊物”，不能“断在我手里”。这样的信念，一年一年地传下去，这真是一个奇迹。

爱是自己的东西，并没有什么东西是你必须倾其所有去爱的。但有了爱，可以帮助你战胜生命中的种种虚妄。

爱人也好，爱一样物事也好，我们借由爱而存在。

四年大学走过，你可以选择“容易”模式，云淡风轻片叶不沾身；你也可以选择“高难度”模式，激烈地去爱，投入地去做事。

“奇迹，是不会在容易的路上绽放的。”我喜爱的一个剧作家如是说。

而《岭南人》不该是你生命中的特殊。你曾轰轰烈烈爱她，你也该轰轰烈烈爱其他。

你曾为《岭南人》挥洒汗水和智慧，也请你把汗水和智慧送给你的事业。

你曾为了社团的生存想出了天才般的点子，请用这种创造力去栽培你的梦想。

不要忘记你的天真，你一直相信《岭南人》会存在百年，你相信这帮社团兄弟姐妹会一世交好，请用这种天真和赤诚去经营你的人生。

不要忘记你的才情，《岭南人》白纸黑字证明为你做证，请终其一生善用她，去给爱人写诗，去给孩子编一个动人的童话。

那一年，通宵写稿、排版，多么累，但我们走出电脑室，欢乐无比的搭着彼此的肩膀看凌晨的朝霞，年轻的脸被霞光映红，感觉一切都刚刚开始，而脚下已经忍不住想要奔跑。这样的力量和美好，请你永远永远珍藏在内心。

这些话，也是说给我自己的呢。

*作者黄娜，岭南（大学）学院经济学系97级

致我们逝去的青春

□ 阎华

△大学时期的阎华

收到约稿短信时，正在上海机场等待去武汉的飞机，未来是漫漫一周的工作行程。瑛在微信上说："周日翻旧刊，想起你和邹勇兵了，怎么还是小小的样子？"我嘻嘻哈哈地回应了，飞机起飞后关了手机，抬眼，窗外是无忧无虑的蓝天白云。忽然之间，视线就模糊了，怎么还是小小的样子，小小的样子……记忆像一片大水，白花花地淹没了过来。

我是在大二时加入《岭南人》的，最懵懂无知的年纪，却又仗着有点小文采，自大得无边无际，清高到云里去。看着全班考托福、雅思，觉得那是世人皆醉，看全系炒股、炒基金，觉着都俗到钱眼里去了！于是，顺理成章地加入了《岭南人》。

我最记得的是，一进《岭南人》就被教育：我们的习俗和引以为傲的，就是每期的专题，每次必倾全体之力，呕心沥血字斟句酌。可偏偏碰上我辈特别不擅长写命题作文，但凡《岭南人》的专题，只要是我写的，自己都别扭得不忍看第二遍。

那时正值愤世嫉俗的青春期，荷尔蒙过剩，特别喜欢骂人。写过一篇骂诗人的文章，招惹到某自命为诗人的同学登门拜会，结果还写了首诗回骂我，对方甚至在梁銶琚堂后的林荫大道当众念诗给自习课后的人潮听。我还写过一篇《自言自语》，尖酸刻薄到连自己也心虚，取了个笔名叫“立夏”，怕招众怒。指导老师陈征宇审稿时不明所以：“这谁写的，怨气很重啊……”我在旁边毕恭毕敬，手心都是汗。

一个大二女生，呆呆的，懂什么呢？青春是需要宣泄的，有《岭南人》这样一个地方，可以肆无忌惮地说想说的话，于我而言，就足够了。

一个社团就像另外一个女生宿舍，每天一堆人聚集在一起，为了某一个话题争执：不同意，然后同意，又再不同意，最后同意……一切都像一场游戏，而我就是站在云端的那个人，对什么都热烈响应，积极参与，又对什么都无所谓地抽离。青春，要的不过是经历而已，和你喜欢的人，经历一段共同的回忆。

2001年毕业后，我就离开了广州，在岭南人中只与罗琳有零星的联络。那时罗琳还是“女汉子”一个，邹勇兵还唇红齿白，南迪则黑瘦得可怜。那时的我，留着男孩头，从不戴项链首饰，心怀天下，忧国忧民。那时的我，没想过考GMAT、读MBA，只想安安静静写东西而已；那时的我，没想过要整天西装革履、蹬着细高跟，只想安安静静写东西而已；那时的我，没想过从此就要拖着我的小行李箱，辗转大半个中国再漂洋过海，只想安安静静写东西而已。

那时的我，没想过我的手原来除了写字，还要会敲电脑、换灯泡、做红烧肉、拼装IKEA家具、颤颤巍巍地把小皮箱从一架飞机的行李架换到另一架飞机的行李架，我原本只想安安静静写东西而已。

时间是怎样爬过了我的皮肤，只有自己最清楚。

2011年毕业十周年，曾经专门飞回母校参加本系同学会。在岭南堂合影时，突然就恍惚了，似乎回到了好多年前，我还站在大榕树下，雨后的水汽氤氲上来，路灯白得刺眼。自习结束的铃声响了，伍舜德图书馆涌出来好多人，好多人从我身边走过，好多熟悉的面孔。我想叫他们，却发不出声音，我伸出手去，却抓不住他们。

就像，抓不住我们已然逝去的青春。

*作者阎华，岭南（大学）学院财政税务系97级

最初的面孔

□ 林莉

在第一次《岭南人》纪念图书编委会上，盈璐送我一本书：肖全的《我们这一代》。这是一本人物摄影记录，主要聚焦于一群生于中国20世纪五六十年代的摄影家、画家、作家、摇滚音乐家等，拍摄时间大多在20世纪八九十年代。彼时的艺术圈中人或自恋或执迷，或桀骜不驯或窘迫潦倒，但却有着惊人的相似，便是保留着与社会对抗、与自我拉扯、与天比高的坚硬存在，非常真实。偶然翻开腰封，见到大片留白的区域有深深扎根的字眼："最初的面孔"。我突然明白了此书的真意。

知道大渊回到成都，已经是他离开广州第三年了，在《岭南人》二十周年聚会上，他特意从成都飞来，为社团捐了2000大洋。当他给我递名片时，简直亮瞎了我的眼，头衔是某投资公司副总裁。他以恨不得要回名片的表情羞涩地表示，头衔只是为了工作而已啦。他还是没变，为了喜欢的东西付出百分百的热情，珍惜美好，睿智从容，头脑灵光却从不彰显。过去，我总喜欢看到久别重逢的朋友有惊喜的变化，现在偏喜欢一切照旧，仿佛时光不曾光临人间。大渊是让我深感青春无恺的少数人之一，在聚会上的相见，离那段青春已然十数载。

最初认识的大渊是什么样子的？我只记得他总喜欢用语调拐了弯儿的粤语跟我说话，手舞足蹈的。我和他不知怎的，糊里糊涂就当了副主编和主编。一个学金融的理科男，对世界涉猎很深，让我这等文科思维的人好生羡慕。有天晚上，我们一起在编辑部看稿排版，不觉已夜深，匆匆离开时却发现大楼门锁了！明明嘱咐过管理室阿伯不要锁门，这会儿呼天抢地也没人理会了，我们只得回到编辑部。那一晚是怎么过的？无非是继续干活，聊天，说说笑笑。我和大渊孤男寡女被关一晚的事，不知怎么就流传开了，差点被推上《茶楼手记》当头条。

△2004年，林莉（左三）与罗渊（左一）、唐安琦（左二）、蔡雪玲（右三）、陆玉娟（右二）、全文文（右一）等岭南人合影

那个时候社团里总有一些“腾云驾雾”的名字，意为我等小辈永远只有仰视的份，没有接近的缘。黄娜，算是第一个得以靠近的“大神”，她给我的印象一直是温婉可人，笑得不多，却很优雅。我喜欢读她写的小说，她用“站立舞拳”的名字在《岭南人》上登载的文章我每期都追着看，她写的故事有种淡淡的六月茉莉花香，曾经有个故事里的男孩死了，女孩哭干了眼泪，我还记得有这一句：“大概人一生的眼泪是定量的，哭完了就再也没有了。”那一晚，我把这期杂志压在枕头底下，默默流泪。有一天晚上，我把自己的小说拿给她看，想登在《岭南人》上，她和王亚楠给了我很多建议，末了来一句：“写得不错，但可能不太适合我们的杂志，继续加油哦！”离开她的宿舍，我欢天喜地的，也许我想做的，只是去逛逛“大神”的宿舍吧。

2001年在珠海招新的时候，认识了玉娟，那天的太阳毒辣，她手里拿着一大叠宣传单，见一个派一个，嘴上还一直喊着、介绍着，其实当时她也还是个新人，不时有人来问她事情，她反应迅速奔前走后，手上的活居然也没耽误。她绝对是个热心肠的孩子，也绝对是受累的主，她能为团队做”躺枪打脸“的事，必定不会让任何一个人吃亏。但我更喜欢"女汉子"背后的柔情和细腻，玉娟的文章写得很好，不是因为文字的雕琢，而是因为真性情。"你要什么？只有你的心最清楚。而它只会在没有任何压力与要求下的寂静夜晚，才会告诉你答案。愿能心安，自此处处是吾乡。"近日在微信上看到她的文字，似乎回到从前，比起众人的狂欢，她是不是更喜欢独处呢？

现在已经想不起来第一次见到安琦的情景，我和大渊忙着杂志组稿的时候，他总是很忙很忙，后来知道，他大概是忙着为杂志搞钱，说起来很是对不起，我一直是以为我们杂志是不差钱的。后来杂志交棒给玉娟，我变得越来越懒了，安琦却越来越勤快，他常常跑珠海，师弟师妹有事相求，他从不拒绝，他不是嘴上能说动听话的人，但心里对《岭南人》特别死心塌地。毕业后，偶遇过他几次，都是在中大附近，两人无非是聊聊工作，再后来听说他改名了，我一度很纠结，下半辈子我应该叫他老名字还是新名字。在《岭南人》二十周年聚会上，安琦对我说："你工作得是否开心，这最重要，这是黄娜跟我说的，真的，如果你不开心，你就去寻找，一定能找到适合你自己做的事情。"我忽然觉得我是从这一刻才开始了解他。

这些"最初的面孔"，还有许许多多的名字，一直留存在我脑海中，只是在某个偶然的时刻，让我忽而缄默，仿佛感悟到什么。肖全在《我们这一代》中拍摄过文学批评家朱大可，他有一段送给未出生的儿子的话我非常喜欢："像所有人都曾经历过的那样，他会发出第一声怒气冲天的呼喊，而后，在岁月的消磨中与世界达成和解。但我并不担忧这点，因为人对美好声音的所有怀念，都是灵魂发出的内在呼唤。"

纵然光阴流逝，这些"最初的面孔"始终如昨，心怀所梦，奋力奔跑。过去的时光宁静美好，得到是自然而然的事，失去也无所畏惧，现在的我好想往回跑，跑回封存着青春的琥珀里，仿佛时光不曾光临人间。

*作者林莉，中文系99级

《岭南人》与岭南人

□ 文珍

△大学时期的文珍

一

我是1999年进入中大岭院的。一个从小喜欢中文的人，阴差阳错一步踏进了经济类学院，本身也有一段因缘。岭院并不是我的首选——我是从第一志愿的复旦中文系落到第二志愿的中大的，并且依稀记得第一栏填的应该是法律。说来惭愧，刚满17岁的我整整当了三年年级第一，气盛心浮，压根就没想到过自己居然会从第一志愿落马，压根也没太在意第二志愿的系所排序，之所以会在法律系后面填上岭院，完全是因为照抄高中同桌的第二志愿栏目——这人第一志愿填的是人大，成功了。他还正好有个就读岭院97级国际金融系的亲哥哥，因此对岭院事先有一定了解。他一边填志愿一边悄悄对我说：填岭院没错的。那是中大最好的学院，财雄、势大！

那是我第一次听说岭院的名字。至今我仍然记得他当时的表情，有一点神秘兮兮，有一点顾盼自雄，又有一点听天由命。1999年6月刚下高考战场的我们也许都有着同样骄傲混杂恐惧的表情。填报志愿是此刻的进行时，而不同的志愿背后意味着不同的人生道路，仿佛昨日还离自己非常遥远，今天却一下子迫在眉睫。

直到很久之后，才知道那个名字是多么关键。它让我度过了意想不到的本科四年，让广州成为我生命中待过的第三个城市，也让我认识了生命中最重要的一些人，比如我现在的先生，我的本科同班同学。

一切的机缘巧合，命运的严丝合缝，在那个瞬间原来就已注定。

一个月后，我没有等来复旦中文系的录取通知单，却收到了中大岭院的通知书。这时我甚至已经忘记了一个月前我填过这个学院。通知书上写着“岭南（大学）学院”，教人十分困惑。我当时正沉浸在无缘中文系的挫败感中，对这个学院一无所知。

我同样一无所知的，是自己其实非常幸运。

二

1999年那年对我来说如此特别，不单只是跨世纪的数字上的意义。高考失手，同年陷入了一场说不清道不明的早恋。说不好是早恋导致了失手，还是失手注定这场不成功的早恋得以失败地继续。所有元素混杂在一起，组成了那个燠热、忧伤、无以名状的逝去夏日。初恋男友是高中同学，成绩不算出色，最有可能考上本市的大学，一直希望我报考省内大学。而我那时正一门心思地想要离开旧日的生活，离开过于炎热的南国。高二时我就大言不惭地说过，要考中大，现在就可以了！骄傲的优等生有多讨厌，想必考过高考的人都知道。整个高三我没朋友，除了那个和我天天一争短长华山论剑的男同桌——他也不是朋友，只算竞争对手。高三那年冬天会考结束后，我和他一门一门功课地对答案，最后遗憾地说：“化学这道题我错了。讨厌，看来没机会得满分了。”话音刚落，教室为之一寂，我过了好几秒才迟钝地抬头四顾，发现好几张扭曲的脸正像落叶离开枝头一般毅然决然地离开教室。过了一年之后才知道，她们那天晚上咬牙切齿在另一个补习教室说了我一整晚坏话——那同样嚣张嘚瑟的哥们会考不及格她们倒是并不介意。这大概也是另一种男女不平等：谁能原谅一个会考化学物理数学全拿优的文科女生呢？关键是还那么高调得不自知。

半年后那群女生中的其中一个超水平发挥，也考上了中大，哲学系。她跑过来亲热地和我说起这桩往事，说那时大家都咬牙等着看你到底会考上北大还是清华还是复旦，结果还不是和我一样，也就是中大？

我在校道上笑容尴尬地望着她。但是她从此变成了我的同学老友，甚至主动告诉我恋爱的秘辛。从仇敌变成老友，这一切的缘起缘落，似乎是命运使然，都与我本人没有本质上的联系。

三

高中不够合群的结果导致我决定大学一定要积极融入团体。我和同宿舍的姑娘们关系异常融洽起来，早中晚都在一起；而几乎是一上大学，我就彻底放弃了当一个好学生的全部企图心——这也许只是为我最终成了一个学渣找借口，当然。

意想不到的事总是接踵而至。我还刚刚从高考失手的忧伤中走出来没多久，就有同年级不同班的女生来宿舍找我，请问“你是不是某某？”我说是啊我是。她说，啊，我们找了你一大圈，总算找到你了！

那一瞬间我还以为自己是个通缉犯。紧接着我就得悉了自己进入岭院的惊天大秘密：原来招生办的老师也是个文学爱好者，调档时看上了获过几次征文竞赛大奖的我的履历；同时又因为岭院“财雄势大”，比法律系招生办老师的调档时间要早，所以他得以先把看上的档案早一步纳入囊中。如此这般，我光荣地成为了一名岭南人。这好像也和我的个人意愿毫无干系，但这也不能怪这位热爱文学的老师：谁让我确实在第二栏写了岭南学院，又在边上填了服从分配呢？

开学后一周，这位我现在已经忘记了名字的某老师就想起我来，发动了好些学生干部人肉搜索，动员这个潜在笔杆子尽快加盟院刊——那时院内还有一本刊物，叫《岭南通讯》。

我已经想不起来在《岭南通讯》当记者期间究竟干过什么了。也许采访过一两个学长或者校友？也许为刚成立的级辩论队写过辩论稿？也许报道过第一次校运会学院的战绩？此外，我还糊里糊涂通过了校学生会的编辑部招新面试，成为一名光荣的干事——并不知道干事需要干些什么事。那一整年我都在初入大学的极度不适和迷惘中度过，刚离开高中的学霸彻底变成了一个大学的学渣。

也许是在某个10月的中午去学五打饭时，我偶然走近了熊德龙对面小广场的《岭南人》招新办公桌。也许我选择了加入岭南人而没有加入南方文学社或者金字塔学会，是因为《岭南人》比《南方文学》印刷得更漂亮，而且不像金字塔学会一样收会费。也许我也只是随便报个名凑个热闹，反正等舍友下来吃饭，闲着也是闲着

所有的动机原因在试图追溯历史真相时全体湮没不考，只留下模模糊糊的碎片残像。不管怎样，学渣总算踏出了当一名不靠谱文艺女青年的第一步：报名了，而且成功了。

四

我说过少女时代的我不太合群，在人际关系方面有点反应迟钝，而且极其慢热。但是与此同时心里面某个地方又敏感骄傲得要死。刚加入《岭南人》的时候我真心实意地感到终于找到了组织：这儿总算不会让我写那些根本不会被采用的通讯稿和辩论稿了。总算这儿是写“正经文章”的：小说，散文，人物专访，甚至诗歌，都有专门版面。当时的社长黄娜是个美貌的岭院师姐，有领袖气场的同时也独具文艺范儿——这两者貌似矛盾，但她成功地将自己打造成了一个矛盾结合体。我当时还没看过她那篇动人的《我不知道风往哪个方向吹》，也不知道BBS上那个出名的ID“站立舞拳”是她，文章里的“小水”也是她——那时我们好像都还没怎么开始玩BBS呢；只记得平时每周都会定期开例会，大家领取任务逐一按期完成，开会时总有一种热火朝天蓬勃向上的集体氛围和制度严谨井然有序的理想气象。有一次我接到的任务是采访下渡租民房的学生和外来户——现在想来这个选题真是思路超前，那时才2000年，下渡的出租屋还远远没有达到2002—2003年间的鼎盛，离后来的成为安全隐患盛极而衰更加遥远。我记得自己逐个敲开房门，掏出小本本，对里面目瞪口呆的情侣或个人提出各种幼稚问题，以关切实则冒犯的目光仔细打量人家出租屋内部，还自以为是在深入社会、关心民生。而黄娜那个时候已经开始策划采访天河电脑城卖电脑的中大毕业生、深入思考大学生就业的痼疾了，并且严格自律，自嘲自己“永远都问不出鲁豫的问题”。她是个天生的好记者，而我不是。

我那个辛苦采访了几礼拜的下渡专题最后到底上了没有，印象也不深了。上与不

上其实也不是那么重要，就是觉得好玩。活好玩儿，人也好玩儿。所以干什么活也都乐意。

1999年年底，约莫是圣诞节前后，好像前期采编耽误了些时候，想赶在寒假之前赶出一期稿子，“咱们就得通宵达旦地加班”——伟大敬业富有牺牲精神的黄社长语。于是师姐兼社长黄娜就带领我们所有人采购了一大堆花花绿绿的零食霸占了马应彪堂的一个小房间准备加班——没错，就是闹鬼的路附近那个马应彪堂，上面的堂名还是用歪歪扭扭的篆书写的——结果因为怪力乱神的氛围过于理想，社长自己兴之所至，带领我们说了整整一夜鬼故事，什么正事也没干！

现在想想，黄娜真是很爽的一个社长啊。她不单自己很爽，而且让手下的师弟师妹们统统都很爽——唯一不爽的是，她让我误以为领导就应该是这个样子的，给日后上班留下了过于天真的后遗症。

后话：饶是如此一夜荒唐，不知道怎么的，那期杂志照样如期且欢天喜地地赶出来了。而且据说还出得很成功，很多宿舍都因此不舍得拿来当饭盒垫。

顺便说一句，我的稚嫩可笑的处女作《舞翩跹》并没有发在这一期，好像是第二学期的某期。本科毕业以后多城迁徙，许多旧书都遗失散佚，身边没能留下一本《岭南人》，是为憾事。

五

关于《岭南人》的回忆，绝不止黄娜一人。中文系的林莉和我同级，也是杂志社里少有的非岭院成员。第一次开选题会时我就坐在下面悄悄问她：“中文系到底怎样啊？她做了个鬼脸道：第一学期就要看100本书，写100篇文章，要死啊。”

我窃喜。虽然乐意动笔，可是被逼着看规定数目的书作规定数目的文也是不高兴的，而且人人都写，活像老师布置周记——就因为这幸灾乐祸，我陡然间对进入岭院欣慰了不少。

林莉后来当了《岭南人》的主编。当时的社长也是我们同级的同学，叫陈杰。先说说他们之前的社长，98级师兄李焱文。黄娜师姐大四那年光荣卸任，就是李师兄接的班。我记得他颀长个子，戴眼镜，斯斯文文。印象中他从没训斥过师弟师妹，但可能因为他也没带领我们说过鬼故事，所以像我这等一味贪玩的社员对他印象便也不算深。

李师兄接下来便是陈杰。陈杰与我同级同班，在岭南人杂志社之外也是好友，经常一起吃饭聊天。我那时已经开始在本子上用笔写小说了，《宛儿》《无双》他都是最早的读者之一。他是潮州人，长相粗中有细，心眼若细实粗——某个六月曾向我借过一本村上春树的小说，还回来时整本书像是从水里捞出来再晾干的，整个外封皮也不知所踪，也不知道究竟是他在怎样的挥汗如雨中完成了阅读行为。饶是如此，他居然还嫌我不讲究。一次和他并肩走在校道上，我手持一包安徽老奶奶花生，正一颗一颗地往嘴里扔花生扔得兴起，他陡然间注意到我的失仪，皱眉道："从没见过你这样贪吃的女生！"我满不在乎道："Who cares？"遂岔开话题说了一会子别的，他突然想起什么，道："不久以后就是你生日了吧？我要送你花——"我大惊，差点被一粒花生呛到气管，忙不迭道："千万别，兄弟一场，干嘛这么客气？"他瞪我一眼，把话说完："——生。谁让你这么爱吃花生？送你这个最合适了。"

如此老友，共事当然十分自在，彼此文学见解也相投，很多时候真有同仁手足之感。2000年，大一新生进入珠海校区，《岭南人》面临后继无人的危局，李焱文是社长，陈杰那时已任副手，我便也有幸得到在《岭南人》期间唯一一次随正副社长出公差的机会：去珠海招新。也就是那次招新，极大地满足了我的虚荣心 居然有大一的师妹一听到我名字就飞奔过来，告诉我她们整个宿舍都被上一期我的《舞翩跹》看哭了。我不太记得我当时的反应了，也许和现在遇到一个热心读者也差不多：呆呆地站在那里，不知所措地，貌似窘迫心实喜之地微笑着。

又过了一年，那个师妹突然从珠海写了一封信给我，说再次从新的一期《岭南人》杂志封底大合照中找到了我的照片，因为是见过的师姐，感觉特别亲切。

我想是身为岭南人才有了这样被持续追踪觅影的机会。参编《岭南人》，与有荣焉。

六

我在《岭南人》前后大概待了两年。从1999年入学，到过完2001年暑假，目送黄娜毕了业，李焱文卸了任，陈杰接班，三任社长更迭之外，更迎来送往了许多社员的加入和离开，终于混成了资格最老的前辈之一，与此同时却也开始逐渐淡出杂志社的活动。那时我已经开始在BBS上写文章，兴趣悄然发生转移，也得到了更多更直接的读者回帖。但回想整个大学四年，我依然非常怀念关于《岭南人》的一切。在那里我参编过后来名震江湖的李丽师姐——现在她更常用的名字是木子美——的文章，也看过其他许多才华横溢的兄弟姐妹们的文字，比如一个阎姓师姐写一个女生失恋后给男生的信，到现在我仍然记得其中的只言片语。她还写过一篇《忘川》，文字同样很美。在文学氛围浓郁的环境里度过了本科头两年，说句自我安慰的话，也就相当于读了半个中文系吧？也许比读中文系更幸运的，是认识了一群真正热爱文艺的人——从没有人逼他们写100篇作文，每一个字都是自愿的，所以很快乐。

七

毕业很多年后有一个机会又见到黄娜。她先在《南风窗》当了好几年记者，后来就职于《南方周末》。作为旧部，我一直关切老领导的行踪，所以我大致清楚她的近况，她却并不知道我的。因此一次偶然的机会她发现我出了本书，遂在微博上主动与我相认。她在微博上的名字叫“小水”，让我一下子就想起了她在BBS上“站立舞拳”的峥嵘岁月。一条条浏览微博，我发现她仍然关心民生，仍然有情怀理想温度，仍然是我熟悉的那个岭南人社长。2011年我回深圳途经广州，我们相约在天河城附近吃饭。十年不曾相见，见面的一刻，我发现她瘦了，甚至比在学校时更美；她则发现我脸圆了一点，不过安慰我说，“还是现在这样好看”。聊了一些有的没的，菜渐渐在叙旧话语中凉了，我悄悄仔细凝视她的眼睛，发现她的眼睛还和很多年以前一样，是一种奇异的浅褐色；她给我看手机里帅哥儿子、帅哥丈夫的照片，小帅哥的瞳孔同样是奇异的浅褐色。那一刻我突然想起她以通宵赶稿之名与我们共度的那个难忘的马应彪之夜了，想起那晚她绘声绘色吓得男女皆惊叫的一个叫做“红眼睛”的鬼故事，想起我在后来的十多年里同样曾拿这个故事吓倒过无数人——正当我拿不准要不要和她说这段往事时，她找到了另一个话题。话题沿着小径悄然岔开，旧日砂砾从指间纷纷滑落，我叹了口气，决定不再作为一个旧部去念旧，而是尽量以同辈人的姿态说起当前。当然聊得最多的还是文字、书，以及我们都在从事的编辑工作。她做报纸，我编书——虽然都不是编杂志了，可是我们依然还和在《岭南人》时一样，与文字为伴——所有注定发生的终会发生，就像雨水总会落下，河水必定东流。而我心里当然什么都没有忘记。

我从来不曾忘记那些青葱的夏天和冬天，那些嬉笑怒骂激扬文字的选题会，那些煞有介事准备良久的校园专题，那些永远年轻的散文、小说和诗歌。那个奇妙的，“红眼睛”的马应彪之夜。

那是属于我的岭南人的时光，记忆中关于《岭南人》的一切。

*作者文珍，岭南（大学）学院国际金融系99级

不曾相离

□ 陆玉娟

△大学时期的陆玉娟

其实，待到要下笔时突然觉得脑海一片空白。

许是意义太大，用情太深，于是无从下笔。如同一坛酿了20年的好酒，你只知酒味醇厚，绵延深长，却无法用文字来描绘当它流经喉咙，顺着血液散至全身的炙热感受。

你知道么，生活中的许多事情，其实暗藏方向，只有经历过后回头细看，才能领悟命运的良苦用心。

我记得2000年的那个夏天，乘着火车前往中大报到。下车后看见一排写着“中山大学”的牌子，朝着其中的一块走过去，举着牌的就是时任《岭南人》副社长的安琦师兄，就此认识；一个月后，穿着同一套衣服在珠海校区晃悠，居然又再次遇到师兄，并意外地被抓去帮忙社团招新，然后顺理成章地进入岭南人。

你看，早一步晚一步，我们都不会相遇。不管是师兄，还是岭南人。

还有，2000年年底，岭南人在珠海校区第一次组织社团通宵活动，我们在拱北口岸集中，我坐在台阶上等啊等，猛一起身有点站立不稳，踉跄几步撞上一个人——达明，他来自编辑部，陪我聊了一整个通宵。这只是开始，之后借由社团的联系，我们有了一系列的交往。一年之后，他成了我的恋人。我们至今相识14年相恋13年结婚5年，此刻我还能想起拍拖第一年的某个夜晚，他在教学楼一楼对我说的那句话。他说：“玉娟，我已经在想象10年之后我们在一起的生活了。”一语成真。

你看，如果没有岭南人，我们怎么能在如此早的时光，遇到青春飞扬的彼此。

然后，遇到一群人，回忆那么多。

记得和小伙伴们一起在荔园1号开会，讲鬼故事，赌谁迟到定惩罚的刺激；记得第一次书友会面向整个校区的会员招募，连轴忙完后瘫在椅子上嘴角仍然忍不住要上扬；记得选举得到大家支持后的那份忐忑和务求尽力做到最好的决心；记得为出杂志东奔西走，通宵校对稿件，最后手捧杂志觉得那是天下最好的宝贝；记得在经营社团面对种种困难与挑战时勉励自己要做打不倒的超人。还记得安琦、林莉、陈杰、钟莹、杨明、段殷、黄勇、余峰、楚量等众多无法一一提及的，但曾经一同奋斗且不管岁月沧桑在我心中永远熟悉而美好的伙伴们。虽然很多很多细节早已模糊，但情绪的记忆尤在。甚至连印刷厂内那条近1.5米宽的幽长的通道，都仍有两三次出现在我毕业后的梦中。

岭南人的最大魅力，其实在于人。因社团而结识，因共同的追求与经历而深交，因惺惺相惜而此生不忘。

坚定相信：最珍贵的情谊是可以一辈子的，哪怕从来不说。但心里知道，不论在哪里，不论隔多远，这个人在，情谊就在。而在岭南人这里，我收获可以用“一生”这个词来衡量的情谊，不只一份，为此，我无数次虔诚感恩。

突然回想起有一年的秋天，那时大三，和师兄一同坐车前往珠海校区去与师弟师妹交流。我们在车上聊了许多许多，还聊到一点：等我们毕业了，工作之后，还是要组一个团体，常回岭南人看看，而且希望能让它发展得更好。那刻阳光很暖，丝丝从窗外透入。

想来，抱有这样想法的岭南人一定不只我们二人，所以才会在2013年的二十周年大聚会上，壮观地连线23届，将一群火热的心再度汇合。

你看，缘份是如此地奇妙，我们要怎样地珍惜相聚，珍惜彼此，才能不辜负岁月所暗藏的种种美意。

亲爱的《岭南人》，多么庆幸遇到你，我重要的幸福源泉，开启众多因缘的种子。

那么，就这般一同携手继续走下去吧。未来还很远，但没关系，爱上你，就不曾想过离开。

*作者陆玉娟，岭南（大学）学院国际经济与贸易专业00级

激扬文字

二十万岁万岁万万岁！

单凭这一句疯狂的口号，为《岭南人》办刊历程再掀高潮。这群年轻人怀抱一个真诚的希望：将永远年轻，永远鲜活的20岁时光印成铅字，定格在杂志中。他们为了一年推出四本杂志的疯狂梦想并肩作战，实实在在地奋斗过；他们为《岭南人》带来了完全不一样的设计风格，让前面的办刊前辈刮目相看，也令后来的追随者心向往之亦步亦趋；他们在社团和而不同的时期，维持着互相扶持又彼此角力的微妙关系，如果说这都是成长必须经历的重重难关，他们咬紧牙关，一一闯过了。

二十万岁万岁万万岁

□ 王击凡

△王击凡

2005年夏天，我把《岭南人》第20期特刊主题定为“二十万岁万岁万万岁”。既是纪念岭南人走到20期的关口，同时也是纪念自己的20岁。

无论创刊了多少年，这一本杂志，始终就如同一个20岁的年轻人，永远年轻，永远鲜活，永远对未知充满好奇心。

我曾经希望，我们那样真诚的20岁，都能因为被印成铅字，而定格在那一期《岭南人》杂志里头。

时间来到2014年，当我翻开这本尘封的《二十万岁万岁万万岁》，才惊觉自己已年近30岁了。

10年前的我，在担任《岭南人》总编辑的那一年，到底经历了一些什么，才成为了今时今日这样的自己？

还是从故事的最开端说起吧。

2003年9月，那年我18岁，是中大珠海校区传播与设计学院新闻系的大一新生。

“百团大战”时，我几乎报了每一个跟媒体沾边的社团：广播台、《中大青年》报社、岭南人杂志社……同时，我还和一群同学创办了学院院刊《频道》。整个大一，我都穿梭在不同的社团之间。

那时的《岭南人》，已经走到了一个“山穷水复疑无路”的境地。

入学时拿到的大红色《岭南人》十周年精华版，已经是上一届的杰作。正式与岭院“脱离关系”后，资金一直是《岭南人》的老大难问题。

每一次开会，身为干事的我们，都是懵懂地听着前辈在烦恼“钱从哪里来”。

但即便是那样愁苦的年代，聚会也是开心的事情。

编辑部老大是狐狸师兄，但管事的似乎是副主编晓露师姐，他们两个的搭配天衣无缝。狐狸性格像闲云野鹤，晓露姐却是风风火火的，在荔园的水果店吃西瓜，看着他们打打闹闹又一天，是我记忆里最深刻的部分。

狐狸想做一本名为《我们》的《岭南人》别册，几经艰辛，终于争取到黑白印刷的经费。由于印量不多，许多人都没有见过这本开本比普通《岭南人》小一号的《我们》，虽然只有薄薄的一本，但就在如此艰难的时刻，我们也没有放弃《岭南人》。

坚持着，把她出版下去。就像是西西弗斯神话里推石头上山的人，倒下了也要继续站起来。

我不记得自己是怎样当上《岭南人》主编的了，只是记得换届的那天晚上，我和狐狸、晓露姐站在教学楼边上，狐狸抽着烟，淡淡地跟我交待着一些什么，晓露姐倒是很沉默。吹着隐湖的风，夜凉如水，一片离愁别绪。

那夜之后，狐狸就淡出了我们的视线，校园这么大，你总是很难碰上一个人。

晓露姐倒是继续出现在我们身边，搬杂志、派传单、开沙龙，她都会以师姐的身份全力支持，每次见到她笑意盈盈地向我走来，我总是感动得无以复加。

来自岭院的冯莹莹社长，成了我在20岁那年并肩作战的同伴。大一暑假，我们俩的任务是，出版《岭南人》的第17期。

不算上精华版和《我们》别册的话，第16期几乎已经是三年前的事了，蛰伏已久的《岭南人》，亟待重生。

我们在做的这本杂志，要吸引的到底是怎样的伙伴呢？最后，我为这一期定了一个主题：《因文字而可能》。

因为相信文字的力量，我从小学开始就坚定了自己对文学的理想。喜欢文字的我，实在是不一样的我呢。

我希望喜欢第17期《岭南人》的读者们，都是文字的虔诚信徒。事实证明，我用“因文字而可能”这六个字，招揽了一群一辈子的朋友。

“百团大战”那一天，我坐在《岭南人》的摊位上，看了100多份简历。

我问他们，你们为什么报这个社团呢？

风之子说，因为他跟我一样，也喜欢安妮宝贝。

577说，她喜欢“因文字而可能”这几个字。

黄比比说了什么，我已经不记得了，只是记住了他那双大眼睛。

而这么多年后回想起来，我发现与野人大叔的一席话，才是那一天的点睛之笔。

野人大叔身高一米八几，肌肉发达，头脑简单，是攀岩学社的骨干，看上去完全不像是会来文学社报名的物种。

他在报名表上面写的是，“我喜欢村上春树，我想写属于自己的文字，我想有人因为看了我的文字而记得我。”

许多年后，野人大叔已经远渡重洋，研究那些我一辈子都看不懂的古文字。他对文字的热爱，实在令我汗颜。

有一次网上聊天，他突然问我：“你还记得那天，你在面试的时候跟我说过什么吗？”

我当然不记得啊。

野人大叔说，是因为我当时那么的相信他，也相信他的文字，所以这给了他坚持写下去的力量。

坐在电脑前的我，突然就感动得无以复加。

以往的《岭南人》，几乎都是每年出版一至两期的频率。接任主编一职后，我不知哪来的勇气，许下了豪言壮语：在大二这年的任期内，我要出四期杂志，春夏秋冬各一本！

回想起来，也觉得有点不可思议。曾经停顿多时的《岭南人》，在我们这群疯子的手里，居然也有模有样地动了起来。

秋季号的《因文字而可能》后，我们开始筹备冬季号，第18期——《一个人在途上》。

大二那年，我经常从珠海坐船到香港，一个人到处逛逛，买唱片、买杂志、看电影，直到暮色四合才舍得回学校。一个人在情侣路上坐公车摇啊晃啊，听着林一峰的歌，想起岩井俊二《四月物语》的剧情，突然就想要做这个主题。

"我们的生命是一段看不到终点也无法有归途的长路。这本杂志记录的亦只是生命旅途当中一些细微末节。时间。伤口。回忆。还有感情。只有文字使人安心。都是时光曾经存在的印记。"

《一个人在途上》这一期的刊首语，我写下了如此矫情的文字，这就是我19岁时的真实心情。

大二上学期，忙忙碌碌的做着什么事，想念一些人。

《一个人在途上》这一期，我们开始面向全校征稿，骑着自行车把征稿启事贴在每栋宿舍楼下，然后在邮箱里收到如雪花般纷至沓来的稿件。

那时我还在广播台做着逢周一播出的音乐节目，当时连mp3都是稀罕物，有iPod的人更是凤毛麟角，每次做节目时，我都要背着沉重的电脑和一大袋CD到图书馆六楼的直播室。没有数字音乐，我反而更认真地挑选每首歌、每张唱片，希望懂得的人能听见。

不过，整个珠海校区就只剩下榕园6栋的一个喇叭，可以听到广播台的节目。我倒个是习惯了自娱自乐的人，最爱播的，还是那首第18期的点睛之歌《一个人在途上》："想念不想念之间，一个人一个世界。"

又一个周一傍晚，我如常地做着没人听的节目，好友突然发短信跟我说："S就坐在榕园6栋外面的那棵树下，翻着《岭南人》，听你播的歌！"

那是多么美好的一个画面，夕阳西下，校道上每个人都行色匆匆。喜欢的人却在唯一能响的喇叭下驻足停留，听我为你精心编排的Song List，翻阅我呕心沥血做出来的杂志，每句歌词里都有我想对你说的话，每篇文章里都有你的影子。

青春，也不过如此。

《一个人在途上》，是校园杂志中的另类。

出于经费方面的考虑，我们选择了全黑白的印刷方式，排版方面也相当特立独行，跟传统意义上的校园刊物划清界限。

为了扩大宣传影响力，我们还彻夜把学校里所有宣传栏的海报撕下来，全部贴上第18期的黑白海报——海报上印着的是一个站在路灯下的影子，形单影只的旅行者。

在文字风格上，《一个人在途上》也跟往常的《岭南人》大相径庭。忧郁的，偏执的，黑色幽默的，个人趣味的，各种各样的小众文字出现在这本杂志上。

真感激每一位岭南人，原谅我的任性。

个性张扬的年代，我希望大家能记住这样的《岭南人》。

跟第18期一样，第19期春季号的主题《我的快乐时代》，也是来自于一首歌——陈奕迅的《我的快乐时代》：“长路漫漫是如何走过，宁愿让乐极忘形的我，离时代远远没人间烟火，毫无代价唱最幸福的歌，愿我可。”

我还记得在南校区北门外的《岭南人》御用印刷厂，那条长长的走廊。即使毕业多年，许多《岭南人》的前辈都会怀念那个小小的房间，我们都曾经坐在那台电脑前，一页一页地仔细修改着、校对着。

我所做的几期《岭南人》杂志中，第18期的设计师是室友Dying Child（欧翼飞），第19期是中学同学Kumo（廖丽罗），第20期则是同一学院的坤爷（卢小坤）和番薯（刘醒骅）。不同的设计师，给每一期《岭南人》带来了完全不一样的设计风格。即使放在今时今日，有的版面依旧是相当前卫的。

当时的校园刊物，几乎都毫无设计概念，有的甚至落后到用Word来排版，是《岭南人》带起了版式设计的风潮。

直到现在拿起第17—20期4本杂志，我还是相当自豪，曾经在那样的年代，和你们一起并肩作战，为一个梦想实实在在地奋斗过。

这，就是我们的快乐时代。

夏季号的第20期《二十万岁万岁万万岁》纪念特刊，也是我在任内的最后一期杂志。

为了让纪念特刊更有完整性，我决定给岭南人做一份“家谱”。有一次，我们在岭院学工部借阅《岭南人》的旧刊，抚摸着发黄的纸页，我跟冯莹莹感慨道：“哎呀，如果能把这些前辈统统找回来，让他们写纪念文章，这本纪念特刊就圆满了呀。”

没想到，这个在2005年许下的愿望，在2013年终于以岭南人联谊会的形式得以实现。

第一次见到升强、洪飙、忠平三位德高望重的师兄时，我突然想起那时自己的无心之言，这才发现上天是多么的厚待我们。

一提到《岭南人》，师兄师姐们即使再忙，也愿意两肋插刀。对于纪念特刊的约稿，他们都义不容辞，在百忙中抽出时间，写出了情真意切的一篇篇文稿。

好几个深夜，我都在宿舍里读他们交给我的文章。字里行间的浓厚感情，总是让我看得湿了眼眶。

有的片段我一直记在心头。

比如，余峰师兄找林莉师姐咨询社史，《岭南人》当时入不敷出，余峰决定拿出自己的奖学金来印杂志。余峰走后，林莉坐在楼道上想啊想，想得入神，“无论在什么时候，我们都没有放弃《岭南人》”。

于是，《岭南人》也没有放弃我们。

如果每出版一期杂志，《岭南人》就大一岁的话，到了第20期，《岭南人》就20岁了。

在第20期的封底，我们试图找来前面19期的杂志，让不同的人捧在手上拍照留念。有的期数怎么找也找不着，只能把封面用彩色打印出来充数。

看着这些风格各异的封面，想着每一期为这份杂志默默努力的人，我很感动。

能用这一期杂志与《岭南人》道别、与我的珠海岁月道别，是我的荣幸。

午夜梦回，有时会梦到在珠海校区最爱流连的几个宝地：面包房、糖水铺、文华书店、荔园超市、“碧海南天”、中青办公室……

回忆里有这样的画面，我们几个坐在歧关车站的长椅上，望着远方的公路，有一搭没一搭地聊着什么。

那时候未来离我们很远，日子过得太慢，也不知道人生的出口会在哪里。

回到南校区后，我接任《中大青年》总社主编，又与友人一起创办年轻人独立创作杂志《Rice》，几乎没有时间回头望望。

但其实，《岭南人》的经历一直留在我的心里。没有人知道一本杂志会带来什么。

属于我的青春岁月，《岭南人》是非常重要的一部分，那么的刻骨铭心，那么的不容易。

在《岭南人》的日子，我爱过一些人，恨过一些人，倾盆大雨和你共撑一伞，微妙怅惘感觉，你是否也知道。

在《岭南人》的日子，我伤害过一些人，也拥抱过一些人，清晨关上大门的那一刻，心里默默跟你道了再见。

每个人的20岁，都是值得纪念的日子。而我们在《岭南人》度过的，都是自己最珍贵、最独一无二的20岁。

这本杂志，终于走到了第20个年头。庆幸的是，20年过去了，我们还是很用力地在一起，用文字取暖，情谊廿载不变。

“岭南人”三个字就像是一个接头暗号，无论你在世界的哪一角落，只要听到暗号响起，心头总会一暖，你我相视而笑，不相忘于江湖，这就够了。

我要谢谢《岭南人》，是这本杂志让我变得有勇气，去正视并不完美的自己，同时勇于去面对自己的选择与需要。

我在《岭南人》，我很重要。

*作者王击凡，传播与设计学院新闻系03级

那些吃泡面的日子

□ 王城坚

曾几何时。

以上四个字毫无意义，写下这篇文字，也不是为了探讨舌尖上的泡面究竟有多少古老配方。只不过是为了一个和别人不一样的开头，也为了写一篇离题万丈的文字，好和别人首尾呼应、感情真挚的文章区分开来。可能，那些吃泡面的日子，就像当初接手岭南人杂志社一样，希望一直能“语不惊人死不休”。

我至今仍想不明白，冯莹莹师姐为什么会推荐我成为社长候选人，我终究也记不清竞选社长时的演讲是不是足够幽默搞笑。我只是记得当选当天，在珠海校区那间叫E204的教室，上一届的副主编师兄语重心长地告诉我：“你作为一个空降兵，很多东西没有传承，那就好好地创新吧！”鉴于本人经验尚浅，在征得莹莹师姐、叉鸡师兄（王击凡）的同意后，我们把杂志社的架构进行了调整，于是，出现了南校区作为总社，珠海校区和东校区作为分社的局面。莹莹师姐说：“王城坚，你的第一个任务就是出版第21期杂志。”我说：“好吧，那经费呢？”师姐说：“呵呵。”

后来我才知道，第20期的纪念特刊已经耗尽了叉鸡师兄拉来的赞助。

小时候看兵书上说，兵马未动，粮草先行。长大后我才知道，写兵书那哥们叫孙子。既然我们都不是孙子，那就粮草未到，兵马先行吧。召开了编辑部第一次会议后，我们开始进行第一轮约稿，同时，约定在期末考试后进行稿件审订。计划是丰满的，现实是骨感的，2005年的暑假，学校只允许部分勤工俭学的同学留校。这还没算完，东校区分社也准备换届了，还有更糟的么？有，珠海校区主编所在的数学分析班有特训。

我确信在召开编辑部首次会议时，我看的老黄历是盗版的。

△大学时期的王城坚

林胤作为副主编，挺倔："还不信就办不起来呢！"于是，你们在第21期看到的是我和林胤穿着各种马甲写的文字，原因很简单，时间太赶，稿件不够。

我说："可以在每个章节后加上一些莫名奇妙的图片，再放一些莫名其妙的文字吗？"林胤在电话里很不屑地回了我一句："你就是一土人，那个叫调调好么？"于是，第21期出现了这样的图片，一条金鱼悬浮在一个倒扣的玻璃杯里，没有水。林胤说："我至今为止都看不懂这图是什么意思！"佳蓉拿着打印出来的小样说："我觉得第21期有我们的烙印！"我则大言不惭地说："我们要在接下来的几期都深深地烙，往死里烙！"

林胤再次无情地打击我："你先搞定赞助再说。"

我妄图找珠海的可口可乐分公司赞助，无果。我妄图找珠海的中国移动赞助，无果。我妄图找珠海的吉之岛赞助，结果也不用再交代了。好友陈锦浩说，你怎么不试试周边的饭馆？真是一言惊醒梦中人，可是问题来了，饭馆倒是愿意慷慨解囊，可是都要求做封二、封底、插页广告。我拿着前几期《岭南人》的广告插页，再幻想第21期是某饭馆、某电脑装配店的广告插页后，一股莫名的失落感又来了。

锦浩说："干脆模仿电影，做一个杂志的首发式，在现场给商家打横幅、发放代金券！”事实证明，阶级弟兄是最可靠的，饭馆、眼镜店、电脑店居然也都同意，而且团工委也肯法外开恩！佳蓉那边也传来好消息，某印刷厂同意以2元/本的超低价帮我们印刷杂志，条件是我们这一届做的杂志都要交由他们印刷……

杂志在新学年招新的前一天首发，中国移动校园店又追加了对首发仪式的赞助，人品大爆发，招新时大伙儿笑得牙都快豁了。锦浩和我集资邀请大家去“东北人家”庆功，我俩喝得烂醉如泥。那晚酒后的我胡言乱语：“今天的事情到了明天都成了故事，我们都是有故事的人！”嗯，我的格调装得挺高。

后来，《岭南人》网络部尝试运行电子杂志，书友会也开始举办读书沙龙、知识竞赛，我们果然都很不务正业。这些活动让整个团队更有默契，在错过了第22期编辑部的第一次会议后，新任总编林胤问我：“有没有什么补充？”我鬼使神差地说：“能不能办一期类似于《少男少女》排版的‘双封面’杂志？”然后林胤笑了，她把会议纪要甩在我面前说：“王城坚，你为什么居然和我们想到一块去了呢？”

于是，第22期的主题就这样定为“这些·那些”。然后林胤问我：“说吧，你怎么突然想到这个的？”我摸摸头，有点不好意思：“其实我只是想让你写卷首语，我写编后语过一下手瘾。”林胤听到后，激动得一直在拍打我的手臂：“我们初步的决定，就是让你写其中的一篇卷首语啊！”好吧，既然我跟林胤当时那么有默契，怎么没有在现场欢呼抱在一起呢？

流水账记完了，杂志社之于我（们），有如曾经的恋人，虽然现在已不属于我（们），但偶尔听到她的名字，总会想起一些美好的曾经，心存感激，也默默祝福。我果然按原先设想的，没有写到任何与泡面有关的内容，我果然如愿跑题了。但我突然决定，我也要前后呼应一回，感情真挚一把。在《岭南人》的那两年，每逢杂志出版、举行活动，妈妈从家里打电话来问我最近吃什么时，我总会回答：“哦，红烧排骨、香菇滑鸡、酸菜牛肉……”然后妈妈就很放心。

嗯，你懂的。

这是我整个大学生涯最自豪的事情。

*作者王城坚，岭南（大学）学院金融学系04级

我们的青春不打烊

□ 冯燕华

△大学时期的冯燕华

每次听陈奕迅的《十年》，总觉得十年好长好长，提笔时掐指一算，没想到我加入岭南人竟也快十年了。忠平师兄曾经略带调侃的说，“我庆幸生在那个年代，不用跟叉鸡这群疯子们为伍。”而今回忆起来，我当时加入岭南人恰恰是因为被这群疯子深深吸引。

我们是第一批进驻“中东”（中山大学东校区）的学子。那时候的大学城，崭新、坚硬，像石屎森林，但缺少了传统大学应有的韵味，冰冷、陌生、枯燥。那时候每天看着校园里总长不大的小树，夜晚寂寞的路灯和空旷的马路，心里就莫名其妙地烦躁。正当我过着日复一日平静如水的生活，一个偶然机会，我遇见了“疯狂”的岭南人，让我一见倾心的岭南人。

大一第二个学期的某一天，我在去自习的路上，看到《岭南人》在小教室里召开第19期首发式及招新宣讲会。冥冥中有一种魔力，驱使我走进去，随手翻看桌上的几本杂志。就是这惊鸿一瞥，让我认识了这本特立独行的杂志，从设计到文字，碎片式的倒置的横七竖八的图文编排，都折射出“疯狂”的气质，天马行空的设计、随心所欲的文字、夸张新颖的主题，完全打破常规，灵感横溢，无不契合着中东年轻学子那颗青春不安分的心。我被《岭南人》吸引，坐下来仔细翻了又翻，爱不释手，入了迷。看着杂志文章作者的一个个名字，不由得佩服万分并心生向往，暗暗下决心要加入岭南人。心想，与这些“疯狂”的人为伍，应该很有意思吧。自知文字水平一般，我不敢指望加入编辑部，遂走了一条捷径，面试宣策部。也许是我的诚恳打动了面试官，最终得以顺利通过面试。得知自己成为岭南人的一员，我曾经好长一段时间都沉浸在喜悦里。

一直觉得能够加入岭南人是上天对我的恩宠，我上辈子一定是扭断脖子地回眸才换来这样的缘分，能让我遇见这么多个性张扬又充满趣味的岭南同仁。

自古岭南多才俊，岭南人个个都个性鲜明、才华出众。我还记得，初入社时看到第20期选登的封面设计作品（主题是“二十万岁万岁万万岁”），那些奇思妙想层出不穷的创意，震惊了我这个略懂PhotoShop技术的菜鸟，由此惊叹，岭南人里牛人真多，只能自愧不如。汗颜之下，我也庆幸能与牛人同行，偷师一二。

岭南人里最具“疯狂”之名的，当然是那个顶着非常拉风的爆炸头的叉鸡师兄，可惜只在东校招新时见了一面……还有美弥子、风之子，那时每一期杂志出版都好期待他们的专栏。可惜在我加入社团后，这些熟悉又陌生的人，已经离开。缘悭一面，实乃一大遗憾，也许是我上辈子脖子扭得还不够狠。

好在还有苏汐。我一直非常迷恋她的文字，那样的细腻、清澈、透明。我甚至想过有一天跑到珠海校区去认识她。可是大二时东校组织大家去珠海交流学习，我因为某些推托不了的事错失机会。把这个相见相知的缘分留给未来某天的不期而遇吧。

那些年的岭南人，真是惊艳了时光……

岭南人不仅拥有很多各具才华的成员，更是一个凝聚力强、有历史的大家庭，江山代有才人出，无论何时，“岭南人”这个名字总能召唤到一些人，热心地，不求回报地，默默地付出，总有一种理想和精神在传承。后来《Rice》杂志成立，真正留在“中东”岭南人的伙伴并不多，刚刚燃起的星星之火遭遇发展危机。那时候，接任社长的小玲经常给我们打气，说毕业了的师兄（譬如安琦师兄）经常对我们提出宝贵的意见，对杂志社的发展非常关心。薪火相传，人虽然少了，但是大家似乎更团结，因为大家心里都有一个信仰，也越来越懂得珍惜和感恩。当时，岭南人协助校友会举办“寻访中山大学校友的足迹”志愿者招募活动，社友们一呼百应，跑腿贴海报，现场维护秩序，不顾一切地付出，忙前忙后，不亦乐乎。

也许是《岭南人》的金字招牌，也许是岭南人的不遗余力，发展危机终于成为另一个转机。生活的惊喜，就是在会在默默前行的路上，不经意间敲响我们的心扉。

大二招新时，我们在摊位上展示了社团建立以来所有的杂志，没想到，这次招新出乎意料大获成功。我们宣策部多了12个新兵，有爽朗能干的山东姑娘张南，实诚可爱的东北帅哥齐峰，外表内敛沉默内心丰富实力超凡的郑少忠等等。那时候因为投稿的人很多，稿件质量也很高，以至于编辑部的同志们异常为难，一度为录取谁而争论不休。

这次招新，最大的惊喜就是周懿。当时他的文章在新人稿件中非常突出，让人眼前一亮，于是大家断定，此人必属怪才。果然，第一次新人见面会 大家都比较拘谨，气氛有点严肃，但周懿一开口，就把大家逗乐了。我手写我口，我手写我心，周懿写的和说的一样出色。真心感谢周懿。我觉得，杂志社要发展好，一个好的精神领袖非常重要。当他成为精神支柱之后，“中东”岭南人又开始了蓬勃发展的征程。

如果说大学城是一座孤岛、沙漠，那岭南人一定是我心中的绿洲，因为有你，我的青春才有皈依。

我一直固执地相信，我和岭南人的缘分不会终结，而且会一辈子延续下去……

2008年，我大学毕业。前方路远，不愿负重远行，于是在整理行李时，我把能丢的东西尽量丢掉了。但当我收拾起《岭南人》杂志，手指却恋恋不舍，突然意识到，这样别致的文字，这样有趣的回忆，在外面纷繁复杂的世界里也许再也不会有了。于是我把这些杂志都装进了行囊，那是我大学时期最宝贵的财富，承载着我的青春，和梦一般的回忆……没想到二十周年聚会的时候，这些杂志还派上了用场。

不辞长作岭南人。二十周年纪念，全国各地的师兄师姐师弟师妹，汇聚岭南；为了一本纪念刊物，屡次召开编委会，不厌其烦地约稿。究竟是有多深的热爱，才会这样无条件地付出？

年华似水，岁月如歌。最近我感觉自己变年轻了，尤其是看编委日志时，感觉又回到了大学时，期待每一期杂志到手的感觉。

感谢岭南人，曲终人不散，因为有你，我们的青春才不打烊。

*作者冯燕华，政治与公共事务管理学院公共传播学系04级

青春像一个轮回

□ 林璐韵

2013年年末，暂歇奔忙的出差脚步，赶到岭南人二十周年聚会。纵然没有热泪盈眶的浮夸场面，但每一次碰杯，每一句私语，都是在互诉情衷。

后来在编辑图书的过程中，曾经的热血渐渐又开始升温，接近沸腾。

一个又一个声音在感慨：我们回来了。岭南人回来了。

没想到跨越二十年，即便没有共编过同一期杂志的“继承者”们的话语，竟能不约而同地在彼此心底激起回响。一群阔别多年或素未谋面的人，竟能如此难得地听懂了彼此，多少有种久别重逢的快意。

想当初，岭南人曾经披着”新锐”的符号，被认为是“小众的自呓”。而今这些梦的声音竟引起无数回响，仿佛复活了一段段青春的脉冲。

进入岭南人的那一年，先看到的是《逍遥游》。《岭南人》高贵、冷艳的风格在当时的校园引领风潮。怀揣着年轻气盛时勇于表达的冲动，我一心直奔编辑部。当时肖飏是主编，立煌师兄和文超师姐是副主编。在肖飏后面没加师姐二字，是因为肖飏对我们，几乎没有展示出师姐该有的“照顾欲”，而是任何时候相见，都恨不得马上拉我们一头扎进“主题”与“栏目”的碰撞与雕琢中。

△2008年，珠海校区分社岭南人在老虎山参加拓展活动，从左自右为王如菲、孙笛庐、林璐韵、钟玉玲、杨祺、梁梓颖

不得不说，肖飏的女王气质让我由衷地迷恋。我觉得只要肖飏想要做一件事，她的情感一定会是“无以复加”的偏执。偶尔有机会瞄到她嘴角的一丝笑容，你又一定会忍不住偷笑，觉得自己能看到女王的这一面，绝对是赚到了。

我喜欢这种“偏执”，用极端一点的说法，我将其想象成为“女权主义”。

Lingling（钟玉玲）的出场给我留

下极深印象。她是一个有想法的女子，而且也敢去实现。与肖飚一直秉承的“主编就是应该有自己极度鲜明的主见”如出一辙。我至今记得肖飚一次在编辑部的会议上对Lingling说的话：“你这样不听话挺好，我招你进来，就是因为你不听话。”Lingling的才情与努力一直让我非常艳羡。

易哲自然没有Lingling这么高度个性，敢爱敢恨的易哲终与需要顾全大局的易哲一直在较量。在任社长的那一年，她在组织的经营上费了不少心思，大大小小的内外活动数量与质量应该说是达到了岭南人的顶峰。随手便能捡起几件“大事记”里不会记载的事，如大家一起去老虎山参加户外拓展活动，一起去“一棵树”农庄过家家，去唐家聚龙湾唱K。这个掌握分寸，修炼有度的女子，7年后的今天在社内也仍是人气高企。

在岭南人中，笛庐是与我情谊最深的一个姐妹。来自中文系的笛庐有着高深莫测的文学造诣，但在生活上却一直秉持着一颗极为简单的心。笛庐的简单让社团里的小伙伴不由得对她加倍呵护，大有“除了咱们自家岭南人，谁也不准欺负笛庐”的架势。

还有虚致、晓佳、晶晶、小芸、学君……编辑部的小朋友们的能耐也不仅限于舞文弄墨，她们能把除此之外需要协助社长统筹的大小事宜都干得漂漂亮亮。

在“女权主义盛行”的06级珠海岭南人里，男人们的角色则更为能屈能伸。印象最深的健樟、俊东和光晓，在每一次的生日派对是都是具有牺牲精神的娱乐大师，在农庄下厨时创造了最受欢迎的菜式，在社团的对外大活动时又是任劳任怨的苦力。

犹记得第一次和你们熬了无数个通宵后，迎来杂志成品的时刻。犹记得和你们分组爬楼推销信用卡，用提成来凑足第26期的出版经费。犹记得集成大家各种光怪陆离的想法，首创了“原创歌词创作大赏”时的莫大满足。

如今经历职场些年，时常感受到时间被绑架、生活被主宰的憋屈。总是小心地衡量一切得失，早已忘却了这种无条件的“我愿意”。

而重新遇见你们，让我感觉到一种久违的不安分。仿佛重新遇见了那个执着纯粹的自己，和现实保持距离，和理想站在一起。

像一次青春的轮回，见到熟悉的你们，一切都回来了。

*作者林璐韵，翻译学院英语对外汉语系06级

苦觅的出路

□ 段文威

年年岁岁的生存经验告诉我，我是一个不容易找着出路的人。找不着出路，就会自个儿跟自个儿死磕，这不好。当然，经验也有可能是错的。终有一日，发现那本熬了多少个通宵做出来的杂志，居然不记得几个字，却只记得零零碎碎的片段，都是关于一些人一些事，这些往事织成一张网，我在网里找不着出去的路。

岭南人曾经最困难的那一段，是麦麦（麦宇云）社长带领大家走出来的，一步一停，战战兢兢，如履薄冰。中大的氛围毕竟开明，留出了口子让我们扎稳根基。承办团工委的活动、举办名家讲座，算是让岭南人这个社团在官方与民间都踏出了一条比较宽阔的路。不论何时看来，都该给予这样的校园足够的感恩之情。几位正副社长的来回奔走，前几任社长的斡旋折中，师兄师姐的提点支持，岭南人终于没在东校区的江湖里淹死。在把我们这届的岭南人传给师弟师妹时，我一定是用了微笑来结束自己的尴尬角色，不知该如何表露情感，总不能哭到眉毛喷水吧。

那时的我，因为岭南人在东校区有了出路，以为自己有了出路，也以为大家都会过得很好。那时的我，怕矫情，不怕憋屈。我们说，岭南人分家的往事不要再提，事情就腐烂在肚子里，你不必问，我不必说，能合作的尽量合作，需要支持的务必支持。起初，经验让我确信，兄弟分家，越分越大——当然，经验也有可能是错的。

去珠海校区参加《岭南人》15周年庆，是我第一次到珠海。从珠海回来后，我向麦麦社长汇报了几件事。珠海校区分社提出的要求，超出了我所能决定的范围，也与我的身份不对等，可能需要师兄师姐们做判断。我也请东校区负责人做好最坏的打算，有需要时可能另立名号。我但求别再让我搅进与珠海校区分社的沟通之中，我实在没有勇气再见林冠陆师兄和易哲社长的面容。

△段文威

麦麦社长从来都十分尊重我，无微不至地护着我，再也没让我参与到后来的事，我不清楚哪些人努力了多少。只是听闻，王城坚师兄小心翼翼地端着一碗荡来晃去不平静的水，到底没有洒出来；林冠陆师兄万分克制，到底没有动用团委和学生会的力量直接取缔东校区的岭南人，我们还能继续使用岭南人的名号，也没成为珠海校区分社的附属编辑部，我们到底还是没有变成东校区岭南人的罪人……师兄师姐和珠海的岭南人送给我们一条出路，我认为，这是极好的，应当衷心感激。

时至今日，依然有我在珠海校区大闹岭南人的传说，我只能再报以微微一笑。不是我不懂礼貌和退让，举目所见，回头就是南墙。我宁愿相信，这是我们对岭南人之爱的角度、深度和广度不一样。其间的争论已是无谓，于我而言不是什么光彩的戏码，两边岭南人的路还得一直走，最好一直走，不再提及，对谁都好。分家的原因、导火索，都只是八卦谈资。不要在意公正与否，只要顺着发展应有的道路走，曾经我把岭南人分为两类，我认识的人，和我不认识的人。后来，我一度把对岭南人的归属感分为两类，我们的和他们的，我们的就是我们的，不能越限去动他们的。最后，我把对岭南人的感情分为两类，对事的和对人的，对事的就是对事的，对人的只可以有爱。感谢前辈种下的种子，更该感激创刊号老总编们再次把大家聚到一起。退一步说，《岭南人》给了我安全感，也让我表达自己的感情，我该安安分分地，给自个儿一条出路，不忘却过往，不打扰明天。反反复复来来回回地怀疑，有没有出路，又怎样？

在《岭南人》这个老地方，付出过青春，燃烧过梦想，即使找不回来，何须自虐？挣扎过去留，碰撞过爱恨，即使不能承受，何须纠结？那么，从今夜起，我与《岭南人》，不企图自拔，忘掉那些爱过的事，记住那些爱过的人，不失为一条出路。

*作者段文威，数学与计算科学学院统计学系06级

我与小伙伴们的时光

□ 郑洋

△郑洋

我和我的《岭南人》小伙伴们，各奔东西已有三四年了，我想念他们每一个人。我们做的事太渺小，经历的事太普通，唯一特别的就是，我们自己并不这么看。

我最先想到的是一片色彩。那是某期《岭南人》的封面，这本杂志被挂在招新摊位的展览绳上，漂亮地晃来晃去，有一位戴着圆框眼镜的师姐在微笑着派发传单——她就是小麦师姐麦宇云，那一届的“女汉子”社长。那是一段混合着汗水、笑容和热血的快乐时光，虽然对这个社团的理解还不算深，但是我已经爱上了她。

每一个从“中东”走出去的学生，都会怀念贝岗：热闹的糖水店、小小的格子铺、灯光昏暗的小饭馆……关于《岭南人》的回忆，老是带着一种贝岗特有的味道，比如糖水的甜味，啤酒的涩味，还有烧烤的油脂味。我们也在这些味道里迅速地成长，办活动、拉赞助、做杂志，从师兄师姐手里接过了棒，继续不知疲倦地往前跑。

那一夜，我、王玥和格子（钟碧莉）讨论着以后社团的道路，讨论似乎没有结果。我们不断地追问自己，到底哪一点做得不够好，以至于最后连自己也无法回答。格子仰头望天，看着飞蛾扑向路灯，突然小声地哭了出来，我看到她脸上的泪痕，一时忘了该说些什么，心中有一种惶恐：我们到底能否把《岭南人》继续传承下去呢？格子泣不成声，是因为我们真的不知道还能再为《岭南人》做些什么。我们对这个社团爱得太深，或许也因此而蒙蔽了自己的双眼，也忘记了初衷。

时间走得很快，新一届的岭南人逐渐开始挑起大梁，我惊讶地发现，情况并没有我们臆想的那么糟糕，《岭南人》没有毁在我们手里。现在反思当时的自己，感觉很多决定都不正确，社团办得好坏与否，并不是说我们要有多大的影响力，而是我们自己到底开不开心。抱歉，我亲爱的小伙伴们，当年那样对待你们，一定很辛苦吧？身为你们的社长，我居然直到现在才想得明白。

离开《岭南人》后，毕业，谈恋爱，找工作，各自奔天涯。还记得卸任之后大家一起去唱K，不知是谁点了朴树的《那些花儿》，喧闹的房间忽然变得很安静。谁还能见到谁都是运气，控制不了，但我真的很想念你们。

你们还记得我吗？我是一个极其矛盾的人，有时会逃避人生中的久别重逢，请多给我一些机会，好吗？我是那样地期盼着。

*作者郑洋，数学与计算科学学院数学系07级

很高兴认识你，岭南人

□ 陈盈璐

△陈盈璐

亲爱的《岭南人》，拾起笔来要为你写字，原来好不容易。

我记得收到玉娟师姐寄来包裹的那天，拆封之时，看见二十几期《岭南人》杂志码得整整齐齐。在临窗的大桌子上，我把她们一本一本按顺序铺陈开来，那是一个足够震撼的场面，出版社编辑部的同事们凑过来看，大呼：不可小觑!

信手翻开一本《岭南人》，曾身处此间的我们，任谁都能攀着记忆的绳索，回溯以往某个时空。那时的我们，可以为一个轮廓尚未分明的理想，死心塌地。

倒带重回青春时，容我细说。2007年，在珠海校区那个“山高皇帝远”的荒岛，现在回想起来，一切都仿佛自带柔光镜头。

老师这边厢还嘱咐我们要按时按量完成百篇作文。言犹在耳，烈日当空，我等大一小屁孩那会儿正捋起衣袖，准备不管不顾地投身一场火热的“百团大战”。其实我早就认识《岭南人》，也奢望过有一天《岭南人》能认识我，后来我们真的相识了，但我从不自信，甚至没有勇气靠近，更没想过《岭南人》会为我带来什么。

第一次与《岭南人》的亲密接触，是理想主义的心高气傲，也是志趣相投的心有戚戚焉，可我偏偏自卑拘谨，不敢靠拢。阴差阳错地成了《岭南人》书友会的干事，也就是师兄师姐眼中的“小朋友”。我依然庆幸，就像因而获得了一重新的身份，身上自此埋下一个隐约闪耀着光芒的烙印。虽然别人谁也看不见，自己却珍而重之。

作为小朋友，一开始不知道社团“干事”到底要干些什么事，但只要听说有岁月湖的夜宵，就有了半夜三更溜出来参加部门会议的兴致。开会的内容早就不记得了，但依稀记得散会后，路灯昏暗，夜风微凉，行人寥寥，三三两两地闲聊着，在回宿舍的路上细数每栋楼亮着的泛黄灯盏。

书友会成员四散潜入荔园、榕园，敲开每间宿舍的门，向每一张陌生的友善的冷漠的面孔，分享我们的杂志，以及她所倡导的理念，再累也是心甘命抵。直到后来我才知道，在逐渐长大的过程中，在许多人世风景里，总会遇到一种迷人而神秘的律动，宛如赤子的心跳。“无酒而醉”才是青春，庆幸我能在青春的匆匆中“无酒而醉”过，算是不枉过。

如果中大有一个校内社团颁奖典礼，《岭南人》应该可以荣膺“最不安守本分社团”的称号。我们这一群热血的同伙，成天想着如何一起成就了不起的事情，这种感觉真好。那时只要项目一敲定，整个社团随即就躁起来了，找赞助、找资源、找评委、找合作……全社上下六个部门，几乎每天都沉浸在忙得四脚朝天的快感中。

记得第27期《新鲜人》首发，我们在榕园广场上无中生有变出一个巨型装置，全社的伙伴们聚到一个小杂物房里给气球打气，所有人同时发力，气球很快就吹起来了，小小的房间挤满了我们跟大气球，彼此动弹不得，瞬间有一种很壮观的错觉，这样的力量连我们自己也被吓到了。

之后是“电子杂志创作大赛”和“原创歌词创作大赏”，落地活动一次比一次搞得声势浩大，当时除了财雄势大的校学生会和广播台，几乎没有哪个社团可以在珠海校区榕园正厅，搞一场动用舞台灯光音响设备的“大茶饭”（大制作），做尽极高难度系数的事情，只为了尝尽世上每一口新鲜。

当年与我匍匐在同一条战壕里的是梓颖，她工作起来最有大将之风，看着我龟速地工作，她总是恨恨而又无奈地唤我为“魔王小姐”——磨磨蹭蹭的我，名副其实是“磨王”。梓颖笑说，盈璐啊，有朝一日就爆发小宇宙，成为一个真正的“魔王”吧！

有些事情在当时看来，就像永远无法从容面对的终极大怪兽，但当你回过头来，记忆中最清晰的光斑，往往是那些大风大雨大哭大笑后的宵夜和疯玩。然后是鬼鬼祟祟的结伴爬窗，或是大义凛然的夜归登记，它们从另一个侧面铭刻下当时的鲜活细节。如今想起当时的兵荒马乱鬼哭狼嚎，都不算些什么，弹指一挥间，统统封存为记忆留待今日博你一粲。

直到今天，当时并肩过的我们，只需一句招呼就可以从各自的庸常中抽身出来，再续旧时未完的梦，只是后来我们都不轻易提起那些疯狂的日子。事到如今，我已经无法想象，如果当天没有走到《岭南人》的面前，今天的我，到底会有什么样的际遇呢？

《岭南人》，即使这一路上有着许多不确定，曲曲折折，千里伏线，行行复行行，仿佛为的是找寻到一刻喜悦和相依。

*作者陈盈璐，中文系07级

无悔青春

那些杀不死你的，只会令你变得更加强大。

对于《岭南人》来说，没有什么挑战是无法战胜的——没有赞助，纸质杂志无以为继，就推出电子杂志，这时他们无比艰难，也无比团结；为年轻的、幼稚的决定，而付出全部的时间和心血，依然觉得郑重和弥足珍贵；在烈日下派传单，在宿舍楼逐层贴海报，做着那些看似微不足道的事情，捂着一颗仍然火热的心。即使在最坏的境遇下，他们怀抱着最坚定的信念：期待着这个社团更壮大更辉煌的一天。

那些还没来得及忘的

□ 王思几

2012年临近毕业时，广州热得一团糟，迄今为止，想起广州的夏天，我还是战战兢兢。对于《岭南人》最后的记忆，其实是在东校区图书馆前面的空地上，我看到刚拍完合照的一队岭南人往宿舍区走，我迎面和大家撞上，当时有点窘迫，我从江西刚飞回广州，错过了合影。

我记得雅萍冲我一笑，说："嗨，思几"。

现在想想，她那一笑，真像是温和长流的春水。我毕业后回到北京，在不温不火的夏天里开始为生活奔波，再也没有热到眼前一黑的六月，当然，我也再没见过那样的笑容。

我脑袋里那些短路的线碰了一下，一大堆时空错乱的片段涌过来，它们自己把逻辑跑乱了。我的记忆从来都不太负责任，名字、时间、因果，我都忘得差不多了，剩下的东西，抽离成了情绪，和深情。

就像我完全不记得在那场《岭南人》聚会上，我们都说了些什么，我记得闹哄哄的，我们端着杯子喝了酒，假装经历了风雨，我记得格子（钟碧莉）吐了，喝酒的时候我差点哭了。

记忆这个东西，总是让我忘了不该忘的，记住不该记住的。你弄不明白这是一种嘲讽，还是种呵护。

于是我只好说说，那些还没来得及忘的片段。

2008年，我在吱吱呀呀的木板床上收到了《岭南人》欢迎我加入的消息，我当时正和惨白的蚊帐较劲，在后来无数个糖水结束后的深夜，我掀开这条蚊帐把自己放平，四年以后，蚊帐成了浅灰色。

我第一次去酒吧，是格子带我去的。摩托车停在至善园和贝岗的路口，我跨上去

△王思几近照

坐在格子身后，在大叔拼命踩油门的那条路上，格子的头发和我的头发在风里打了结一起抽在我脸上。我特别惊慌地在那间酒吧里点了便宜的无酒精饮料，听格子告诉我这里不错，什么饮料做得好，我若有所思地点了头——当然，我当时根本没听懂。我煞有介事地在小酒吧里拍照，觉得气氛不错，隐隐约约，看到了大学生活的自由度。

那天是我第一次晚归。现在想想，其实那只是一间有点寒酸的小咖啡馆，淹没在广美附近的一条巷子里。那次以后，我和别人挤着坐过无数次摩托车，无数次晚归，无数次经历比那天更黑的路，无数次被风吹得睁不开眼，当然，我也学会了喝酒。但是，我再没有过那次的紧张和兴奋，再也没有那种隐秘微小，却快要爆炸的喜悦。

特刊首发的那个中午，三饭门口熙熙攘攘。来往的学生领走我们的杂志，有的表情犹疑不明所以，有的好奇，我们笑脸相迎，一个也不敢怠慢。有的人要两本，我们拒绝，可他说带给同学，我们又肯了。在那次之后，我们还在三饭门前做过几次活动，我们也设计有点无聊的游戏、猜谜，我们用尽全力，想要被关注。

很多东西，都不是我们的初衷。我们没找到捷径，主路上又有荆棘。就像发特刊那天，我们的易拉宝在风里不停地被刮倒，你总得找到坚硬的东西来固定它，牺牲掉的那部分柔软，你必须忍了。

毕业的时候，我把旧书从柜子里搬出来打包，那本白色的特刊被压在最下面，我蹲在地上盯着她看了很长时间。许多东西，只有我们自己知道有多珍贵。

换届选举时，我和嘉蕙一同竞选主编，后来我当了执行副社长，师兄师姐当晚都在电话里安慰我，跟我讲他们的为难，我当时非常懂事地说“没关系，我明白”。

但事实是，我一直都认为嘉蕙更适合这个位子，她比我有主见，我放心她，更胜过放心我自己，虽然这听起来有点荒唐。可我一定得去竞选，我觉得这是一个责任，很多时候，我们都是被责任推着向前走。

去年在网上听嘉蕙说，她在毛里求斯当导游，我坐在电脑前面一直笑，她真的是那个用力把梦想压进现实的姑娘。我现在依然有自己的主编，几年之内，我应该也用不着竞选了。

我一直有演讲恐惧，这是随着时间推移才慢慢发现的。我需要确保在大脑一片空白时，依然能背出一串完整的、并且略有逻辑的台词。好在，每次当我抖到两条腿都快撞在一起的时候，讲台下面的回应、微笑，以及零星的掌声，都能暂时安抚一下我紧张的双腿。

毕业后，我开始嬉皮笑脸地面对听众，在准备不足的情况下，仍能现编一个故事，这真是可笑。我似乎把所有的窘迫不安都留在了大学，留在了岭南人，但我总会在一个人的时候，想起那些让人不安的好时光。

在电影沙龙的教室黑板上，第一次看见海浪写字时，我简直吓了一跳。我心想，这个男生写字居然比我还漂亮！我走过去跟他说：“你字写得真好。”然后他转过来，露出一个特别灿烂的笑，还有点腼腆，牙齿也比我白。我问他：“你练过么？”结果他转过身来又笑了，只说了一个字：“啊？”

前几天有人问我，你觉得什么人比较有魅力，我突然想起海浪。我说：“就是那种明明特别有才华，却不知道自己有才华的人，这种人最有魅力。你没见过吧？我见过。”

有一次《岭南人》在中心湖聚会，乾坤在草坪上弹着吉他唱了一首Beyond的歌。他的粤语发音有那么一点蹩脚，吉他按错了几个音，他那条牛仔裤的裤脚还真的挺脏的。

但在那个太阳刚落的晚上，我觉得他唱的特别好，他让我觉得悲伤，又让我觉得幸福，这是Beyond都没让我感觉到的。

这简直是奇迹。

我还记得，我们在一饭开了全天的会，讨论杂志的走向；我们在大学城的某条环路上，恨不得把一年的话都说尽了；我们在换届选举的会议上话特别少，心情复杂；我记得洪珏在中心湖边给书友会会员推荐《一个人的好时光》，她个子小小的，声音甜美，我当时觉得，这女孩本身就是好时光；我记得我把“原创歌词大赏”得冠军的那首歌循环播放了很久，直到舍友骂街；我记得冬天我们在漆黑的糖水铺二层聊天，如果在北京，应该是要下雪了吧……

所以时间就这样过去了，那些当时郑重的、艰涩的东西，很多在如今看来都有点模糊，那些幼稚的、甚至有点儿唐突的决定，曾经花费了我们全部的时光与心血。

有时候我想，在我们成熟以后如果再聚在一起做《岭南人》，会不会更好，可是我觉得不会。《岭南人》只能交给他们，那些年轻固执的人、满怀希望不知求全的人、浪漫又简单的人。而我所欣慰的，是想到我曾经也是这样的人。

我为我在《岭南人》遇见的所有东西而庆幸。这些东西化成了情绪和深情，成为我永远来不及忘的旧事。我希望所有人幸福，常怀梦想。

我喜欢的一首歌，叫《南方》——

我住在北方
难得这些天许多雨水
夜晚听见窗外的雨声
让我想起了南方
时间过得飞快
转眼这些已成回忆
每天都有新的问题
不知何时又会再忆起
南方

*作者王思儿，传播与设计学院新闻系08级

念念有滞

□ 李婷婷

△毕业典礼上，李婷婷与小伙伴们合影（从左到右依次为江运高、周乾坤、邓海浪、李婷婷、胡志强）

2008年秋，我加入《岭南人》东校区分社，印象深刻的是第一次跟编辑部一起放孔明灯，寒风中打着哆嗦，乌漆麻黑乱成一团。组织部的小胖（高静军）很够义气，编辑部部长格子（钟碧莉）也是一个非常特别的女生，美编部部长詹育艺的个性可爱到爆……有天下午，王玥师姐带上我们仨去了中心湖玩，细节已经模糊，但感觉很幸福。编辑部还有两个最具文艺女青年气质的伙伴——李嘉蕙和王思儿，要不是有她们伴我左右，我根本撑不过去。

在《新岭南特刊》的首发仪式上，大家都很兴奋。我翻开目录，咦，社长还是上一届的周懿，王玥师姐有点犹豫地告诉我，杂志社没钱，拉赞助不易，五个师兄师姐不甘心，自己凑钱印了2000本特刊，把之前延期压仓的杂志给发了。王玥师姐露出一脸歉意，我在心里不停地骂她傻。那天照片里的我们都笑得好灿烂，可我看着看着就哭了。那是我第一次知道，我们没钱，以及历史上还有杂志没发完。我还妄图追索那段神秘的分社史，好像没人说得清，也好像没人愿意说清楚。每次提到这茬儿，我心头的厌恶感急剧上升，别怪我，我最讨厌敢做不敢当。

钱是我最忧心的事，凭我这种直来直去的个性，想捞钱也太难了吧？佛家的道理无数，我只认一句：念念无滞，常见本性。我渴望拥有灵魂的通透感，看清自己的模样，只要达到某种极致，别死在路上，好与坏都接受。然而，《岭南人》给我的记忆偏偏不是如此，多数的时候是纠结、挣扎、焦虑与无眠。是的，念念有滞，于是我变成了另一个自己。

大二接手社团后，刚巧“百团大战”来得特别晚，我们有足足一个月的时间做准备。《岭南人》第27期《运动》的首发式也成了这届招新的重要活动……尽管如此，我还是忧心得很。体育类社团、公益类社团等与加分挂钩的社团越发火爆，文学类社团的衰落似乎大势已定。

这一届的新人里，有一个叫陈城的男孩子，非常可爱、干净，面试时陈城是和他的朋友高原一起来的——两年后，中大有个叫“爱情树”的社交网站突然火了，主创人员正是这两个少年，我真欣慰！

我们四处拉赞助，但处处碰壁。靠着上一笔赞助经费的结余，勉强能应付其他活动的开支，但距离杂志的印刷费用还差很远，这样的局面直到完成了新一轮的换届后仍然没有扭转。我、嘉蕙、思儿和冰玉四个女生，每次碰面都要被“钱”这块大石压得喘不过气。为了节约成本又达到宣传效果，我们想过很多点子：活页样本展示、电子杂志邮件传阅……但在新媒体的冲击下，纸媒没有影响力和发行量做保障，很难到达读者的手中。突然，我想起了王玥师姐彼时的一脸愧疚，莫非我们也要走上这条自己掏钱印杂志的不归路（然后让同学们拿来垫饭盒）？无论怎么论证，这都不是一个社团该有的运作模式，于是我们放弃了，就算很不甘心。

最后，我们留下的是第28期《弱水》的电子杂志、第29期《恋物》的电子杂志。是的，没有钱，没有纸质版。直到今天，这仍然是我心中莫大的遗憾。《岭南人》交到我手上时，也许是她无比艰难、却也无比团结的时期。我身边的每一个伙伴，没有强大到能独当一面，却从没背弃过我，只有源源不断的支持。没有这一切，我肯定会死在路上。但我们都深信不疑，《岭南人》不会，不会死。世界只要有人就会运转，《岭南人》也一样，只要有人就有希望。想象着她未来无限的可能性，我们把《岭南人》交给了下一届的师弟师妹。我曾经以为，这便是我能企及的《岭南人》最悠久的传承，没想到这份感情可以追溯到20年前，她就在那儿，不增不减。

*作者李婷婷，管理学院会计系08级

只道当时是寻常

□ 郑上保

人之相与，有时候异常简单。比如大一入学，岭南人的秘书部部长，也就是我的直系师姐江舜茵，在学院迎新结束之后，问我，要不要加入岭南人。我当时没有想太多，就答应了。只觉得一切迷迷糊糊，懵懵懂懂，却自此开始了和岭南人的缘分。

大一担任秘书部干事的一年，几乎都在打酱油。总是跟在师兄师姐后面屁颠屁颠地打下手，贴海报，摆台宣传，窜进F区用各种奇形怪状的字体写下社团活动信息。虽然琐碎，但快乐轻松。我记得那时候常跟着舜茵师姐，还有兴龙师兄、洁宜师姐到其他部门开会。在做会议记录之余，也无意中听取了许多部门内部的八卦消息，什么谁和谁最近传了绯闻，哪几位大佬最近又大吵一架，但回头马上又相亲相爱……岭南人活泼热辣的气氛在此可见一斑。还有一件格外深刻的事情，就是入社两个月后我的生日，少玟师姐带着大小朋友为我庆生，虽然那已是当时吃过的第三个蛋糕，但是毫无疑问，是最为难忘的蛋糕。相识方才开始，但情缘早已注定绵延一生。

六月迎来换届，我留任秘书长，并兼任秘书部部长一职。九月开学，“百团大战”。我们从以往活动的宣传品中挑选了部分剩下的海报，再加上各种手绘印刷的海报，一路沿着逸仙大道贴到架空层，再找出第一届办原创歌词大赛的背景海报，盖在招新的场地上，很有拉虎皮唱大戏的感觉。加之，我在院系中兼任新生的助理辅导员，常借职务之便“鼓吹”加入岭南人的各种好处，结果招新后发现社团中多了不少中文系学生的面孔。不过，遗憾的是，由于会员招收不足，上一届名存实亡的书友会会员制就此宣告退出历史舞台。

△郑上保

值得一说的是原创歌词创作大赏。对于这一场严重烧钱，而且需要强大支撑的活动，在举办之初，我们就提心吊胆。后来通过创意市集和一场宣传咖啡制造商的沙龙之后，我们筹措了足够的资金，终于理直气壮地设置了一众奖项。大赛的前期做得很好，收到了两百余文字稿件，时常一刷新博客，就能看到更新的稿件。但后来由于没能找到合适的人为所有获奖歌词谱曲，使得“创作大赏”失色不少。更为糟糕的是，晚会当晚跟学校的晚会相撞，导致观众严重流失，原本信心满满的上座率只达到期待中的一半。不过岭南人素来有自娱自乐精神，在小氛围中弹唱、围观、鼓掌，看大小朋友们对此郑重其事地忙前忙后，还是觉得很有成就感。我有我的世界，哪需管太多外界的风雷声动呢？

回想起在岭南人的时光，印象最深刻的是，开会和吵架。为社团定位，为活动取舍，为杂志编辑、发行，为社团的后续发展……现在想起，难免觉得尴尬和可笑，十八九岁的我们就像米拉·昆德拉所说的热衷于捍卫一种“喜欢的假设”和“某种确信之事或真理”，都年轻气盛、真诚幼稚，而且坚信自己的行动是为了社团的好，像刺猬，也像公牛，尖锐而无畏。然而，不可否认的是，更多的感受是真诚和信任。旺旺说话温柔细气，而且性格豁达；小鱼善解人意，而且很有幽默感；至于Ris，让人敬重的水王，虽然表情冷酷，但内心火热，永远充满让人感动的能量，还有于珂、何飞、严强，燕青、绮维、道霞、瑶璇，都是讨人喜欢的小伙伴。

当然，也有遗憾，遗憾没能教秘书部的小朋友更多，没能好好当好秘书长，胜任自己的角色，但最为遗憾的是，没有看到纸质版杂志在我们任期内初版。这是最痛苦的遗憾，我们08级为此介怀许久。不过，哪段青春没有遗憾呢？

正如加入岭南人时没想太多，现在想起在岭南人的时光，内心也满是温暖。沉思往事，只道当时一切俱是寻常。但寻常也是一种力量，它正是《岭南人》二十周年后再出发的最大动力。

岭南人，永远是我的十八岁。

*作者郑上保，中文系08级

不愿醒来的青春梦

□ 李蕾

△李蕾

很多时候我都是怯懦的，一直想为岭南人做点什么，却又害怕自己做不到，辜负了心中的岭南人。以前总觉得，我亏欠了这个社团太多太多，如果当时能做得好一点，再好一点，也许一切就不一样了呢？后来我终于想通，岭南人一路走来太不容易，我们要学习的是，继续无所畏惧地陪着她走下去。于是，现在每次想起岭南人，心里都是紧张而激动的，无论多么艰苦，岭南人都能坚定地走下去，我们还能在回忆里攫取一丝清甜，这就足够了。

有时，现实总是事与愿违，我们这一届接手后的社团招新，并没有出现想象中的火爆情形。大家在烈日下拼命发传单，想尽办法“拉客”，最后只能相视苦笑。从未有过的压力逐渐浮现，我甚至开始害怕，岭南人是不是真的能如我们所愿地走下去呢？无论现实多么糟糕，还好有你们，我才能始终相信，一定会好起来。招新收到的简历不多，人少也没关系，看着新的面孔，心里百感交集，这就是过去的我们，他们也将成为未来的我们。

后来我们与《梦想家》杂志合作举办过几次沙龙，每次见到《梦想家》的创始人李青，就会不自觉地想起《岭南人》。《岭南人》和《梦想家》这两本学生杂志，同样在现实的压力之下喘息，但李青未曾想过放弃自己创立杂志的梦想。于是我对自己说，至少你不是一个人，至少你不能放弃《岭南人》。

《岭南人》的资金一直很紧张，所以到了我们这一届，竟然没有资金印刷杂志，想来真是心酸。在拉赞助时，我们听过最多的话是："我们已经不相信社团了，也不会再投赞助了。我知道你们是小社团，影响力不大，你们太嫩了！"一句话让我们僵立当场，无言以对。最终，我们还是靠着厚脸皮拉到了赞助——说是赞助，不过是给贝岗一家新开的理发店做宣传，让我们在楼道里帮着他们发传单。这样一笔小钱，却是我们走遍了整个贝岗后的一根救命稻草。心中的阴霾总算散去，只要坚持，再坚持，一定会有好事发生。

我们09级毕业时，《岭南人》三代同堂在明城为大家送行。一开场我就被灌了两大杯红酒，脑子里一片混沌。新伟被我们轮番敬酒，最终吐得七荤八素，炜琪酒量不错，迷蒙间我好像看见她在干杯……这一切都像是一场梦，走在暖风吹拂的六月街头，我似乎是醉了，但记忆又是那么的清晰。这场青春中的往事，不如别醒来比较好。

*作者李蕾，管理学院会计学系09级

我寻找你的眼睛，无人看见

□ 刘晨曦

事实上，珠海分社09级这一届的岭南人，每个人都不敢轻言自己“有才”。我们是很尴尬的一届，不知晓自己与其他校区的联系，也不知道自己的渊源。手里有的，仅是可怜的一腔热情。

这些年，人心开始变得浮躁，清高并不是一件容易的事。

招新那天来的孩子，似乎与我这一届有所不同。有个男生指着摊位上的杂志问我：“我要是进了你们杂志社，你们能给我什么好处？”珠海阳光灿烂，事实苍白刺眼。招新过后，我一直都战战兢兢的。世风日下，并不是所有人都还有那种赤子之心。

我们都觉得，假如不多拼点家底出来，就不算对《岭南人》尽了责任。

有一回，我和社长代表《岭南人》参加共青团中央的创业大赛 会场在横琴附近，主办方找来一辆灰扑扑的老式面包车。我们两个女生，抱着一个装满了资料的电脑，准备上台演讲的衣服，和不认识的一大车男生一起颠簸着，我们俩的手一直挽着，总归是有点不安的。

那一次，《岭南人》拿到了全国第二，我们互相扶持着，给下一届的孩子们找出路。我想告诉他们的是，《岭南人》不仅过去光芒万丈，现在也不会被人比下去。

在岭南人期间经历过许多事，现在回顾那段时光，也备感珍惜。虽然我做的是似乎都是些面朝黄土、背朝天的事。但勤勤恳恳地给岭南人铺一条路，是当时自己的最大心愿。

岭南人二十周年庆那晚，我这一届还在校的人已所剩无几。社长从湛江赶回，我从香港回穗，身在复旦的大才子则哀叹着：“虽不能至，心向往之”。

我幼时做过手术不能喝酒，可那天一上去就灌翻了可怜的外联部长，之后我怒吐

△刘晨曦(左)与蔡玮珩

四次，抢了他的手机给秘书长打了一个电话。秘书长已在老家安定下来，成了朝九晚五的上班族，却还是像以前那个踏实的后盾一样，在电话那头哄着我，然后向外联部长吼叫着："咋不把她看好，居然让她喝成这样？"

我这一届的故事，大抵如此。不文艺，也不跌宕，却满满的都是为了自己能无愧于心，而写下的《岭南人》光阴。若是还有什么未完的续章，估计我们以后还会是这样的朋友，会一辈子互相惦记吧。

*作者刘晨曦，中文系09级

不能说的秘密

□ 袁歆玥

2010年9月，匆匆在珠海校区漫长的教学楼跑过，手里拿着《岭南人》的报名表，脑海里总是浮现着主编晨曦的面容，她把《态度》这一期放在我桌上时，看着我说："进来岭南人找我，我们都是中文系人，岭南人是个好地方。"仿佛是一种蛊惑，我成为了一名岭南人。面试时我有点胆颤心惊，也难免有些底气不足，但晨曦的眼神却是坚定而自信的。那一刻我突然觉得，岭南人能给我的，远不止一个社团那么多。

在榕园8栋背后的小办公室，晨曦带领着一群小朋友学习排版软件。没有空调，没有冷饮，没有花哨精彩的娱乐项目，我们努力地挤在一个电脑面前 看着"大神"们把一本杂志哗啦哗啦地做出来。我们开展了新一轮纸质杂志的编辑出版工作，晨曦更轻而易举地定出了一堆文艺而又个性张扬的板块名称。当自己的文字终于被排版成为一本杂志时，我把杂志捧到手中，翻看着这些稚嫩的文字变成图文并茂的"高级货"，正在点击鼠标的右手，忽然有些颤抖。

晃眼就到了冬天，珠海的冷风要比家乡的刺骨好几倍。当我站在"《岭南人》原创歌词大赏"的颁奖舞台上，拿起话筒，脸上却是热辣辣的。看着台下坐着的观众，忽然想起那些一起做策划、一起"喊楼"、一起收稿分稿的日子。从那个无法独当一面的、言辞闪烁的、怯生生的自己，到今天站在舞台上灯光亮起的瞬间，我像是获得了最大的奖，眼角终于湿了。

有一次陪着社长菜菜在外校替《岭南人》领奖，站在红毯上看着她，突然觉得，在那么瘦小的身体里，竟然可以蕴含那么大的能量。有这样的社长，就算是小小的社团，也必然会在她的努力下，挣脱出平凡的躯壳，涅槃而炫丽于天下吧。

△袁歆玥

“交给你了。”换届时，菜菜和晨曦只给我留下这么一句话。身为新任社长，我与副社长、主编频繁地出现在珠影超市二楼的面包店里，一坐就是一个晚上。已经不记得熬了多少个夜晚，打电话打到嗓子冒烟，当我打着车飞奔回学校，手里提着一大堆“珠海市共青团市委·优秀编辑”的奖状时，突然觉得晕车也是一种很愉快的体验。

转眼大二回迁在即，攥在手里的《岭南人》还没有换届，心里一阵又一阵地出汗。每一个部长都问过，每一个小朋友都问过，可是没有人愿意留下来，接手我们快要出版的这一期《行乐》，更没有人愿意承接这个本来应该更壮大更光辉的社团。

我几乎喘不过气来，像是没有办法挽留住恋爱多年的恋人，心里嘶喊着，放下自尊地四出祈求，却仍是徒劳。我终于还是给在广州的晨曦打电话了，我知道这是很没有出息的结局，时间追不上心里的缝隙，人生就是不可逆的过程，而我始终没有办法像你们一样，网罗住那么多的人。我在心里低声骂着自己，不够努力，不够用心，不够有能力……而晨曦却在电话那头对我说：“不怪你。”

我觉得自己就像是一个亡国之君，不是因着历史潮流，不是因着外敌强大，而是君王昏庸无能。想一想堆积在办公室里厚厚一摞的纸质杂志，想一想杂志期数累积而成的两位数字，我终于明白亡国之君为何要殉国——因为活着，要直面多少自责，多少愧疚，多少折磨。

“你尽力了。”

站在荔园3号招待所的楼下，在“荔”字泛红的光晕下，我挂上电话，抹了一把脸。我始终觉得，自己愧对你们给我留下的。

很长一段时间里，我不愿再提起《岭南人》的经历，就像是陈年的窗花，晾在时光里，我希望它的颜色越来越淡。那本没有出版的《行乐》，那本早已编辑好的《echo》，那些做过的策划，那些留在我心上的痕迹，都被打包在一个文件夹里——而那个文件夹早被设置成“隐藏”。

直到我毕业的这一年，《岭南人》举办二十周年庆典。我才知道，原来《岭南人》并没有消亡在我手上，她在东校区继续传承下去了。那一刻，我彷佛是得到了救赎的罪人，终于在神的指引下，看到了圣光。这一个不能说的秘密，在我心中埋藏到现在，永远成为心上的一个，茧。

*作者袁歆玥，中文系10级

岭南女儿红

□ 黎明华

△黎明华

我不是品酒之人，却钟爱女儿红。相传在古代的江南地区，每一户有女儿的人家，父亲都会在女儿满月时亲手酿酒封藏。米酒开封之时，便是女儿出嫁之日。女儿红，是与希望同在的酒，成长的见证，也是一个个故事的串联。

正是回忆，让《岭南人》成了我心中的一坛女儿红。从加入社团的那天开始，经历和努力，就像酒一般在悄悄地发酵酝酿。然后在某个晚上，我将所有关于《岭南人》的资料打包，按下“发送”键的同时，亲手将其封了起来。原来，我已经从《岭南人》“退役”一年了，但怎么感觉自己就像从来没有离开过一样？

家有新酒初酿成，早已猜到第一口酒不好喝，但却从没想到，会涩得令人发指。从师兄师姐特地到我宿舍楼下等我的那晚起，我就知道，《岭南人》这个担子不好背。《梦呓》那一期已经花掉了超过九成的社团经费，我每走一步都必须战战兢兢。我也不知道自己哪来的勇气，跟主编许下豪言壮举，让他们无需担心印刷费的问题，该花的一定要花。

没想到，是《岭南人》让我进大学以来第一次痛哭。那是一通来自某部长的电话，刚开始只是语气不太好，接着是连珠炮式的指责，最后还“啪”地一声把电话挂了。等我回过神来，连续两天的招新以及前期筹备已经快把我弄垮，闷心的压抑再也收不住，躲在宿舍哭了好久好久。

米酒刚入喉时有点呛，难受，亦难言。但古代文人墨客却喜欢把酒言欢，酒逢知己千杯少，大抵是因为酒能同时刺激味蕾与嗅觉，让各种情绪自然喷发。我用女儿红比喻为《岭南人》，也正是这个原因。《岭南人》之于我，犹如酒之于文人，酸涩只是引子，酒香才是真谛。女儿红里藏着希望，所以才最经得起时间的考验，而越发甘香。

有人把现在大学生的课余生活总结为“夜总会”（夜晚总是要开会），《岭南人》当然也不例外。有时候，听过深夜十一点新学生活动中心的关门音乐后，我们还得在三饭厚着脸皮靠着手机的电筒摸黑开会；有时候，我们对换届人选争持不下，九个《岭南人》常委还从公教一直吵到回宿舍。当熬夜成为常态，我一度怀疑自己的脑子是不是过了半夜才会开始运作。我想，我永远也忘不了那些并肩作战的战友们，即使我们经常吵架。

不断回忆，也不断在品酒路上越走越远。我就像一个父亲，而《岭南人》就是我的女儿红。时光无声，化作记忆，我悄悄将她收藏，酿成我独家的女儿红。我不爱酒，却钟爱女儿红，女儿红，便代表着我和《岭南人》的那年、那事、那人。

*作者黎明华，法学院法学专业11级

以后

□ 秦志伟

△ 秦志伟

记得有位师兄跟我说过："把自己的眼光拉远五年，想想五年后你会怎么看待现在？"这句话很简单，师兄希望我用更长远的目光来看待问题，但时至今日我还是做不到，可能是我不够聪明，有些路真的得自己走过，才能体会。

老去之后的我，会怎样看待现在的我呢？大概我只能记得几件事吧：有几个好朋友，找到了生命中的另一半，还有就是加入了《岭南人》，并且再也没有离开过。

其实我与《岭南人》之间的缘分还蛮巧合的，自己对中青、广播台等社团的招新不太有兴趣，却在回头的一个瞬间，看了《岭南人》的摊位一眼，就被精美的杂志设计吸引住了！没有多想，我便冲过去面试了。《岭南人》社员人数不多，我却莫名地喜欢这个地方。大家都说，那个XX社团有多少多少人好厉害啊，我却暗自庆幸，还好《岭南人》没多少人，人多了真无趣啊，连脸都认不清。我们人少，却因此很有默契，归属感也够强，大家也很努力地为社团做事。

有一次办旧书交换活动，十几号人连续几天"扫楼"，收集同学们捐赠的书，真的是要多累有多累。活动当日天公不作美，忽如其来的大雨让我们都淋成了落汤鸡！虽然活动不甚完美，但我一点也不后悔，那天的雨水连同大家一同奋战的画面，一直流进了我的心底。

我也问过明华师姐，当初为什么选我当社长，她只是说了一句："我相信你！"其实我只是想跟大家一起干出点什么名堂来，在学校里大家都不怎么看好《岭南人》，她就像一个正逐渐沦为普通人的前朝英雄。但我却一直很喜欢《岭南人》，这种纯粹的美好，正是我梦寐以求的。必须让所有人都知道《岭南人》有多美，这样的念头一直在我心中挥之不去。

当社长这一年下来，吃了很多苦，每晚睡不着，翻来覆去地想，接下来的活动该怎么做，要联系哪些老师、哪些社团，要如何跟师兄师姐请教经验，要做些什么让社员提起精神……有时我也对自己很失望，个人能力不足是硬伤，气场也不够，不能有效地鼓舞大家。用忠平师兄的话来说就是："志伟不够魄力！"

很羡慕创刊号编委团队，虽然只有几个人，却干起了一番轰轰烈烈的事业。我越来越觉得，做好一件事并不需要很多人，只要有几个骨干分子愿意为之付出，不怕吃苦，就可以了。我也曾熬夜给杂志排版，也曾一天跑几趟办公室找老师，也曾一周让大家开几次会……但现在的世界实在太繁杂了，大家又各有想法，想拿奖学金的、想考研的、想出国的、想找实习的，各种各样的诱惑与琐事摆在面前，真正能一起用心共事的人，实属难得。

但愿现在相信我的人，能依旧信任我，一起坚持到最后，让所有人都重新知道《岭南人》。有些事情，不是有了希望才坚持，而是坚持下去才会有希望。

如果我老了，可能我会忘记很多关于《岭南人》的事情，可能我会记不起办过什么活动，也记不起大家的名字和脸，但我会记得，是《岭南人》教会了我坚持。在我之前，有很多人坚持着；在我之后，也有更多人将继续坚持下去，直到永远。

*作者秦志伟，传播与设计学院创意媒体设计系12级

情深谊长

或许正是那一见的风情，这群人20多年来彼此结下了不解之缘，将时间的锦囊埋藏心底，站在今天，回望来时的路，想必感慨万千。时光可变，世界可变，人情亦许多都变迁，友共情不变，心内那热暖，仍是纯真未变。

重拾往日情怀，再续未了前缘。他们今天继续熬红双眼、来回奔走，只为了一句朴素而动人的承诺：

我回来了。

我回来了

□ 梁升强

△1994年，“创刊五虎将”合影（从左自右依次是刘忠平、潘春燕、梁升强、卜国琴、黄洪飙）

《岭南人》和岭南事，曾在生活匆匆的脚步下被逐渐淡忘。人会变化，事会过去，唯情谊可以留存，随岁月愈加醇厚香浓。《岭南人》的情谊，因为她，离开了还会回来；因为纯，不管离开多远都会回来；因为深，不管离开多久也会回来。

离开

毕业后，1994—1997年我时常回校与岭南人聚会，随着同时期编委92级黄洪飙、93级刘忠平等相继毕业，1998年后就与《岭南人》很少联系了。在记忆中，2000年我曾出现在《岭南人》珠海校区招新现场；2003年我与94级凌翔经常在忠平的保龄球馆相聚（洪飙偶然会来），在此期间，01级余峰也来找过我们。

2003年后的10年来，与《岭南人》几乎没有联系，一是我们没有找过谁，二是没有谁来找过我们；平时与洪飙、忠平、凌翔联系时，也很少谈及《岭南人》，一是大家都忙于成家立业；二是岭南人事好像进入了远去和淡薄的一个规律低谷。

2008年，我在中大南校区校园内的一家企业上班，却没有寻找过《岭南人》的踪迹，或许是现实的奔波，让我没有任何闲情；又或许是，过去很久的事，让我无以触摸。其时忠平、凌翔都已创业，洪飙在工作上也已有所成，大家偶尔也会谈起《岭南人》，却都是欲说还休。

相聚

2013年元旦，永泽、洪飙和我在广州张记羊肉店一聚，大家正式提出《岭南人》二十周年庆的聚会事宜，永泽有心、情也真，洪飙有意、情也深，我开始有为此奔走的念头。

寻找历届成员，就是炭慢慢红起来的过程。已毕业的岭南人，犹如一根根的炭，哪怕每一根都依附着很多情感，但相互之间一开始并不是热的。接下来的几个月，聚会的事仿佛埋没在忙碌的生活中，至6月召开第一次筹备会议，炭堆的火星才升起来。炭火的意义不在于一处或几处的火红，而在于炭堆的完全燃烧。为了聚会，我付出了跟当年创刊时一样的激情与汗水，不分昼夜地用尽所有方法寻找历届人物，包括QQ群寻访、邮件寻觅、网上“人肉搜索”等。

聚会前，我因为劳累导致眼睛发炎，医治了10多天后竟在聚会前一天得以痊愈。从医院出来的路上，恰好让我想出一个点子：在晚宴上与岭南人史上有代表性的几个男子汉齐唱一首《敢问路在何方》——犹如我在创刊号的代表作《路在前方》，尽管当年写得不算太好，但这回也唱出了血肉精神。

《岭南人》成员跨越了中山大学的大部分院系，院系、届别的差异，让大家似近还远。曾经何时，十周年、十五周年时都萌生过大团聚的念头，如今二十周年之际，我们终于团聚了。聚会让人感怀、感动，我跟在场的每一个人都对饮了一次，因为想喝而喝，我喝了一生以来最多的酒，好在身体无恙。由于《岭南人》历届成员总体上女比男多，晚宴上有人说，我高兴得就像女儿出嫁一样！

《岭南人》若是溪水长流，冲洗出来的就是集体的情谊，一届又一届，不管风和日丽，还是风雨交加，抑或风轻云淡，沉淀积累了20年，我们收获了一个大果实——岭南人联谊会成立！有了联谊会，我或许不会再离开，因为《岭南人》是我人生中至为宝贵的情感；或许我还会离开，但离去只是把情感窖藏，人生再忙碌、再唏嘘、再精彩，我一定会回来的。

情义

忆当年，岭南（大学）学院的成立，让我等五人有了挥洒青春的机遇。90级计算机系在当时的中大叱咤一时，计算机协会举办的电脑节，在校园内外都有巨大影响力（注：获得IBM、HP等国际IT巨头赞助，班上两位擅于活动的同学毕业后即进入IBM工作，至今两人都做到了大中华区副总裁）。我所在的软件班出了两任学生会主席，众多同学投身于社团活动，我也从一个书呆子变身成为班刊《年轻人》的主编，后来还当上了系刊《扬帆》的总编。

这就是《岭南人》故事的开端，从洪飙、忠平的角度来看，我有想法、有干劲，看到岭院成立后，院刊这个山头还没人占领，我们就揭竿而起，并鼓动了卜国琴、潘春燕共五人（注：合称为“创刊五虎将”）一起冲了上去，插上了《岭南人》这面红旗。国琴是“联合国安理会五常”中的“法国”，本来过着文艺浪漫的学习生活，却被我绑上了岭南人的战车，一路风雨。国琴是守在联合编辑部家里的一份温暖，让我们四人可以在外尽情挥洒。

洪飙在我眼中是一名“大内高手”，满腹经纶，功力匪浅，意气风发。洪飙对岭南历史的探索，也让更多岭院老学长相继赞助，从而让《岭南人》获得了非常富余的经费。洪飙常说我的心态非常好，因为我从来没阻拦他做任何他想做的事情。创刊号出版前，洪飙提议把他和春燕的《墙里秋千墙外道》放在第一篇，尽管我更喜欢自己采写的《路在前方》，但我二话没说就同意了，估计洪飙已盘算好充足的辩词，可惜没用上半句！

洪飙做事非常稳健，第2期不接棒，逼我置毕业年的各种大事于不顾，继续背负总编之责，让我坚持战斗到最后。第2期于1994年6月出版，也是我毕业离校前夕，我几乎没有花过任何时间去找工作。毕业后，洪飙有一次专程到佛山看我，还提了一箱小瓶精装珠江啤酒，让我记忆至今。

忠平嘛，则是来无影去无踪的“江湖剑客”，每每能一剑封喉！忠平自小成长于县委大院，很多人是脑袋中装有政治，忠平则是血液中生有政治。大学校园本来只是忠平人生的一个过场，而不是主场，恰好《岭南人》让忠平对大学还留下了一面尘缘，这也为20年后的岭南人联谊会播下了一颗至关重要的核能种子。

忠平江湖技艺之高超，若当泥匠，泥再烂，也能塑造；若做石匠，石再顽，也能成精品。有时收到的稿件质量不行，没法修改，只能由忠平来当责任编辑，稿子立马改头换面！那时候办沙龙，有些话题少人发言，经由忠平一番点拨，犹如变魔术一样脱胎换骨。当年忠平看我跑沙龙辛苦，就拿来一辆自行车给我用，忘了当时的价格是多少，但至少在千元级别以上。全校恐怕就一两台，连马路上也不多，骑上去相当惹人注目。不想没几天这车就被偷了，我当然还不起，忠平也没有任何不高兴。毕业参加工作当年，单位就给我配了一台COMPAQ手提电脑，时价3万多，没摸几手，我就拿给忠平用了。

春燕在我心目中，就是金庸小说里的黄蓉，一花一世界——“集天地灵气于一身，冰雪聪明、玲珑剔透，美丽多才、博古通今，并厨艺了得。”春燕研究生毕业后，参加工作不久就出国了，没跟我们告别，也没留下任何联系方式，让我心底一直泛着涟漪。2014年4月11日，春燕从美国回来，《岭南人》“创刊号五虎将”在忠平的和堂相聚，春燕依然那么青春美丽，燕语花言，展现当年辩论才女魅力，还带给大家一顿全美式思维盛宴。聚后有感言：“拥抱开始，心动相伴；20年前，相识而共；20年后，青春依然；一点一滴，醇厚薄发；岭南人旧，岭南事新；聚却即离，拥抱更烈；.一份情谊，留存致远。”

此次五人相聚，在场的12级社长秦志伟说，给他的感觉就像是“校园里的初恋”。

梦想

毕业时我不想留在广州，只因太熟悉了，想要离开一下。深圳的高薪工作也不是没有吸引力，但深圳这个城市似乎比广州还要现代化，我无法在思想上与它再靠近一点。最终选择回佛山，佛山离广州最近，让我感受到心灵上可以相邻而安。后来又回到广州工作，这座城市的原生与开放，让我感受到亲切，没有像其他大城市在生存上有过大的压力，城市生活也没有过于快餐化的趋同，文化气息既不浓也不淡，外有山水之深幽，内有花鸟之细腻。

岭南事，闪烁心头。毕业后大家各奔东西，各自追逐实在的人生名利，联系逐渐

△2014年，“创刊五虎将”重聚（从左自右依次是刘忠平、潘春燕、梁升强、卜国琴、黄洪飙）

减少，但总有闪动的消息出现，从而勾起记忆

人即使青春不再却不能没有梦想，我将因岭南情而不老，我们常小聚以淡泊明志，希冀以每年一次大团圆来致青春。

人若有梦想，不管是成功还是失败、平凡还是不平凡，可于现实纷杂中漫步河岸江边而心境平远，可于工作压力下行走山水之间而志向高远，可于生活周而复始中追求文化情义而思想深远。岭南乡土是梦想起飞的地方，飞不止，岭南山水长；飞不断，岭南人家亲。

我是岭南人，我回来了。

*作者梁升强，岭南（大学）学院计算机科学系90级

这一见的风情

□ 刘忠平

对我们而言，《岭南人》已经不仅是一本刊物。不要问为什么！

对我而言，没有色彩的青春就是个王八蛋。思想过早成熟，让我提早在社会上岗，忙着忙着，大学期间居然连恋爱都忘了谈，黑白的记忆就匆匆飘过。唯一的记忆色彩，停留在1993年12月出版的、全国高校绝无仅有的学生刊物《岭南人》，这也是值得我们大家一起骄傲的彩色记忆。

我要问为什么，为什么有这么一群人，他们不务正业、节衣省食、熬红双眼、奔走穿越，就为出版一本每期连文稿量都不够的学生连环刊？此答案，从被升强引诱进编委会的第10个工作日起，我就一直迷糊着，甚至20年后还在迷惑。直至2013年，一大群各式各样的岭南人共诉衷肠、醉聚广州，留声机的唱针把沉睡的硬盘刮得嘎吱嘎吱响，我终于明白，这一群人，原来是在用消耗青春的方法埋藏着时间锦囊，感情最终被岁月激活，揭晓《岭南人》玩的，原来是一段又一段的感情游戏。

初中自创班报《独蕾》、高中主编团刊《青春火花》、把率性的理科男打扮为婉约的文字男……如果不是有这么一度前世，我打死也不会上升强那醉翁之意不在酒的当！小女妙妙出生后，大学同班女生兼《岭南人》首刊美编洁红要到家里看她，我躲得远远的，21年前的电灯泡和19年前的和事佬早就不想理他们俩的情爱故事了。

因为爱过，始终爱着，不管你嫁给谁，不管谁娶了你，《岭南人》，我们爱定了你和你名字！

春燕很守时，春天时节飞回来了，那时广州开始下起淅淅沥沥的雨，环境和气候的变迁没改变春燕性情。她偷偷问我，怎么她一直记得我和她同级呢？我也偷偷地回答她，如果那年你就知道我低了一个年级，怎么会留下至今还游荡着的刻骨铭心？！

△2014年12月16日，本书编委会第十八次会议与会编委合影留念，庆祝全书终审付梓

嘿嘿，虽然当年我送过巧克力和方便面给她，但我发誓，从来没拖过春燕的手，洪飙可以作证。

梁延在那个年代，如她名字一样，也是令人两眼放光的才女，当然也让我两眼发光。洪飙与我在岭南人共事的时光里，最无私的一次，就是让梁延与我搭档沙龙，至今感念不已！梁延的先生龚坚在电子系，在梁延的撮合下，与我已成"叔伯同学"，最近几次回国必相聚茶话，我一再打趣他："你也忒厉害了吧，偷走了大家的梦中情人！"龚坚总在乐乐地憨笑！洪飙却很冤枉，二十周年联谊会上一曲美妙动人的情歌，居然让那么多师弟妹们误以为他等了梁延《十年》又十年。

04级城坚写的"穿马甲"事件令我窃笑，洪飙除了"标戈"之外不知戴过多少个面具，我却用"曾炽"和"国宝"的马甲填补了很多空白页面：《梦里花落知多少》这篇写爱情写得太武断；几个沙龙组稿写得过于节制，极少记录现场原音，总觉得从八大高校组织过来参与沙龙的友人在吃吃喝喝中交流谈吐缺乏深度，现在看来当年乏深度的竟是自己，居然放飞了最值得回味纪念的青春之鸽，还好，我庆幸自己生于那个年代，不用跟叉鸡（王击凡）这群疯子们为伍。他们这些外星人先把杂志大卸八块

△2014年12月，本文作者刘忠平（右）与本书序二作者张向东合影

不说，还天马行空弄得花花绿绿，我们至少可以老老实实地用规规矩矩的方式去做文学。专家说时代进步了，我们落伍了！好彩退休得早。

我写过一首诗，题为《牛》：“学成弱冠游子身，劳燕春回报育恩。日念红灰千百遍，此生永是岭南人。”当年以为是矫情的文字，没想到20年后回头，却发现这是给自己下的降头，先是在1995年的混乱经济年代自编了岭南集团的公司名，然后在1998年用过岭南风华的名字，岭南情结始终挥之不去！再后来，熟睡的青春被一声声深情吵醒，心里这棵岭南枯木又开出了一树繁花。正如升强说：岭南人，我们回来了。

家亮、永泽都是我在岭南人的旧同事，我们一同在沙龙工作小组待过，每次念起他们，心里就会涌起一股老实巴交的温暖，可惜永泽没入我们这次的图书编委，很想再次看到他工作时一板一眼地思考，还有那缓慢表情里转动着的一对快溜溜的眼珠；易哲很勤快，手机输入文字的速度比我讲话还快，可惜除了甜甜微笑，很少主动发言；最喜欢与周瑛、玉娟一起开会吃饭，她们俩可以叽叽喳喳替我们把一桌子的话都讲完，饭菜也毫不客气；12级的志伟太文静了，让我们有点担心《岭南人》的大舵把他给压垮，好在很快退居二线，权杖传给了13级孟珊这个风风火火，有点泼辣的湖北妹子，正在延续着我们岭南人这个不老传奇！

感谢洪飙，2013年他一直唠唠叨叨着要把岭南人二十周年聚会放上日程，才成就了今天联谊会大家庭，2014年又唠唠叨叨着要把纪念册早日结集，才成就了岭南人史上又一次轰轰烈烈的编辑运动，让岭南人二十周年纪念图书编委会成员再次不务正业、挑灯夜聊、轮流洗脑、双规集结。当然，更要感谢所有关心《岭南人》和岭南人联谊会的全体成员，没有你们，我们就失去这片热闹和温暖的精神家园。

林莉呀，早知道你心中有了你的渊，我就不会中了击凡和洪飙导演的计，傻傻地在省委宣传部大楼里，与你上演那一段《情深深雨蒙蒙》，然而，看在你和玉娟提出让大家轮着写编委日记这么优秀的提案的份上，我就一往情深地帮你申请为"岭南人非物质文化遗产"吧！盈璐、璐韵和王玥说话虽然不多，但温柔里包含力量。婷婷很冷血，编委会的月老们尽管做了许多工作，还是没能牵手小胖。焱文邑然头皮发亮，人却不油，很脚踏实地。燕华也一样，实实在在，文华内敛。如果说，笛庐是个古典美女，古琴一拨令人神魂颠倒，那么蔡颖简直就是段誉下凡，妙句如"六脉神剑"一般，不小心总会伤及无辜。安琦君，请包涵，喝了你的酒却写错你的名，再赠温馨提示：你的酒没你的文字醇厚，下次见面记得要补上一瓶！

"你说你爱我，不让我离开你。天空那么大，我只好到处飞翔！假如有天我折断了翅膀，无法再起航，你会否，还如一地爱我？"

南国有红豆，岭南有群人，红豆不表情，岭南人有情。

*作者刘忠平，岭南（大学）学院计算机科学系93级

青春絮语

即使是最简短，最平实的话，也蕴藉着情深，我们偶尔回头一瞥，发现青春中的浮光掠影，如此牵动人心……

周粤萍【岭南（大学）学院财政税务系92级】：

参与第2期《岭南人》的编辑工作，给我印象最深的还是那帮一起努力的岭南人们。升强师兄是集中开会才认识的。只觉得他是位瘦瘦的男生，总是笑容可掬的样子。不过，工作起来，分配任务的时候，却是那么严肃和认真。自从我加入编委开始，他就一直强调一件事，就是“我们《岭南人》是有赞助的，《岭南通讯》的学长们赞助我们2000份的彩印封面！”在当时热血沸腾、资源缺乏办刊的年代，这无疑是一大优势，还是一剂强心剂，鼓励着每一位编委。不知什么时候起，我也开始学着升强师兄的语气，向每一位想了解《岭南人》的同学宣传兼炫耀：“我们《岭南人》有2000份的彩印封面赞助呢！”

蔡远健【岭南（大学）学院财政税务系92级】：

《岭南人》和马拉松这两样，都是我在中大学生时代接触到的事情。《岭南人》留给我的，固然有太多美好的回忆，许多难得的体验，但最珍贵的，是她给我植根于内心的一种精神——坚持！选择了这个社团，要开展对外联系、采编采访、编辑把关等一系列工作，要坚持做好；选择了这个团队，需要协作努力、开拓创新、传递交接，方方面面，要的也是坚持原则、持之以恒；这种自我提升、坚持到底的精神，与我参加马拉松的感悟如出一辙。想一想人生的路途也有如马拉松，总是会有高低起伏，有顺境有逆境，克服自己的惰性，咬咬牙或者就可以挺过去，稍一松懈，就可能停下来了，就是凭这个念头，我坚持着，奔跑着，在努力前进的奔途中细细感受生命的意义。

林蔚【岭南（大学）学院财政税务系93级】：

金沙滩之旅是我在《岭南人》活动最浓墨重彩的印象了。感谢升强师兄的首份薪水让我们留下了那么多美好回忆，他用殷切的语言鼓励我们每个人，篝火那燃烧的火焰烫红我们青春的脸庞；他组织三三两两的滩边漫步，船头留影，让我们从此种下了《岭南人》的种子，生根发芽，无法挥去其烙印；那青春的印记也留在等待回广州的小小铁路候车站台，朴实无华，很有怀旧色彩，特别适合一群有着文学梦的青春少年望着无尽的铁轨畅想未来……每每回想金沙滩之旅，我脑海里就定格在这小站台的情景和升强的语重心长。

陈悦【岭南（大学）学院计算机科学系94级】：

我想我永远也忘不了有那么一天晚上，我们和往常一样熬夜加完班，回去的时候大家建议买一个西瓜在东操场上边吃边聊，长城挑的瓜一打开红彤彤，所有人都欢呼起来，然后那一个晚上我们就着夜风和那一个应该比蜜还甜的瓜，天南海北、酣畅淋漓的无所不谈——记忆就是这么奇怪的东西，它帮助我储存的只是这么一件鸡毛蒜皮的小事，可是这里面隐藏了多少年轻的能量啊。因为年轻，所以可以随心所欲，因为年轻，所以敢于敞开心扉海阔天空，因为年轻，所以我们曾经和年轻的彼此走得那么近，然后又因为当时的年轻，终于有一天奔走在各自的方向上，渐行渐远。

胡南迪【岭南（大学）学院计算机科学系94级】：打开我的电脑，至今还能找到一些《岭南人》的资料：梁延师姐1995年11月10日的一张工作留言；家亮师兄某年6月2日14:38分在我宿舍看到新样刊后龙飞凤舞即兴发挥的寥寥数百字的感触；罗琳的留言最多，还有长城、海峰、节晶等人的小纸条……这些都是大学刚毕业时扫描留下来的。电脑中还有《岭南人》第7、8、9、10期稿件的电子版，和岭南人兄弟姐妹们一起出去玩的照片……再看到这些的时候，又勾起我很多美好的回忆……

丁楠【岭南（大学）学院经济学系96级】：在《岭南人》，我经历了人生中第一次也是为数极少的熬夜，充满了乐趣。后来和南迪、周瑛在办公室一起看周星驰的《大话西游》，之后的人生中又看过很多次，但每次好像都会想起那一次。岭南人充满了友情、关爱、付出，和有趣的人和事。《岭南人》对我的意义在于，执着于自己所爱的事物，并为之付出；享受沿路的风景，珍惜身边的每位好友，拥有独一无二的与青春有关的日子。

李海明【岭南（大学）学院经济学系95级】：我记得，我们大家一起下地刨番薯，然后用干土块垒了个窑，用柴火烧红了窑之后再把番薯扔里面，再把窑敲倒之后覆盖在番薯上面，不久之后大家迫不及待把番薯挖出来品尝的美味；我还记得，我们大家一起步行了很长一段路，去看一栋很大的圆形的客家围龙屋；我还记得长城的奶奶做了一种叫“老鼠饼”（客家话）的小吃给我们吃；我记得一起出河里钓鱼，但是什么也没钓到；我还记得临回来广州时，长城家人送了我们一大麻袋沙田柚，让我和南迪给背了回来……

罗琳【岭南（大学）学院财政税务系96级】：记得有一次刘琼、超梅、南迪和我提早结束杂志的编辑工作，但是我们三个女生却有宿舍难回：要知道过了12点，我们要爬三道铁门才能回宿舍啊！于是不知道谁提议我们在东区篮球场边聊天吧，这今天看来很逗比的提议竟然得到大家一致同意，还真聊一个晚上，到了第二天清晨走去晓港公园饮早茶。我们就是这样，有理由没理由都一起熬个夜吧，那时候真是疯狂啊！现在想来，这样的青春，此一生，只一次，不后悔。

黄娜【岭南（大学）学院经济学系97级】："读牛逼之书，对谈牛逼之人"，我在给外校朋友写的信件中有这样的文字，我曾以为这是岭南人社团经历最让我骄傲的地方，直到很多年后我终于意识到，《岭南人》对我最重大的意义在于我发现了存在于自我之中的不可被忽略、必须时时与之交谈、关照的精神内在。因为如此，20岁左右的我们显得早熟、早慧，甚至也许显得还有那么几分矫情，但这确是如此可贵。

李海峰【中山大学信息科学与技术学院计算机系97级】：大一、大二时在岭南人度过了很欢乐的时光，也经历了很多为校对文稿、排版、出版而通宵奋战的夜晚，还有永远不变的吃吃喝喝，东门的烧烤档是最常去的地方。现在写出来虽然比较苍白，可是在十几年后，在他乡回忆起这么一段无悔的相伴日子，心中真如回到当时快乐相伴的情景。

张扬眉【岭南（大学）学院金融数学双学位98级】：正是抱着这种对文字的向往，我才加入了岭南人。可惜，进来之后才发现定位尴尬。写专题是自不量力，印象中没有登过一篇文章；而等要去做排版、美工的时候，前面有计科系的师兄李海峰在，轮不到我这种业余选手。现在回想起来，我确信从那时候开始，岭南人里混进了没有专长的人，还好有自知之明，懂得干些苦力。

蔡颖【数学与计算科学学院计算与计算机应用系01级】：毕业8年，站在三十而立的时间点，回望大学时光，浑然不觉已离开象牙塔好久。2013年参加《岭南人》二十周年大庆典，看到许多熟悉而又陌生的面孔，心中百感交集，原来他们也是岭南人啊，原来他们一直都在惦念着这个社团，原来他们还在为社团持之以恒地奉献着。

冯雅琳【人文科学学院中国语言文学系03级】： 每次在单位组织的活动现场看到记者，我都有莫名的亲切感；每次写通稿和剪报的时候，都会隐隐想起自己在《岭南人》《家庭》杂志社工作和在报社实习的时光，以及渐行渐远的新闻理想。机关工作中，每当有人对我的文字功底表示肯定时，我的回答总是“嗯，我在杂志社工作过”，而不是“嗯，我是中大中文系毕业的”。是的，我的人生档案中唯一和当年的新闻理想扯上关系的就是在岭南人的经历，哪怕我干的是和新闻理想无关的宣策和校对。

周懿【软件学院软件工程系05级】： 当时为什么选的是《岭南人》？这个原因不好说清。总之一定不是因为这个社团历史悠久，或者里面的师姐师妹美丽动人，仅仅是因为，翻开杂志看了一眼，就是那一刻的感觉。那时候，就是纯粹的幻想，向往，没有任何负担地沉浸在这种带着虚幻又真实的氛围中。这大概是岭南人，可以给我的最大吸引力了吧。总结加入的原因，那就是两个字，不是文学，也不是理想，是青春。

邓裕【传播与设计学院新闻系05级】： 唯文字，能够在一地鸡毛的生活中，在瞬息万变的时代中，给予人温暖安宁。唯阅读的快感，不管时地，都能被隐秘地享有。文字中有单纯坚定的心志，有对世界纯真美好的愿想。文字可以击碎一切浮华，治愈一切痛楚。

孙笛庐【中文系06级】： 我曾对岭南人有过“系人肚肠刺人心”的感受，如今再回想起来却全是岭南人带给我的桩桩件件温暖。我有一个粉红盒子，里面收藏着两张卡片，其中一张是易哲用圆圆肥肥的字，写着“送你一罐小软糖”；还有璐韵送来的生日卡，看到它就想起曾裹着浴巾冲出浴室狼狈地接到电话——“生日快乐，我在你楼下。”而岭南人也曾用特殊的方式给我庆生，骗我在聚餐时出门，然后在回到包厢后，漆黑的屋内，突然出现一个点着蜡烛的蛋糕……当年苏东坡因为荔枝而决定“不辞长作岭南人”，而我则是因着在这里一点一滴的付出与在这里得到的一份份情意，而最终成为岭南人天长地久。

麦宇云【法学院法学专业06级】： 这是一个社团，然而又不仅仅是一个社团。这是一个名称，然而又不仅仅是一个名称。它已不独属于某个学院，更不从属于某个人，它属于梦想，而梦想，属于所有人。

龙梦萍【传播与设计学院新闻系06级】：大一的时候我们部门叫实践部，在惠明师姐的带领下，我们忙活着杂志首发，搬杂志、摆桌子、拉横幅，发传单，首发前我们要想各种好玩的主意来吸引各路同学，其实我们主要是找《岭南人》的认同者，如果别人根本没有兴趣，为什么要硬塞一本杂志去呢，杂志是我们的心血，不能这样浪费。我们不再如以前一般了，有认同者我们百般热情，没有我们则惜杂志如金，自己保存。现在我的书柜里还保存着很多《岭南人》，每次拿出来看，都觉得大学时光历历在目，格外亲切。

张淼【公共卫生学院卫生管理学系06级】：我算不上文学青年，所以当初与岭南人的结缘始于秘书部。“要提升秘书部的职能”这是当时的社长后来常对我说的一句话，在我们大多数人的眼中，社团是更加纯粹的地方，编辑部就是这个纯粹的核心，我接手秘书部后研究过社团架构的历史：秘书部最初是为编辑部服务的，后来从编辑部中分离出来成为社团独立的部门。

赵俊东【化学与化学工程学院化学系06级】：加入《岭南人》的大家庭，个中的缘分离不开自己长期来对文字的喜爱，同时，《岭南人》身上散发的无畏孤独的气质更是深深吸引了我，从此，就义无反顾地，结下了缘。大学四年，在书友会没做出太杰出的成绩，说是中规中矩可能还有点抬举的意思，好吧，我也就是“打打酱油”，哈哈。我最享受的，是这个大家庭给我的感觉，温暖，纯粹，包容。在岁月湖边上的日子里，是每个社员脸上的笑容把我的四年岁月照的熠熠生辉。对比枯燥的学习生活，《岭南人》是最为灵动和闪耀的元素。这里是理想主义的乐土，每一个看似荒诞的念头，都可以在这片土壤疯狂的生长。真的，很难得。

钟玉玲【翻译学院英语翻译系06级】：进入这个杂志社，我带有自己的私心。我想要把我对印刷、纸张、编辑、艺术设计的感悟和理解共冶一炉。而这一切却掩埋在我对文字的热爱底下。也许我在这条路上走得太过自我，而忽略了身边的声音，我忘记了编辑部是一个团队，因而各种各样负面的声音在我耳边渐渐响起。最激烈的指责在于，我用不知所谓的理想主义褫夺了杂志的正统。

杨祺【翻译学院对外汉语系07级】：有师兄师姐可以依赖的时间过得不紧不慢，某一天，换届事宜就铺开来了，而回迁前的道别也同时进行著。离愁别绪蔓延在周围的人群里，我却还没下定决心，是否遵循“若要爱，请深爱”的哲理。可以肯定，最终说服我的应当逃不出“自由”“青春”这样的字眼。换届后，我接过主编的责任，便开始有了一种念头：想让教学楼里、球场上、楼道里的人，愈多愈好，都来分享我们的“深爱”，想请他们一齐来显摆青春，毫不保留地剖析自己的态度，把大胆追求的自由砸在杂志封面上，务必要扔得掷地有声！

朱文菁【中文系07级】：确是个新鲜人，一切懵懵懂懂，鉴于性格的原因，并没有很快融入在内，所以如今自称岭南人的时候，会有些激动，亦有些惭愧，出的力不多，却换来这份名衔。逢罢张岁月，态度上不免自恃为大，当时极爱后摇，便拉著整个编辑部南上广州，去了现在已趋于颓废的191，採访算得上南方首席的沼泽乐队。语无伦次的采访，比乐队还紧张的我们，很帅的贝斯手，第一次的现场，还记得那晚的梦里，全是声嘶力竭的电子琴音。

王玥【资讯管理学院信息管理与信息系统系07级】：对于“弱水”这个主题，我虽然迷茫但还是欢喜的。这两个字，正是我现在的迷茫。弱水，一份很轻的水，轻如鸿毛，弱水三千，却只饮一瓢。又轻又重的样子，轻的是一个思想的种子，一个小小的信念，一念之间，我们的选择都是留在岭南人，重的是为此我们付出的情感，焦虑，与挣扎，留下的泪水，正如如何做出一本好的杂志，如何书写青春，如何去爱一个人，如何成为一个更好的自己。

钟碧莉【法学院法学专业07级】：眼泪又是怎么回事呢，现在想起来会觉得自己可笑，真的就是哭得很多：和同部门的同学意见不和会哭，稿子的事情弄不好会哭，拉不到赞助会哭。记忆最深刻的就是，一次因为拉赞助又失败，杂志得延期出，我和玥儿、郑洋几个人晚上看着天空，我突然就哭起来，我哭，玥也跟着哭，像个孩子似的。的确，在岭南人里面，我就像是个孩子，任性、放肆，但大家都包容我。

胡志强【环境科学与沟工程学院应用气象系08级】：那一年，有着很多美好的回忆。那年秋天，我们去金星农庄户外拓展，那年冬天，我们在贝岗街边的小吃店，围着鸳鸯锅打边；那年春天，我们穿过雨巷，在小洲村的角落，探索不知名的隐世高人；那年夏天，我们团坐在万旺的楼顶，看着星星，喝着水果冰饮，聊着公众课上奇葩老师的奇葩规则，以及风格一致的学霸日常，还有那充满传奇色彩的外环传说。

江运高【信息科学与技术学院计算机系08级】：那天我经过岭南人迎新摊位时，一位女生拿着传单飞奔过来，机关枪似地跟我说岭南人是一个什么样的社团。接着一位女生微笑地打着招呼过来，东北口音说起岭南人的特色。我拿过纸质版杂志低头想，质量不错嘛。然后我进去填了报名表。我填报的是编辑部。面试时，本来口拙的我被一位表情严肃的老大哥问得话也说不出来。后来我很伤心被告知不是很适合编辑部。师兄师姐估计看我报名表写的是计算机系的专业，推荐我去美编部，却没想到是没摸过几次电脑的人报读了计算机。最后，我懵懵懂懂的跟了一位胖墩墩，笑起来很和善的师兄，大家都叫他小胖。

周乾坤【资讯管理学院档案管理学系08级】：记得最后相聚是在一个晴朗的晚上，星空璀璨，铺展到天边，覆盖了大学城这个小小的纯粹世界，小胖、婷婷、冰王、志强、运高和我走在内环昏黄的灯光下，好像整个世界变成了一个故事，只把我们写入了这个故事最美的一段。大家都在笑，普通而温暖的笑，那么美！小胖师兄却眯缝着小眼睛，勉强地笑叹："不在广州的，此一别再见可能就是多年以后了。"他的话音划过，凝结出了一阵冰凉与沉默。时间，也在这样的沉默中悄悄离去。

庞嘉慧【传播与设计学院新闻系08级】：还记得有次大伙聚在中心湖边弹吉他唱歌，扑在脸上的是岭南湿润的风，《海阔天空》的旋律似乎就是这群人说不出的默契。往回走的路上，韩杰送我一个印章，看得出是用并不熟练的手工磨出来的木头块，上面是我的姓，歪歪的躺在木块上。

孙玮洁【传播与设计学院新闻系11级】：对于很多人、很多事、很多物，包括《岭南人》，于我而言，是没有陪伴其同生同长的遗憾，是牵绊我短暂流年的感谢。岂不曾遇到过情之所起，一往而情深的际遇，但过去的年月里已经有很多值得自己写下来、刻下来的记忆，但愿我能陪它们一起老而不衰，沧而不败。

第三篇

成长 谈·为梦想干杯

编辑：易哲

小时候，我们觉得成长是一件很酷的事。

再也不需要骑在爸爸的肩膀上，才能看清楚远处的世界；也不需要被妈妈牵着手，才能走过那条险象丛生的马路。

那时，我们比任何人更渴望拥有属于自己的人生。

长大以后，我们才忽然发现，成长原来是一件很苦的事情。

也许在同一个地方要摔倒很多次，才明白对抗并非最明智的选择。或者要吞下数不清的委屈和哀伤，才能更一点点地接近生存之道。然而，也只有逆境和荆棘，能让我们更懂得珍惜人生的快乐与甜蜜。

在这里我们可以细看岭南人在成长路上逐渐显现的光芒。

他们在社会各个领域留下一个个剪影，涉足金融、科技、快销、咨询、媒体、广告、社会工作、外交事务……他们有的凭借天赋、依靠不懈努力、把准了时代的脉搏而站在了前列。我们同时把目光投向一些平凡的面孔，听着那些未曾成为传奇的故事，陪着他们为梦想而日夜兼程。

自述

这些年，那些永远冲在最前面、乐于承担起更多责任的岭南人，

他们要亲自来说说，自己是如何慢慢长成了当年希望成为的“今我”。

岭南阡陌三人行

△梁升强的“鸬鹚照”

1994年毕业后，我离开岭南人，步入社会。面对现实与理想的碰撞，接受平凡却又不甘于平凡；20年后，我回到岭南人大家庭，感触由心而来，有深浅也有远近，有清晰也有朦胧。适逢四十，倘若能真正做到不惑，大概是岭南人给予了我成长路上最坚实的情感支撑。

历届岭南人当中，93级忠平与94级凌翔都属于神级人物，我们三人的姓氏拼音首字母均为“L”。我们3L毕业后常聚，工作上我受他们影响最大。人生阡陌间，若要谈我的成长路，离不开他俩的故事。

本文作者：梁升强

岭南（大学）学院计算机系90级，曾任《岭南人》创刊号、第2期总编。

现任某企业集团旗下多家公司的高管。

成长感言：三十而立，四十而不惑，相信人生虽无常、但快乐常有。

述及人物：刘忠平

岭南（大学）学院计算机科学系93级，曾任《岭南人》创刊号编委、第2期副总编、第3期总编。

现任广东雅华电气有限公司、广州东钛工程有限公司、广州京兰信息技术有限公司、广州天诚伟业通信科技有限公司等多家公司的董事长。

成长感言：进德修业

述及人物：凌翔

岭南（大学）学院国际金融专业94级，曾任《岭南人》第6、7期总编。

先后在金融、IT、生物医药、教育等行业工作或创业。现任广东中大职业培训学院理事长。

成长感言：将心注入，一路向前，创业永远在路上。

缘起：

高中时，因为字写得工整，被吸收到学生会当宣传干事，专门负责油印校报之钢板蜡纸的刻字工作。自小学起至高中，我的语文成绩都一般，但其他课都很强。没想到高考成绩出来，我的语文超水平发挥，分数还高于强项数理化英，冥冥中好像有一种因缘。

志大而不远，所以报读了本地域的最高学府（中大）最好的专业之一——计算机软件。 1990年来到中大，未高兴几天，就开始觉得自己渺小。与班上同学认识一遍后，我感觉自己算不上强者。当时学生会干部到宿舍探访新生，我内心思量，自己有可能做到他们的位置吗？大一，除了读书和想谈恋爱，还是读书和想谈恋爱，再没其他念想。使劲地读书，让我在大一获得了三等奖学金。到了大二，我更拼命地读书，却还是无法突破三等奖的“天花板”。

至于恋爱，当时无奈错过了与班花的缘份。生于华侨之家的班花太漂亮了，且穿着时髦。当集体活动互串宿舍，看见她书桌上的时装杂志时，我意识到自己是买不起与她的爱琴海之恋的船票了。20多年后，毕业二十周年聚会。揭露当年班花的情事时，班花闺蜜爆料我属其中一名男主角，我被揪出来罚站喝酒。我虽十分遗憾，却感到异常受用——精神上拥有过，未尝不是一种快乐。

高中的学生会经历让我在大学阶段得到了更多机会，大二我开始担任班生活委员兼班刊主编。没有了学习上的更高追求，也还没有恋爱上的目标，我的热度自然就倾注在工作上。虽然与专业关系不大，但我仍尽力把班刊做到最好。其时班刊影响力之大，让系学生会主席也一度要求我提前接任系刊主编。

学生会换届后，我出任系学生会秘书长兼系刊总编。从"主编"改为"总编"，是我要求的。系刊不应是学生会的附属物，它应该成为学生会的精神支撑。作为一本杂志，它必须有独立的主张和作为。虽然秘书长的工作量并不少于系刊，但我超乎众望，将系刊从十几页扩充至三十多页。

就像是所有事物都有必然的发展规律一样，我自然而然地从系刊走到了院刊的位置。我不得不思考，院刊如何可与更加综合化、更有影响力的刊物，如校刊《中大青年》等相比。当然不单是比文字和思想高度，除此以外，我想全方位超越他们。

所以，《岭南人》创刊之时，我以计算机系系刊总编的身份，邀请经济系系刊主编卜国琴联手，还找到了学院里最引人注目的三位才子佳人——大内高手之黄洪飙、我心中的黄蓉之潘春燕、江湖剑客之刘忠平。最后，我们有了采访和沙龙两大创新点，有了也许是开国内学生刊物之先河的彩印，有了最精彩的版面设计——图文并茂，有了最高的容量——内页达70页之多，有了最大的发行量——学生宿舍一室一本，有了最炫的宣传——横幅海报随处可见。

《岭南人》的成功创刊，对于我的意义，不亚于我考上中大。中大赋予我知识，《岭南人》赋予我情感和精神，我觉得自己可以毕业走向社会了。

有说一念一世界，因缘而起，因念而生。心念产生（正）能量，能量支撑行动，行动创造一切。我所念即所为、所为即所得，算有小成。

第一个十年之现实路：

一、我的起伏

我的第一份工作，是到佛山某银行证券营业部做技术工作。在岗4年，我经历了股票市场的初期发展——大起大落。我非江湖中人，不知股票险恶，亦非金融专才，身处别人眼中前程似锦的证券行业，却在血淋淋的现实中，经受了风险无情的深刻教育。我决意离开是非之地。

一切有为法，皆待缘而起。毕业后，我进入到人生起伏规律之下一阶段：光明之后，灰暗不知有多长，也不知会如何。

1998年，我带着“下海闯荡”的心念，离开佛山，回到广州，加入到才高我两届的师兄所创办的广州某高科技公司。其时正值SMS和WAP技术的到来，我所在团队凭一系列新产品迅速夺取广东移动某块业务的先机。我们与投资商成功签约了1000万的投资意向并首付200万，我们涨薪、扩招、扩租和装修。首期款很快用完，当我们需要继续用钱时，投资商趁机企图控制公司，要求师兄交出总经理一职，并拟在我分管的业务团队之外另设业务团队，最终双方决裂。

人生自有规律，一帆风顺或许并不存在。项目团队与投资商决裂后，公司持续艰难撑到2003年才完全解散，我也一直坚持到最后才离开。期间虽经历过三餐温饱也成问题的窘迫，但能够在现实的残酷中走过，未尝不是一笔精神财富。

其实，当年离校后，我的行李箱里始终带着《岭南人》。虽然很快进入到现实的角色，并全力行走于社会洪流中，但我始终觉得心中有一份冲动未曾消失，且偶尔涌出。尤其是苦闷的时候，在朋友情、同学情、老乡情之外，我时常感受到自己还有一伙战友。《岭南人》留给我的不仅仅是一份情谊，还有一份不甘平凡的精神。

二、凌翔创业

我1998年回到广州，适逢凌翔毕业到银行工作，我们常联系。他常谈起关于银行卡各种创新应用的想法。凌翔的领导非常赞赏他，后来支持凌翔出来创业，凌翔便离职与两同学创办网络公司，继续关于银行卡的应用故事。凌翔找到台湾一家做芯片的大企业谈投资，一谈就是三年。三年里，台湾老板有计划、有部署地跟他谈判，持续打消耗战。他曾经感叹说，如果谈成，他一定为此写一本书来庆祝，就像走千里路才登上万里长城，必须振臂一挥那样。最终，青春的梦想拼不过残酷的商界规则，年轻的头脑耗不过狡诈的商业巨头，凌翔感受到创业的不易。

后来凌翔离开网络公司，投靠大公司，2005年向某集团企业成功推销其商业策划案，得以出任该集团属下新成立创新技术公司的总经理并领干股。凌翔带领团队青春热血地拼命干，公司业务迅速发展。公司的效益增长引来上级集团势力层的虎视眈眈，其后，他所持的干股被解释为期股，因而失去股东身份。由于不是股东，自然就被逐步推出权力核心之外。凌翔再次感受到了创业的困难。

△2000年，初始创业时期的凌翔（左一）

三、忠平的实力

忠平自1995年出道创业，我们时常聚会。与忠平在一起，每次都吃得很好，我因此享受到最实在的快乐。我经常参与忠平的饭局，忠平设局之频率可谓无时不有，这让我想起了古代的"食客三千"，饭局中有各种各样的人物，但我们不是"食客"。让我佩服的是，其中业务往来的合作伙伴不多，更多的是朋友。初时我未能明白忠平此等豪举之用意，只隐约觉得仅用大方解释是不够的。后来才逐渐感受到，忠平的家庭理念早已超越小家的范畴而达到大家的境界。常说"民以食为天"，忠平把身边的人都视为家人，用他的实力和胸襟，为他们带来最普通、很重要却又极难得的快乐。这是生活中看似最容易做到，却又最难实现的事情。期间，我与忠平的事业没有过多交集，但仅仅是"吃"，就让我有常聚的欲望。

忠平在创业的第一个十年，有很多创举。可能是中大校园里第一个凭自己创业而能开着小车回校上课的学生，可能是第一个凭自己的世界级创业梦想与行动能与市长乃至世界级官员同桌交流的学生。其间，忠平常浸泡于江湖，应该经历过大风浪，但我知晓的不多。但重要的是，至2005年，忠平已练就一身内功，剑术之高可一剑封喉。

第二个十年之理想路：

一、我的而立与不惑

2003年，正值三十而立，我从科技行业转型到传统行业，进入一知名集团企业（其办公大楼时为广州大道标志性建筑之一）的下属公司从事电子产品代理销售业务。我所在的商务团队负责从上游采购手机卡、手机、数码产品等，然后交给销售团队去销售。当时，销售团队无法突破业绩，我便自告奋勇提出担任销售团队负责人，并向公司立下军令状，保证销售额与毛利额每月增长。最终我如愿以偿，并一路直上做到了广州分公司的副总经理。

这是我参加工作后第一次从事与专业无关的工作，正如大学期间，我不再追求学业而致力于杂志工作。我带领三大块业务的事业部门，共100多号销售人员“攻城掠地”，让普通的业务员凭勤奋就能月薪过万。我从中再次感受到抓住机会认真干就能出成绩的快乐。后来，**我选择急流勇退而未与团队同甘共苦，离开不能突破的环境而追求更高，只因心还年轻而梦想依然。**

2006年，我进入一外资企业从事咨询工作，参与广东移动市场营销某些项目在电子渠道方面的策划与执行工作。这次我领略到外企完全市场化运营的风格，切身感受到不靠任何关系资源，单凭产品和服务来获取报酬的艰辛。报酬高，但身体尤其是脑力消耗也特别大。我喜欢外企对利益的终极追求所带来的快感，所以我坚持了两年；但我更喜欢中企除利益外还有人情味的快乐，于是我再次选择离开。

2008年，一小型国有控股企业濒临破产，在新股东加入时，我抓住机会并奋力爬到总经理的位置。我曾经梦想一展才能，绝境求生，没想到却掉进多方股东争斗的漩涡。我虽百毒不侵，抵抗住各种诱惑和打击，同时拼命开拓业务，但个人力量毕竟渺小，最终铩羽离场。犹如在战争中一场惨烈的攻防争夺战，敌我力量悬殊，理论上我只能守一天，但最终我坚持了足足十天，可谓败而不败。**若说人生无常，能够经历失败，能够在失败中顺利撤退，不失为人生中一种苦乐。**

2009年，我参与筹建某知名培训机构某地市分院。当时培训行业流行营销人员每天拨打陌生电话推销课程的模式。分析数据显示，为了得到一张订单，营销人员需要拨出超过100个电话，给很多人带来烦扰。我心里对这一模式有天然的抗拒。

其时，我致力于通过提升服务质量，升级教务人员的职业定位——融合教务工作与销售工作，使之成为真正的课程顾问，来获得客户的口碑推广。同时不惜亲自跑大单来填补日常开支缺口。团队生存压力不大，发展期间也仍能不断尝试理想模式。当一些大国企的领导层几经更迭，依然无法改变与分院的业务合作关系时，我已见证，自己对服务质量的追求、所推行的服务营销模式，获得了市场的回报。但是，企业

△作者梁升强，摄于2013年

希望迅速发展，需要顺应资本市场的规则，而我创立的理想模式虽成功，却不可复制，自然也不具备投资价值。**现实中的名利，能给人带来快乐，也能给人带来不快乐。在不快乐出现之前，我遵从内心的呼唤，离开了能够让我功成名就的地方。**

2011年，已达四十而不惑，我到一通信企业集团担任旗下多家公司的高管。该企业业务逐年倍数级增长，从数千万发展到数亿，业务覆盖全省十几个地市，项目实施队伍近2000人，宏大的平台给了我十数年积累之管理素质和能力的用武之地。我继续自己的理想之旅，不为现实名利所困，可以与更多人共同成长，一起实现心中的快乐。

二、凌翔的成功

2007年，凌翔瞄上了一集团机构，再次成功推销其合作方案。他在该集团下成立新公司，表面示弱当小股东，实际暗度陈仓，掌握了实际控制权，用空间来换取战略上的主动权。凌翔借助该集团的市场影响力，陆续策划了几个大型创新项目。各个项目或带来了直接效益，或将于未来产生不可估量的效益。

凌翔这次四面出击、八方开花，犹如打出太极拳，或实或虚，待势而为。最后，他以退为进，交出几个已产生巨大价值，但需继续较大投入的项目的控制权，以满足既有势力者的贪念。自己则抱住一个眼前规模尚小、但已有很好现金流、并可迅速扩大的项目突围而出。

最终，凌翔在该项目上获得了绝对控股权，可以站在巨人（品牌）的肩膀（平台）上一展自己的抱负。同时，他也终于迎来了创业后，能够摘取丰硕果实的第一个里程碑。

凌翔坚持自己所念，实践自己所想，产生出来的能量或大或小却连绵不断，支撑他走向一个又一个的山峰。

三、忠平的境界

忠平的事业于2006年起云开见山，其执掌的企业已具舰队规模。

早前听忠平说他有做装修时，我只看成是一门生意，为的是有利可图。后来发现完全不是一码事。正如他在“吃”一事上的境界，忠平对装修文化的专注，其实是对“处”的研究，是他理解生活的又一新境界。

如果说在吃的方面，我未见过谁能做到忠平的标准。那么在办公环境方面，我也未见过哪个企业能达到忠平公司的境界。如果说工作是为了生活，那么当别人还在思考如何工作才能实现公司经营目标时，忠平却在思考如何帮员工生活得更有质量。

忠平喜欢与人合作。我曾经跟他开玩笑说，他的企业群都是军阀。忠平也确实在运营中碰到尴尬的局面。但我再次看走眼，当忠平于2012年推出他的“和堂”品牌时，我再次领略到忠平的过人之处。人对成就之终极追求，若为大，那么合作就是最大，和就是最大。

忠平自江湖中练就的能量深不可测。他的企业成就，让普通员工都可以获得成长的快乐；他于绝境处可力挽狂澜因船坚而立；很多朋友的事业本将没落于浪涛中却因他出手相助就能破浪而出。

在忠平的人生价值体系中，装着大家的成长和快乐。现实尘土滚滚，忠平却常能超越眼前，带领众人，拍掉尘土，留下快乐，不断往前。

忠平和凌翔均是青春人杰，与他们在一起，或者可常望星星，理想不灭；或

△刘忠平在公司会议上讲话

者可超越眼前，以追求完美。

快乐：

在现实中面对各种艰难，令我常常觉得，校园的理想时光早已离去，成为记忆中的图像。也许现实的尘埃才是眼前之真实，而我也只能接受命运安排，安心做一个平凡的人。

但记忆中的微光还时隐时现，原来我想改变现实、寻找命运高峰的希望未曾消失。我坚定地继续前进，环顾四周，发现自己渐渐被伙伴们的光芒包围；随着身边聚集的伙伴越多，希望之光变得越趋闪亮。原来，现实中的快乐比校园中的快乐还要更加迷人、更加精彩。

过于理想会给成长带来失望，过于现实会给成长带来困囚。如果理想就是自己能够保持寻找快乐的信念、并在普通甚至困难的事情上都能找到快乐；如果现实就是与更多优秀的人相伴、并在身边人身上都能找到可贵之处；那么，我相信：人生虽无常，但快乐常有。

幸福不止一种味道

执笔/林璐韵 刘家亮

自述：周瑛

岭南（大学）学院财政税务系95级，曾任《岭南人》第8、9期总编。

现任某互联网公司企业培训师。

成长感言：70后，曾经的县城文艺青年，现沦为中年文艺妇女。

最初听说被师妹们列入成长篇目标人物，我一阵窃喜。因为从未试过被别人从他者的视角以文章的形式描述，我很好奇。

我甚至觉得，她们挑我，也算有眼光，品味很“特别”。岭南人的女编委，汇聚了一堆文艺女青年、白骨精以及社会栋梁，我肯定不是光芒四射、才华横溢的典范。然而论烟火味，倒有信心可以拼一拼，换而言之，我是师奶界代表。

这股烟火味，我还挺自得，毕业十几年，兜兜转转，发现自己最爱过的，左右还是一个小日子。

师妹们说每次见到我，总有种如沐春风的快意。因为我爱笑，爱说，什么话题都能凑个热闹，再配个“银铃般的”笑声，很难把我遗忘在墙角。

要分享我的成长故事，不得不细细回忆起过去。那种感觉很奇妙，像是打量一位久未谋面但似曾相识的朋友——时光静静流逝，一点点打磨，最后成就现在的我。

从哪里开始说起呢，大学毕业以后，2007年和2012年是两个重要的节点。

一碗率性，一解千愁

——“努力的意义，莫过于依靠自己的奋斗，换回安逸的生活，能够三餐温饱，率性而活。”

2007年以前，我经常要发愁，愁钱！

刚刚毕业的那些年，我绝对可以算是一位有追求有理想兼爱慕虚荣的小白领：追求更高的薪水、更知名的公司、更好的职位，着迷于那样的外企范。

然而，现实很骨感。

尽管在著名外企领着一份不算低微的薪水，但是要维持家用、供楼，还要支持先生创业，委实很不够用。纵是脚踩高跟鞋穿行在高级楼宇间，仍觉得满城的霓虹灯跟自己没啥关系。那时候穷到大冬天的晚上散步，馋一口热乎乎的糖炒栗子，只舍得买半斤，慢慢一路剥到家。

但是愁钱的日子很苦吗？

不是的。

现在回翻我的博客，记录的全是鸡零狗碎的小欢乐，种花养猫，煮饭拖地……皆为过小日子作小儿女态。寻常日子里，最打动人的还是生活中的“小确幸”。

先生有次非常温柔地回忆起在小小出租屋里的某个时刻，我用猫罐头逗小猫咪站立，逗得咯咯笑。他在一旁静静地看，又感动又惭愧：感动我这么小的事情就可以笑得这么没心没肺；惭愧自己努力了五六年，事业还是毫无起色。

我用我最大的耐心安放了他的事业心。

其实，你们不晓得，我有多么羡慕他。长达6年，说好听点叫创业，其实不过是一个体户，现在流行叫“码农”，写了一套软件，四处兜售。得多么自(zì)信(fù)才能够坚持住最初的理想！写到这里，我确实叹服。作为理科男的代表，他实在是耐打击抗折磨的样板。令我羡慕的是，他工作不仅仅是谋生，更是为着自己的兴趣和特长，为追求一个明确的目标而付诸实际行动。而我，或者这世上太多的人们，工作就只是工作。

毕业10年间，生活对我的教育和改造真是翻天覆地。

原来的我，真心觉得形式和内容都很重要，哪怕跌倒了，姿势如果漂亮，就能赢回几分。

慢慢才能体会到，内容比什么都实在。与其随时保持一个漂亮的姿势，不如怎么舒服怎么来，率性而活才是大境界。

早前我梦想的工作，一定要安放在全城最高级的写字楼里。后来我慢慢领悟，重要的不是我在哪上班，而是我是否享受这份工作，管它租金是一平方300元还是30元，楼下是星巴克还是凉茶铺。

就这样，慢慢慢慢，小白领生生混成了“师奶范”。

2007年以后，先生的经营渐渐地有模有样。首次收入与我持平，而后大幅超越……

亲朋好友们纷纷发来贺电，我终于把一支成长股捂成了绩优股！

日子继续活蹦乱跳地折腾。

闺密说我是最有爱的人，这个说法我接受。因为我确实热爱生活。尤其养家重任转交给先生后，更加肆无忌惮地享受生活。

当然，话语总有两层含义。积极地讲是我热爱小日子，消极地解释是我在工作上长期找不到方向，只好去热爱生活。两个都是真相。

那段时间，我被养得极好。

一口宠溺，只在朝夕

——“‘出院了，想吃什么我给你当司机。’这真是世界上最应景的情话。”

2010年，因为老二的意外降临，我辞去了外企的工作，回家当“保姆”，生活的主题理所当然地转向了育儿兼煮妇频道。

嘿嘿，本以为接下来就会一直是那种安逸的生活，四平八稳的相夫教子。可是，上帝总喜欢反转剧情。

2012年初，先生遭遇一场忽如其来的大手术，我甚至以为他要挂掉了，彻夜难眠和悲痛彷徨，言语无法形容。

哭完以后，知道继续哭也没有用。是的，很残忍，但是事到临头，避无可避。我把最坏的可能想了一遍，竟然还特别冷静地算了一下，如果单靠自己抚养孩子，家当能有多少。最后跟自己说："好了，我已经做好了最坏的准备，接下来就什么也不怕了。"事后细思恐极，自己都佩服自己。应该正是岭南人时期锻炼出来的勇气，让我遇到难关，在天最黑的时刻，身上竟也能有一种孤勇。

之后，我就很少哭了。**作为女人我当然可以柔弱，可作为妈妈，我就必须坚强。**

半年以后，才想起来给远在加拿大的好友写了一封近况邮件。开始还好，写到了"其实我很怕会真的失去他，但是已经很久没有哭了，因为哭也没有用"，一摸脸，不知不觉，全是眼泪。

整整一年的治疗期和康复期，一般性的形容词是愁苦，担心，难过……，我却觉得还好，只要用心调味，日子总能有滋有味。特别难能可贵的是两个小朋友，承欢膝下，不知愁滋味，牙牙稚语，一派天真可爱烂漫无边。**再难喝的药，让孩子们端来，都变成解忧草。**

翻阅当时的博客，甚至都还有心情记录陪床趣事。"最特别的是2012年的春节，那年是在医院度过，初六给老宋讲了一个段子的上半部，他笑得捧肚，喊疼，因为一笑就扯到腹部术后的伤口。我只好生生忍住没继续往下讲。这几天，总问老宋，感觉好点没，可不可以讲下半段啦，都快憋死我了。"在医院里陪床挺无聊的，我沉湎于美食杂志，眼睛都在流口水，老宋温情地说：'出院了，想吃什么我给你当司机。'这真是世界上最应景的情话。

我在朋友们眼中的形象瞬间由"宋师奶"转为"周坚强"。其实哪有那么伟大，就好比我先生创业，别人觉得苦，其实苦中还有甜。那种全心全意地投入去做一件事的激情，正是"千金难换少年心"！而这世上的苦难或者坎坷，其实大部分都是小人物承担了，觉得我厉害的，无非是因为你不需要做到——这是何等的幸运！

俗话说，上帝关上一扇门，就必然会打开一扇窗。确实，不幸中的万幸是，先生病情发现得早，治疗及时。2013年，生活又恢复了原状。于是，热热闹闹的小日子又继续上路了。

在这段插播的意外剧情里，我最大的收获是对自己前所未有的信心和对生活前所未有的感恩。小师妹听了我的故事后说："一个人的能力不仅看他在人生高峰能够企及的高度，还要看他在人生低谷时触底反弹的韧度。”这话说到我心底了。

以前，我对自己有诸多挑剔，羡慕别人这个那个……但经历了这件事以后，我觉得自己这样挺好的。非要这么一番锤炼，才看得到自己身上最珍贵的品质不是好胜心，不是勇于自嘲，不是幽默感，而是天性愉快乐观，仿佛天大的事情都能揭过重新开始。每一个日出都是希望，每一个明天都有幸福有前面等着。我爱这样的自己。

另一个收获是工作。

2013年先生恢复正常上班，我就琢磨着重返职场。当全职主妇前足足10年的职业生涯，我干得还算勤恳勉力，老板喜欢，上司嘉奖。我享受这种认可，但是并不享受工作本身。我一直觉得我不过是在谋生，为了升职加薪孜孜营求，为了期望中的安逸生活努力奋斗。那究竟什么是我喜欢的工作呢？那时的我完全没有答案。

而这一次找工作，我尽可从容。不妨由着自己的兴趣，什么都试一试。

既然我好吃，那就去试试做美食频道编辑。

既然我爱说，那就试试当培训师。

何其幸运，没怎么折腾，这些心愿就一一被我试中了，我一路念兹在兹寻找的职业方向，终于在近不惑之年，被我摸到一点门边。

人的一生，总是有点苦有点甜，上帝打了你一棒就必然塞个胡萝卜，不过就是这样。

所以，我现在一般不轻易跟人讨论人生问题，话题太沉重，不如好好吃一顿。

一壶相惜，浪迹相随

——“那种感觉很安心。就像你累时手一伸，身边就有靠枕，有拐杖。最慌乱的时候，他们就是那根定海神针。”

我曾经百感交集地感叹，离开家乡到广州，我最好命的事有两件：一、正确的时间遇到合适的人；二、交了一群一生的朋友，关键时刻，总有好腿可抱。

不得不承认，这两件事都要靠点运气，而我确实狗屎运不错。

大二那年，经同为岭南人编委的好友介绍，我加入了一个叫“218”的小集体。218是宿舍编号，原始舍友9个，都是计算机相关专业，年轻人一拍即合意气相投，这其中有心怀天下的学生干部，有公认最牛的技术怪咖，也有吉他弹得最好的慢摇情歌小王子，渐渐团结起一批跨系跨年级的好朋友，自称“218”。我因为爱凑热闹自来熟，人畜无害花见花开，跟他们混得滚瓜烂熟，顺理成章成为一员。

这群人一抱团，就抱了近20年，从未疏离。

我们共度了年轻时最美好的时光。一起玩耍一起考级，一起毕业，再一起从小白领熬起，过那么几年，结婚买房，再那么几年，跟风生娃，热热闹闹，一路同行。友谊慢慢沉淀，变成兄弟姐妹一样的亲情。尽管成员散落多国远隔重洋，也依然是天涯咫尺情义相牵。

218之于我的意义，是朋友又胜似朋友，或者形容成娘家人吧。那种感觉很安心，就像累时手一伸，身边就有靠枕，有拐杖。最慌乱的时候，他们就是那根定海神针。

还记得，做毕业论文的时候，要连夜赶稿，218就能给我搞台IBM手提。在那个连台式电脑都还不普及的年代，这是多么奢侈阔气的壮举！刚毕业时在福州短暂待过数月，在这个完全陌生的城市，也是218的朋友书信往来，电话勉励，中秋节还给我寄大大的一盒荣华月饼，贵得我舍不得吃，供在桌面上细细观赏。先生入院，218赶紧帮求医问药，打气加油。再入职场，218又化身参谋部和试训场。更别提平日里姐妹们一起海淘败家，买新衫减旧肥，兄弟们凑上就是开不完的政协会议和技经贸大会。重要的已不是聊什么，而是大伙儿都在，都还抱着一团。

在岭南人的访谈问卷上，每个人要用一个词来形容自己现在的生活状态，我当时挥笔写下了“享受”二字。

师妹见我第一句就问，为什么用这样一个词呢？

于我而言，答案其实没有那么复杂。人到中年，能够三餐温饱，家人安在，三五知己，已是再满足不过！

人生几步

本文作者：任博

岭南（大学）学院国际贸易金融系96级。曾任《岭南人》第10期执行总编。

毕业后南下深圳就职某商业银行总行任团委书记等。后回乡创业至今。

成长感言：人生的道路虽然漫长，但紧要处常常只有几步，特别是当人年轻的时候。

第一次读柳青的《创业史》是在上中学的时候，不知道那个年龄为什么会读这种题材的作品，只是从小就觉得每读完一部大块头就很有成就感。小说中的故事与我的生活相去甚远，但对其中的一段话印象很深：“人生的道路虽然漫长，但紧要处常常只有几步，特别是当人年轻的时候。没有一个人的生活道路是笔直的，没有岔道的。你走错一步，可以影响人生的一个时期，也可以影响一生。”

18年前的那个8月，天气异常闷热。高考的失意让我的心情无比烦躁。不知年少轻狂就是否一定要不留后路，总之我是狠狠地将了自己一军。临近月底，到北方上学的同学已经开始陆续离家，而我还悬在半空没有着落。仅仅两个月的时间，之前让人心乱神迷的选择已经成了过眼云烟。最终我做出了一个决定：只要不去南方。

结果，我到了南方，到了中大。关于这个“结果”，我相信冥冥中自有天意。

大一的第一学期只有一个主题：努力适应。我不参加任何学生活动，甚至不愿意上课。当发觉这样下去将无颜面对父老时，我成了同级中最小字辈的《岭南人》“实习生”。不得不承认，我是不善于写作的。至今为止曾经写成形的东西大多是报告总结讲话之类的官样文章。所以在《岭南人》的日子里一直是很忐忑的，尤其后来要给师弟师妹们指导稿件时，更是紧张得怕漏出狐狸尾巴。好在我这个人还是有些自知之明，也还算得上是能察言观色，虽然内心虚弱但外表看似还算强大。不懂就多听，给大家充分的言论自由，之后把大部分人的意见整合打碎重组，就形成了还算有些价值的观点。多年之后，同事们都觉得我很开明，从善如流，或许和当时是一脉相承吧。

自从成为了岭南人，受到岭南人文化的浸淫熏陶，我身上天秤座人的性格越发得到强化。以至于当我拒绝参加学生工作后，老师给我带话说我身上很有一股知识分子的装清高，听到后我去找了老师，纠正说我不是装清高，我是真清高。前些日子谈及此事，还不禁开怀。大学的时光真是有些不务正业。学着国贸，整天醉心于钻研哲学。专业书籍没有看透多少，到哲学系蹭课的笔记心得倒是积累了几大本。几年后在工作单位，总行领导让我给总行的同事们讲讲哲学，备课时恍惚觉得 自己莫非是毕业证书上的专业写错了？

不务正业的时光很快结束，如4年前一样，我又被天意向南方推了推。而这一次的选择，实际也不是我的本意。第一天上班我才发现，原来“师傅领进门，修行靠个人”在这里是行不通的。因为面临同样的考核淘汰压力，把徒弟教会就意味着职级更高的师傅更有可能被淘汰。上班一个小时后，审核一笔上百万美元的单据并签字。我确信我当时不知道审核了些什么内容，我确信我不知道那份单证到底有没有问题，我更加确信我握笔的手颤抖得无法签下自己的名字，因为我压根就没有看懂。当时的手机没有拍照功能，否则，拍下那个生平第一次用双手写下的歪歪扭扭的名字，发到朋友圈，一定有很高的回复率。不久部门领导找我谈话，说我在部门内身份十分特殊，是唯一的男员工，学历最低，学校最差，经验最浅——年终考核的淘汰率指标就是横在我面前的一座山。

那段日子，每天最害怕的就是综合员将当天的SWIFT电文送到部门领导的办公室。这时若是桌上的电话铃响起，都要伸长脖子看看领导是不是正在听筒的那头等着……那位领导姓冷，真的很冷。半年的时间里，我几近疯狂地恶补专业知识，偿还在不务正业的时光里欠下的债。每天一到下班时间，办公室的中央空调便戛然而止。待同事们走后，我脱掉上衣在档案柜里挥汗如雨。在历史业务档案中寻找总结规律，再用总结出的规律推演到手头的业务。每天晚上12点离开办公室，回家的路上背诵相关的国际法规条文。半年中天天如此，从未休息。到现在为止我都不再吃桂林米粉，因为那廉价便捷的外卖几乎是那段时间的固定晚饭。写到这里，酸菜的味道似乎扑面而来。

生活的事情往往就是这样，当你十分专注于某件事情，周围的时空对于你都是停滞的。当你某一天突然抬起头，啊，原来世界已经不一样了。

工作半年后的年三十下午，人力资源部的领导电话约我去办公室谈谈。一落座他就对我说，人生的道路虽然漫长，但紧要处常常只有几步，特别是当人年轻的时候。我接话说，这是柳青在《创业史》里写的。他顿了顿，说：“原本只是征求你的意见，现在就这么决定了。过完年你不要在业务岗了，来这里报到吧！”嘴比大脑快的后果真的是很严重的。

因为对业务岗位已经十分熟练，工作也开始得心应手，在一个如此讲究专业水准的单位里，实在不愿意转到非业务岗位。经过半个月的抗争，我被强行调离了业务部门，从此又开始在单位里“不务正业”起来。几年内先后负责过全系统的业务比赛、党务、共青团、人事、企业文化，把非业务部门做了个遍，也开始更多地写起官样文章。我的内心经常在挣扎，现实的道路似乎离自己的规划渐行渐远。虽然无数次要求回到业务岗位，但在别人看来我似乎更适合新的岗位。那几年的时光从职业生涯的角度可以说是顺风顺水，以至后来的一些年我总怀疑是不是自己一辈子的好运气都在那几年被集中透支了。就在一切看似都朝着无限光明的方向发展的时候，我走出了紧要的一步。

回到家乡的这些年，虽奔波劳顿，但能在父母身边尽人伦孝道也算是人生最大的幸事。我这个人并不适合经商，我眼中揉不得沙子，看不得别人受苦，更不愿意为了牟利而向权贵低头弯腰，总是在做些有义无利的事情，感觉是在无谓地消耗时光。生活就是这样，很多时候我们说的未必是我们想的，我们拿在手里的未必是我们想要得到的。世事纷杂、遍布诱惑。关键的时候我们应该遵从自己的内心和直觉。内心总有一个声音在告诉我们要遵从良知，不能肆意妄为。要避恶扬善，不能趋炎附势。要坚定执着，不能随波逐流。

黄洪飙师兄说，《岭南人》就是他青春的全部。这句话听了让人动容，也勾起了我对青春的无限回忆。《岭南人》纵然不是我青春的全部，但也是青春记忆中一个十分重要的篇章。人生的道路虽然漫长，但紧要处常常只有几步。这紧要的几步无谓对错，关键在于你选择的态度。就像河流走弯路是一种常态一样，当我们遇到坎坷挫折时，也应该把曲折的人生看做是一种常态，把走弯路看成是另一种前行的方式。

愿简单、执着、热情、友爱的岭南人走好每一步。

心有所愿，行而成立

本文作者：林莉

中文系99级，曾任《岭南人》第14、15期执行主编。

2005年研究生毕业后，在电视媒体翻滚4年，后从事新媒体和数字出版行业至今。

成长感言：有句话说，在年轻的飞奔里，你是迎面而来的风。大概就是说我与岭南人的感情。多年后重回岭南人怀抱，才发现她鲜活如初，从一本校园刊物到沙龙活动，从一个校园团体到百人联谊会，你越接近她，才发现越不够，她给你源源不断的惊喜，皆因一群不甘认老的人，执拗地拖着青春的尾巴，持续翻滚着。我愿意就这样慢慢老去。

一

在我的本科岁月，可谓“不务正业”只一事，就是做《岭南人》。从大二到大四都在做，到了本科毕业，我还是惶然不知所向，对人生职业一点规划都没有。曾经对杂志有美好的想象，却总感觉欠缺一点什么，让我不会像对一本校园刊物那样，义无反顾地去投入报刊这个行业。

就在迷茫之际，我被保送读研究生，于是便去读了。在那两年的读研岁月，我更加“不务正业”，一头扎进了中山大学电视台的筹创团队，经历了创台、定位、栏目设置、节目编导、大型直播等一系列的“大动作”。

印象最深的是两件大事，一是中大电视台全程直播“维纳斯歌唱大赛”。在永芳堂前，整片草坪挤满乌泱泱的人，群情汹涌，台里的人穿着统一的T恤衫，在各个角落蹲守，三个固定机位，一个移动机位，加一台吊臂，舞台一侧还有我们的导播台。那阵仗对于当时的校园电视台，是绝对可以载入史册的。

还有一件事是中大八十周年校庆，我当时既是志愿者，要参加礼仪培训，负责接待校友，还演出了一部话剧《珠江风雷》，同时还在做台里的校庆专题节目，简直要忙疯了。校庆当晚，台里直播在怀士堂前大草坪上举行的万人群舞，同时推出了《风雨九十载——黑石屋》的专题片。这个片子我一个人拍、一个人主持、一个人写稿、一个人做后期、一个人配乐，只是找了一个师姐配音，找了一个师弟在我主持的时候帮我架机器。我做了大概1个月，躲在外国语学院旁边的中大电视台机房，很孤独，但是因为太投入，仿佛不知道自己是一个人。片子播完之后，当时中大电视台的负责老师覃东骏给我打电话：“你藏得太深了，我刚才才认真看完了片子，很有凤凰之风啊，校领导很赞许。”当晚，凤凰卫视的《中山大学八十周年》校庆专题片也在播，吴小莉主持，因为片子做得好，甚至得到了中央领导的认可，从中大校庆开始，凤凰随后接下了复旦、北大等多个高校的专题片。

乔布斯曾经说，你生活中的每一个细节，都有可能造就你将来的道路。我深以为然，如果我不是很投入地做《岭南人》，我不会知道自己原来想要的更多。如果我不是参与了中大电视台的创办，就没有机会亲历母校的各种大历史、小时代，没有机会忘我地去做直播、编片子，我就不可能明确知道自己想要的是什么，未来要怎么走。

在研二的时候，我已经明白，《岭南人》给了我初始的媒体人感受，但光是平面的介质不足以满足我的好奇心和对画面感的强烈追求，我必须去做电视人，而且必须去凤凰卫视。心有所愿，似乎上天也会眷顾你。一些因缘际会，我真的到了凤凰实习，当时连我自己都没想到。去实习之前，整整一个星期，我战战兢兢地看了凤凰近一年来的所有节目。现在想来，当我背上行囊到深圳的时候，包里已经有了仗剑闯江湖的凌云壮志，但其实更多的，是背了一个打满鸡血的氧气筒。

二

2004年底，我作为一个实习生，第一次到凤凰卫视报到。当时深圳凤凰还蜗居在深南大道投资大厦二楼的一个旮旯，包括办公室、机房，都小而凌乱。电脑也不好用，经常抽风。因为大家都太忙了，像证券市场的人一样，经常捧着一堆带子跑来跑去，实习生是铁定会被忽略的，这可能对于很多比较内敛、闷骚型的实习生来说，一开始很难适应，恰恰我就是这样的。现在我对实习生都非常好，尊重他们的想法和表现，给予他们机会，确实是因为我曾经也是一个彷徨的实习生。

我在《小莉看世界》节目组，时政类节目，每周一晚9:50播出，没有备播。这个节目已经做了7年，从一个节目周期来看，就是个生命力顽强的不死节目，收视率在凤凰所有节目中排前十位，但逢台湾题材，能挤到前五。由于是吴小莉主持，她同时也是凤凰资讯台副台长，已经是凤凰的一面旗帜。她与很多官员、企业家的对话，同时也是在为凤凰公关，所以节目还是能得到台里重视，并且广告商一直稳定。这些细节其实很重要，职业生涯的幸与不幸，不是从你进入了哪个企业开始算的，越是大企业，部门越多，分工越细，能否在一个受重视的部门，关乎你能得到的机会有多少，这些得靠自己观察。

《小莉看世界》当时只有4个编导——我到现在跟他们都是熟透了的酒肉朋友，仿佛经历过生死一般，这些都是后话了。当时人手严重不足，片子来不及做或者近期世界实在太和平的时候，就会做包装片。包装片就是采购国外的片子，比如《英国60分钟》，然后进行翻译、加工、再编辑。我到了凤凰大概两周后，逐渐了解了节目组的工作流程和节奏，能搭上手的无非也就是帮忙倒个带子、敲个字幕、做做后勤。我心里琢磨，要不就从包装片开始吧，自己不替自己打算，没有人会在意你的。

现在我不记得第一个做的包装片是什么题材的了，好像是讲述伊战后美军回家的故事。这个片子只是作为后备片，万一自采自编的片子因为热点过了，就顶上。可能因为不太重要吧，制片人便答应让我试试。谁料，后来还真的因为自采片子有嘉宾敏感言论被撤，包装片要“顶上”了！我终于迎来了在凤凰的第一次通宵，就为了写一个包装片的稿子，后来觉得真不可思议，通宵的人生要从此开启了……

由于时间太紧，制片人甚至都没怎么过目，稿子就交到小莉姐的手里。所有的稿子最后都是小莉姐改的，她要主持，要解说，对稿子特别重视。我看着她在稿子上画着红圈圈，飞快地做注释，心就悬在半空。过了好一阵子她才抬起头，笑着对我说："很好呀，写得不错啊！"我当时就想哭。

于是，理所当然，那一期的包装节目从头到尾都是我来负责，当我看着自己的名字在片尾滚动时，我发疯似地在出租屋里乱蹦。

第二天，领导把我拉到一边，说："接下来，我们要做连战访大陆，他第一次来大陆意义重大啊，小莉要做个专访，你写个采访提纲吧。"我现在都不想回想当时尴尬的表情，我真的不知道连战是谁，他是不是第一次来大陆关我什么事，采访提纲要怎么写……领导还乘机埋汰我："你不会连连战是谁都不知道吧！哎，小女孩啊，能力还不行啊，去查查啊。"

没错，我的领导就是这样的，前一任实习生被他说到自信心扫地 流泪出门，我之所以跟节目组编导迅速成为铁杆，也是拜他所赐"同仇敌忾"。我想说，对于这样的领导，不卑不亢是最重要的。你努力把自己的实力展现出来，分清楚意见的好坏，千万不要对刻薄的话太认真，贬损了自己。

我就是凭着一股气，咬着牙，查遍了网络所有关于台湾、国民党、连战、连方瑀、"九二共识"、台海关系的材料，千方百计找来多个翻墙软件，爬到台湾、香港看新闻。又是几个通宵，我终于把一篇严肃却不流俗的采访提纲写了出来——那个打了鸡血的氧气筒是多重要！后来，连战大陆之行破冰之旅，节目也顺理成章由我来负责。做这种时政题材的片子，那么宏大的题材，以前我简直想都不敢想。

再后来，我又做了小莉姐专访马英九的节目，很快从做片子转为对小马哥的盲目个人崇拜。我还记得，有个台湾媒体问马英九："你半夜有了性冲动，怎么解决？"马英九笑说："我会起床看《中庸》。"到现在，旧同事还会拿这个来笑我，说小马哥就是靠非常时刻看《中庸》赢得了我的心。连小莉姐每次从台湾来，也会给我带来小马哥的消息。后来，凡是马英九的节目，基本都是交给我。2008年马英九赢得大选时，还有不少朋友给我发短信道贺，真是让我哭笑不得。

我还记得，马英九的节目审片，台里领导都很重视，因为当时凤凰做这类台湾重要人物访谈和专题节目还算少，各种表述、尺度的把握还需斟酌。那是个早晨，节目组几个编导陪我通宵一夜，台领导、制片人、小莉姐都在审片。审完片，小莉姐把脸转向我说：**“林莉妹妹，不如你加入我们的团队吧，好不好啊？”我当时就真的哭了，小莉姐还得意地拍拍我的脸，一副就是要把我整哭的表情。**随后，按照领导指示改片、生成，传到香港审查、播出，然后回家，这才惊觉，我已经40个小时没有睡过觉了。

三

2013年我曾经去北京看过《最美和声》节目的现场录制，那期节目是小沈阳做嘉宾。他在音乐上并不专业，但胜在够贫够憨，能自嘲，大家都喜欢他。《罗辑思维》的罗振宇曾说：如果只能带一种能力到下辈子，他希望是自嘲。**在我看来，自嘲就是把自己压得很低很低，在人群中举重若轻，然后不再理会旁人侧目，随自己意愿去做事，这样内心会更强大，更无畏，面对压力的时候也能更自如。**

把自己压得很低很低，一直是我在凤凰处事的方式。但作为媒体人不免心浮气躁、愤世嫉俗。凤凰对于年轻的我们来说，都是神一样的存在，所以当她有些什么不如我们所愿时，我们的反应会更大。在我正式到凤凰工作不久，就感觉到这种氛围。

到处都会有一些不合理现象，有一些陋习，凤凰也不例外，我也一度受此困扰，就像不能接受一个爱慕的人背叛自己一样。当时有一档节目叫《美力高尔夫》，商业节目，不怎么有地位，节目组有一个编导，比我要早来凤凰，他在凤凰实习了将近一年，然后试用了将近一年，直到我转正了，他都还没有转正。这种对待也许是因为他一直没有在一个“重头节目组”，也许是因为他毕业于广州白云技术学校编导专业。虽也是名噪一时的技术专科学校，但毕竟学历不高，凤凰一直不想要他。

他在附近租房子，养着一只流浪猫。每天的午餐和晚餐，他基本上都在台里的饭堂吃，他是我当时见过的最爱电视、最爱凤凰的人，总是乐呵呵的，对于大家评论台里的闲言碎语，他总是一笑而过。他很聪明，长于摄影、摄像、后期剪辑、三维，我节目的东西有时候也不找三维组，跑去找他做。他的审美力很强，这种天赋异禀使得经过他手的片子，画面感总是不可挑剔。

他对我说："其实我就是喜欢做电视，我现在每月只有3000多元，租房子就1700元了，还要养lulu（猫）。但是有什么关系呢，我反正一个人，平时也没什么爱好啦，就喜欢电视这一行。"这几句话对我触动很大，可能是我当时听到的极少的正能量爆棚的话了，很多年以后，我还跟他提起，他却一点都不记得了。

他后来转正了，陆续在一些小节目组待过，后来去了新闻中心，再后来去了《凤凰大视野》，开始满世界跑，每次回来就跟我分享，自己剪些途中小片花给我看，每次我都会惊叹，技艺精矣。有一段时间，台里领导的私活，他也被指去做了，还是乐呵呵的。我跟他说，你应该去多写稿子，这样就更全面了。于是，他就写去了，渐渐的，不止写稿了，他还学配音，到后来，几乎什么都难不倒他了。

在我离开凤凰后，他曾经打电话问，腾讯想要他，究竟去不去好。虽然年薪很高，但我感觉他应该要有更宽广的视野，值得有更大的作为。现在，他已经在深圳开了自己的影视公司，成就不小。有一年他回来广州，说没时间见我了，就打个电话。那天他要赶去白云技术学校参加新院系剪彩活动，据说白云技术学校一直把他的名字写在进门口的大黑板上，几年都没擦掉。又有一年，我去深圳，发现他做了老板，还是住在以前的出租屋，他说，回忆很多，不太舍得搬啊。

我愿意花笔墨写我这个朋友，是因为他对我的影响其实挺大的，不管是我在凤凰还是离开凤凰之后，我都经常想起他，**他对自己梦想是如此笃定、执着，坚不可摧，把自己压得很低很低，忍受别人不能忍受的。一个人一直专注在一项事情上，经年累月，饱经锤炼，最后会形成一种赏心悦目的自信，就像他那样。**

四

回看我在凤凰的四年多，有幸做过不少重要的节目，最有价值的是在关乎国家、社会发展进步的大事件中，你参与了，见证了，成为时代的一个小小记录者。我曾做过不少敏感题材，好几个好节目胎死腹中，让我痛心不已；也因为少不更事，用错镜头和音乐，被停薪并全台通报批评；我曾经参与时任美国劳工部部长赵小兰的纪录片制作，被劳工部发函嘉奖，该片也拿到当年的最佳纪录片奖；也曾在青藏铁路上不敌高原反应晕倒，吸着氧气以天地为衣，盘腿写稿；我收获了一群并肩作战的伙伴，虽然现在各分东西，但隔三差五还凑一起"指点江山"……

所有这一切，我都非常感恩。不管是当年做《岭南人》，还是筹创中大电视台，还是在凤凰的经历，我都不是刻意为之，也没有太多的野心和企图心。我只是喜欢，因为喜欢，所以投入，得失反而变得不那么重要了，有了点小成绩，就当是锦上添花。

李亚鹏在《开讲啦》的节目中用了“心有所愿，行而成立”的题目，于我心有戚戚焉。他说：“每个人的心中可能都会有一个愿望，但一定要有行动，才能成为一种力量，才有可能让愿望成为现实。”说起来简单，每个人的成长道路都不会是平顺的。命运是一条奇怪的河流，总有一天，会把老天爷给你的所有恩赐串联起来，构成一个更成熟、更丰富、更完美的自己。

为赋新词

本文作者：唐安琦
岭南（大学）学院国际经济与贸易专业99级，曾任《岭南人》第15期副社长。
毕业后由媒体人、广告人、公关人、营销人，成长为现阶段的投资人，创办“家和投资”，继续体味生活与市场的真实与喧嚣。
成长感言：每个人都有自己要走的路，可以随意，但勿忘初心。

总感觉，在追寻的路途中谈论“成长”，多少会有失偏颇，且未来回头再看此文怕是难洗“为赋新词”之嫌。可为了二十年的《岭南人》，硬着头皮再絮叨一篇，以作借鉴共勉，怎样也是值得的。

十年

2013年秋的我，正计划实施从北京到广州的大撤退，彼时刚从为期两年的“上市公司历险记”中全身而退，又婉拒了即将登陆新三板老东家的诚意邀约，可算过上了闲云野鹤、四处访友、求仙问道的幸福生活。当被升强师兄加为QQ好友，并拉进二十周年纪念活动QQ群时，却不免突然惶恐，一阵惘然。

惶恐的是自己也曾许下心愿，希望十年后还能在校园再见《岭南人》的风采，差点，就忽略错过了；惘然的是时间匆匆，曾经天真烂漫少年，从媒体人到广告人到公关人到营销人到投资人，却还没完全洗净当年校园社团的影子。

学习、爱、幸福、传递，那时留给我的那些，在后来的日子里，不断的与自我、财富、愉悦、捷径纠缠，理想曾被风干，也常跌跌撞撞。

2004年重回南校小礼堂，参加叉鸡主持的“传媒中国”论坛，还在做记者的我向嘉宾沈颢提问：幸福是什么？如今回想，自己提出的命题，走过才知答案。

命题

总会遇上一些命中注定必答题，由选择开始，却不会结束。

2003年5月某日下午的一次体育课后，我意外地在宿舍接到面试电话，并因时间紧急被要求即刻到达，便穿着汗湿的衣服赶到离学校并不太远的新理想华庭大楼，见到了时任广州日报集团下属专业财经周刊《赢周刊》的总编辑周慕民。

周总问我对《赢周刊》是否了解，我便直接回答在报摊上见过封面，未曾阅读。其余的问题多围绕写作、编辑等展开，靠着混迹《岭南人》数年的经历，当是不丢分的。可越聊心里越是打鼓，我确是在之前邮件投了”广日“的实习，但在印象中一直以为自己投的是广州日立电梯，且是行政职位……顶着一头汗聊到最后，周总说：我们采编部缺几个实习生，你有杂志经验，又学的是经济类专业，下周一赶紧来报到吧。

就这样戏剧性地开始了与第一个雇主的缘分，媒体工作却没有想象中的精彩：前三个月的唯一任务便是听记者采访的录音，并录成文字。当时普遍用的是小型磁带录音机，必须戴上耳塞不断的倒带、播放、倒带、播放才能把内容听清楚。遇上带乡音的记者或是采访对象，感觉就像猜谜一样。

几年后回看，那耳朵生疼、手皮出茧的三个月，却为我的职业能力贡献了最宝贵的方向选择：在聆听资深记者与知名企业家对话中，学会的阅读理解与信息重组——于同样的表达中读出不同的真实意图，以及在斑驳繁杂的信息中抽丝剥茧、先假设主线再求证。前者有利于展开沟通，后者则促进了独立思考。

其实，我们在《岭南人》时策划、访谈、约稿、写作、编辑、营销、发行的实践，何尝不是沟通与思考的训练。

这样说也并不过分：当我通过第一份工作真正成长为一个媒体人时，当年选择《岭南人》的必答题，才写下了阶段性的答案。

再造

过早获得答案的少年，容易飘飘然。

在两年的记者生涯之后，我踏上了创业之路。先后参与了酒业公司、高尔夫杂志、广告公司的创办，既有成功融资退出的经历，也吃过和投资人对赌失败惨淡收场的苦果。

用在段子里估计会这么说：如果你成功了，所有过去的挫折都是卧薪尝胆；如果没有成功过，所有的经历都在嘲笑你的自以为是。

冷暖自知。

2009年夏，是又一个创业中继期，《赢周刊》老同事老万把我介绍给了曾经有过一面之缘的ALEX。ALEX是《南方都市报》经济部最早的员工之一，长我九岁，温文尔雅，思维缜密极其专业，创办过社区和酒店媒体，适时正在经营自己的公关公司，如今已以尚思传媒之名成功在新三板上市。我当时只想着要跟公司做的比自己好的前辈多学习，没多考虑便答应加入ALEX的团队，从助理策划总监做起，负责跟进客户媒体需求策划案的撰写。从创业到打工的壁隔在心理上被迅速打破，不想在行动上却立马栽了跟头。

与从事媒体和广告工作时不同，当时的公关服务已经要求深切到企业战略需求的层面，且需高屋建瓴、逻辑严密、PPT炫丽、提案精彩，这让习惯了讲故事和搞创意的我措手不及。当时正赶上对美的微波炉的年度提案，自己三天炮制出来的案子全盘被否，ALEX亲自上阵列提纲，而我成了真正的打下手。

那是一种从没体验过的强烈挫败感，用自取其辱来形容都不为过。一时间对自主创业颠簸却逍遥的日子无比怀念。要继续么？是要发挥优势还是补上短板？我需要回炉再造么？

三个月后，当初的措手不及已经上手，名片title上也去掉了“助理”二字，ALEX在一个明媚的下午邀我到他办公室喝茶，并告知我可以成为公司的合伙人，获赠公司股份并共享公司成长的收益。

你要问我是怎么转变的？我会说是因为《岭南人》的字典里，从来就没有收录过“逃避”这二字。经费没了自己找，大板画好了大家一起扛……

三思

2011年，经得ALEX的慷慨成全，我跟随正在服务的客户贵州百灵前往北京，实现从乙方到甲方的跳跃，负责植物饮料新产品与电子商务新渠道开拓的工作，直接向营销中心总经理汇报。说来依然有缘，贵州百灵全国营销中心的翁总是中大中文系的师兄，而我和他及ALEX，当时一起参与了2003年《赢周刊》的一次大型报道活动，翁总是赞助商，ALEX是乙方，他们相熟；作为记者，我是第三方。因分属不同板块，与他们虽未相识，但已曾碰面也未可知。

两年北京之旅，雾霾正盛，却没能挡阻我年过三十而欲立之后快的心，更蒙翁总赏识照拂，所理项目得以一路横推，数百万合同经手，非议自然不少。直至离职前，我接受了长达三个月的集团审计。

……

给自己放了个假，以云淡风轻、四处闲游的方式，在旅途中重组选择、解答命题。梳理开来，看似折腾，脉络其实很清晰：

在《岭南人》学会倾听、思考、动手。

偶入《赢周刊》做记者编辑，强化阅读理解与信息重组的能力。

通过多次创业释放激情和创造力，失败时学会承压和反省。

在尚思传媒重构逻辑思维并初试战略规划。

到贵州百灵进行全方位实践，体察如何与上司、老板相处……

如此一来，虽未决断，但未来之路日渐清晰——

做自己能检验结果的事儿：如果你的想法，需要经过上司、老总、老板的调整后再实施，你可能永远不知道是自己对了，还是别人对了。

避开明显的行业周期与竞争：我们看到的行业机会，都在行业周期的波动规律之内，全心投入的你，是否也准备好了在行业更迭时重塑自己的勇气？而竞争，在人杰地灵的大中华，总比我们想象的要严重。

带自己的团队：你可以慢慢地去选人，你因此所耗费的时间与投入在现有团队上的重金和心力几近对等。这是一个辛苦活儿，你还必须做。一个好汉三个帮，带不出好兵打不了胜仗。

感悟真理、与优秀的人在一起：无论世事如何变换，感悟真理最从容，可以是市场规律可以是人生哲理。而与优秀的人在一起，是迸发真理吸引力的最佳方式。

坚持

而后，我回到了广州，又创业了，又改行了。这里有我的青春有我的朋友，有你们在，可以不怕“改行穷三年”的魔咒。

决定回来的时候，便收到《岭南人》二十周年聚会的消息，多少新老面孔，多少往事涌上心头。

想来不禁得意，《岭南人》成长的20年，可几乎是每年换一个老板，每几年换一种风格，有分家的时候，有招不到人的时候，有丢失赞助商的时候，有做不出产品的时候，换成企业，早就给折腾的不成样子了，而你们我们，可爱的岭南人们，依然用自己的方式坚持着。

多少年前的坚持，印证着我们如今的成长，而这一定还不是，最终的答案。

无畏前行，我的世界

本文作者：陆玉娟

岭南（大学）学院国际经济与贸易专业00级，曾任《岭南人》第16期社长。

历经多个领域，创业二三。现为休整阶段，筹备某公益基金。

成长感言：亦正亦邪，不喜一成不变，只愿随心所欲不逾矩。永远享受现时的美好，同时期待未知的每种可能。

题记：如果容许我再过一次人生，我愿意重复我的生活。因为，我向来就不后悔过去，不惧怕未来。

——蒙田

我从来就不是一个常后悔的人。

命运的车轮已转过三十载，回首来时轨迹，生命经历跌宕起伏如丰富小说，有成功有失败有胆大妄为有无助迷茫，但是，没有后悔。

我要，我疯，我爱，我沿着心的方向奔走，绝不转弯，哪怕路的尽头是悬崖，飞身一跃，也相信会有翅膀自背后伸出翱翔天际。自此一发不可收拾。

所有的折腾都离不开勇气。

《岭南人》是最初的见证。书友会的定位最终确立及面向全校招募会员，200多人的俱乐部，从无到有，是无畏之一；然后呢，筹钱出杂志，接下社团的担子，不去想完不成的可能，是无畏之二。

当你见证了一件事情从脑海中的构想画面变成现实；当你逐渐积累起克服一次次挫折的经验，你会从某个时刻开始觉悟：一个问题永远有百种解决方案　没有什么是不可能的，换而言之，只要你想，你确定你一定要，你总能够找到到达目的地的方法。

自此一发不可收拾。

大三的时候，还不知道什么是活动策划，做广告公司兼职时，所有人被告知要打报纸上的陌生电话来寻找意向客源，没有人相信会成功，只有自己锲而不舍拿着报纸打了一周的电话。市中心正佳广场后面的那个大型购物中心，它第一次开业时的那个持续三天的庆典活动，就是那样被挖了出来，然后谈了下来。其实当时什么都不懂，只是少年无畏地问老板拿了一个懂行人的电话，不懂的就现场打电话询问兼报价，然后镇定自若地继续谈。也正是这个活动，让自己初尝涉足商场的甜头　并坚定了走经商这条路的决心。

大四毕业，进入环球市场——当年就业市场上月薪排行前三的公司。凭着同样的勇气与不达目的不罢休的决心，一年之内，拿下包括最佳新人奖、最佳创新奖在内的三个奖项，然后告别。因为发现往前走的路与自己的发展方向不合，需要再次出发寻找。

路在何方？自己做了测试。测试显示：最具潜力的发展天赋，一是销售；二是策划文案。（注：当时有两本流传至今的经典书籍给了自己重要借鉴：一是《现在，发现你的优势》；二是《你的降落伞是什么颜色》　）

天赋测出，如何发掘？关于销售，去了某大型健身俱乐部，婉拒做总秘的邀请，做了会籍顾问，接受一整套的培训，从路边发传单要电话号码开始，一步步克服所有的心理障碍。三个月后以火箭般的速度进入业绩前三名。实践经验表明：销售是与两大因素密切相关的，一是努力，二是悟性。突破心理障碍，不在乎别人眼光，全情投入付出，是基础；把握产品本质，研究顾客心理，掌握成交的最佳时机，靠悟性，是关键。

学到，随后转身，进入下一关想要发掘的天赋；

关于策划文案，进入某大型公关公司，成为某知名品牌公关小组成员，四改乃至N改新闻稿，终于看到作品登出，熟悉公关规则。然后呢，接到创业邀请，再次出发。

磨刀不负砍柴功。幸好，刀磨得不迟。

自此踏上创业之路。

真的是一路摸索着前进，没有人带领，只凭勇气前冲。销售、招人、培训、财务、制订制度等等，当时最有名的管理论坛——栖息谷就是百宝箱，有什么不懂的，搜，然后现学现卖。很多当年的细节现在已经模糊不清，而始终记忆深刻的是，当年的自己，跌倒过，挫败过，无奈过，却从来没有气馁过。始终相信未来一定会更好，相信付出努力一定会有收获。所幸，天从人愿。

创业几经波折，在几个城市间穿行，从广州到柳州，从柳州到遵义，最后又从遵义回到广州。

得到奖赏的地方是在柳州。真正的白手起家啊，在完全陌生，一个人也不认识的城市，依靠5万元的起始掘出第一桶金。从大时代背景看，我们赶上了建材经销商的最后一波黄金期，在客观估计我们所接手的这个品牌在柳州还有足够的发展空间之时出手。然后，调整全线产品的价格体系，留出可供渠道操作的空间，展开多种渠道合作方式，并且重新整合及制作所有的销售话术，设计销售流程。三年的时间，业绩直线上升，销售额如筋斗云般跳跃上涨。

经历众多，成长种种，而其中最大的感悟是：要了解行业，重视客户，还有，不要给自己的销售团队任何的限制，一定要持续地灌输一个观念——销售就是产生奇迹的地方，你能收获一波接一波的惊喜。

收获教训的地方是在遵义。同样完全陌生的城市，最终因为气候及地理等多方因素离开。得到的最大经验是：做任何投资创业决策不要冲动，感性一定需要两倍的理性支持。还有，年少轻狂的时候觉得只要能赚钱，在什么地方都无所谓；其实，绝对是有所谓的啊，总有一些地方，让你无法想象在那生儿育女，落地生根。所以我亲爱的伙伴们，如果想要去到与自己出生地气候及文化习俗完全不一样的城市创业奋斗，请千万千万，慎之又慎。

还好，还年轻，敢舍也能舍，果断转手。于是广州，我终于回来了。

兜转这些年，广州的朋友问，玉娟，为什么感觉你没变？笑容语气都如当年。

亲爱的，那是因为：我的勇气，始终没变。

这些年的磨炼，让自己不惧怕任何的未来，同时相信未来有着无限的可能性，唯一的问题是：重新再出发时选择怎样的路。也还好这些年的财运还不错，足够支撑自己随心所欲地思考个二三十年，那么，好好停下来休息两三年罢，进一下非牟利性组织，把生活节奏放慢，希望自己的灵魂能够跟得上前冲的脚步。

自此进入间隔年，休整的年份——社会上流行的说法。

停下来还有另一个原因：在经过了前些年的所谓“术”的具体经营管理技巧的实践之后，突然想要探索关于“道”的人生哲学观。

我想要弄明白这个世界是什么，有何规则。我们被教导要遵行的规则是如何起源，被何人制订，依据什么而制订。所谓的命运是什么，命运与自由意志的博弈又该如何看待。等等等等。

关心现实生活，亦关心宇宙星辰。

于是继续折腾，然后发现自己身上除了勇气之外的第二个显著特点：对世界永远保持旺盛的好奇心。生活因此而如同充满乐趣的游乐园。

开始涉足哲学及神秘学领域的探究与学习。儒家、道家、佛家、阳明心学；心理学、炼金术；八字、易经、占星、塔罗……一年内一不小心混成了占星圈里的小达人，顺便定期为某知名网站星座频道供个稿，指点流年运势外加星盘深度解读。

众多学说看到最后，对这世界又有了一层了解，万法归一啊，即便是东西方哲学神秘学，其想阐述的本质及规律是一致的。宇宙真的是一个精密无比，却又留下变数空间的运转仪器，大道本无情。明白了内心也就平静了，所谓活在当下。

总之，且把人生当作一场必须打通关的游戏罢，我的伙伴们，请永远保持打不死的闯关心态，多锻炼实战技能，然后，出现老天给你丢分和丢礼物的机会时睁大眼睛，务必好好把握。

你看，这世界真的好玩。

想起那些年见缝插针的一个人旅游时光，从来都如乐曲般的抑扬起伏，不管是夜晚四个半小时登顶泰山，还是在千户苗寨用一个晚上的时间从百桌宴的这一头喝到苗王在的那一头，肆意欢乐的事件总是随手可拾。

想起前些天一时兴起问达明："你说，为啥咱们自大一认识，大二开始拍拖，到现在已经认识14年、恋爱13年、结婚5年还如此和睦？"他说："因为我们都能做到一点：简单地相信。"会心一笑，这个回答真妙，把事情看简单，然后全心去信，不去纠结，反而长久。

所以，爱情也好，友情也罢，珍惜那些我们看上的人们吧，就这般简单地相信，只希望相伴到老，白首不相离。

成长还在继续，终会再度出发。不管未来如何，永远保持初心，无畏前行，我不转弯。

且待十年后再回眸罢，观另一段精彩闪亮浮现。

永远爱你，我的世界。

我是个爱惜羽毛的人

执笔/易哲 林璐韵

自述：王击凡

传播与设计学院新闻系（本科）03级、传播与设计学院公共传媒管理系（硕士）07级，曾任《岭南人》第17—20期总编。

现任《南方都市报》娱乐新闻部记者。

成长感言：在《岭南人》里确认了自己的媒体志向，而那份挥洒自如、不断开创的精神与勇气，竟也一路相伴到了现在。成长有时是敢于去改变现状，有时则是敢于守住值得不变的理念，要记得哦。

到哪里都是“御用闲人”，到哪里都在学习“如何用人”

先把时钟拧回到2003年的夏天，当年还懵懂不识世事的我，充满期待地踏入大学的校门，幻想中缤纷的大学生活就要从美丽的中山大学珠海校区开始。那一年，中大传播与设计学院（简称：传设院）刚成立，学校希望尝试全新的教学模式，全广东生源、小班教学、高价学费，以及专业名字后面特别标注的“A”字母，都是传设院03级被打上的特别标签。

入学后，我们这群广东孩子很快就发现，自己陷入了“三无”状态：没有师兄师姐，没有资深教师，学院资源匮乏。想得到充足的训练，得到良好的职业发展，必须想方设法地发出自己的声音。我也不例外，10月社团招新的“百团大战”上，为确保万无一失，我采取了遍地开花的战术，把自己感兴趣的社团都面试了一回：岭南人杂志社、《中大青年》报社、广播台……后来，我还和传设院的同学们一起创办了院刊《频道》，并在全校公开发行，一时洛阳纸贵。

回想当年，本科的同学们都似是“野生的人”：因为同学们基本都是广东籍，大学四年几乎没怎么说过普通话，感觉好像还在念高中一样。因为没有学院的大树遮荫，大家都非常有危机意识，但也天不怕地不怕。《频道》后来只做了一年便停刊，因为创始团队出现了不可调和的分歧，只好各自另觅一片天地。

大二时，我身兼《岭南人》主编、校级报纸《中大青年》珠海校区分社副社长两职，在两个社团都身居要职，再加上一直担任新闻班的班长，不免分身乏术，自然也招来了一些非议。《中大青年》的报纸架构有点像《南方都市报》，A叠是校园内外的“时事新闻”，B叠是研究生副刊，C叠是英文副刊，D叠则是文艺副刊。比起那些宏大叙事的报道，我更喜欢做一些相对“软性”的新闻，比如宿舍的热水问题、饭堂的饭菜问题……所以即使后来有幸在以“办中国最好的报纸”为目标的《南方都市报》工作，我也没有选择投身A叠的时政新闻，反而在B叠的娱乐新闻干得热火朝天。娱乐新闻的限制较少，我个人的发挥空间也大很多，正所谓“三岁定八十”，大学时期在校园传媒的抉择，正好反映了我日后在职场上的心理成长。

我与《中大青年》同届的编辑部部长王天韬是好朋友，他很认同我的媒体理念，在我自顾不暇之时，天韬为我分担了很多繁重的工作，一同撑起了《中大青年》珠海校区分社的半边天。回迁南校区后，我竞选《中大青年》主编时，指导老师对我的

“不务正业”颇有点微词，我只好打打太极躲过去，天韬和其他社内兄弟也力挺我，最后我还是顺利当上了《中大青年》主编。所以我一直认为，如果没有这些社团同仁的帮助，我不可能在短短的四年间，把《岭南人》《中大青年》《频道》乃至后来的《Rice》等一个又一个的校园媒体办得风生水起。

有一位目光锐利的朋友曾经这样评价我：“一直觉得你是个既机灵又懂得取巧的人，举个例子来说，就是‘大跃进’期间，会很用力地给一块田的四个角施肥，别人检查时以为这田很肥沃，但其实里面没什么东西。”这位朋友的评价看上去有点毒辣，但仔细想来竟如此恰如其分。

我大概就是这样的人吧，去到哪里都是“御用闲人”，去到哪里都在学习“如何用人”，总是凭着小聪明闯天下，用粤语来说就是“打天才波”。总有人很喜欢我，也总有人极不喜欢我，喜欢我与不喜欢我的人往往是两个极端，爱与恨都如此剧烈。也许，每个集体都需要有这样一个“王击凡”吧，我的角色，在关键时刻总能派上用场。

人生每个阶段都可以遇上能干的伙伴，这是我一直很感恩的一点。在《岭南人》时，我与社长冯莹莹是一对最佳搭档，莹莹主外，我主内。莹莹是一个特别厉害的社长，她能把所有社团会遇到的实际问题都妥善解决。我们互相欣赏，也沟通得很好。回顾了《岭南人》20多年的历史，才发现我们这样“强强联合”的搭配，也许很多年都不会出现一对。

我跟莹莹，彼此都算是既能干又强势的人，外间看来甚至会觉得，这个社团好像只由莹莹和我两个人撑起来。有点尴尬的是，我的两位编辑部副部长后来均很少列席会议，其中一位副部长在派杂志时还向小朋友们感叹：“叉鸡真是厉害的人啊。”如何当好一名主编，让所有下属的积极性得以全方位调动，这也是我在《岭南人》学习到的宝贵经验。

有优秀的拍档，意味着大家可以专心地完成各自的分内事，省心省力。值得庆幸的是，招小朋友（注：社团内部对大一新干事的昵称）的时候，我也总是能招揽到气场相近、符合社团气质的勤奋娃儿。我要做的是，花多一点时间分配好任务，按照各位小朋友的特长安排工作，让他们分担《岭南人》的采编内容；然后再找优秀的专栏作者约稿，不少好文章都是这样约回来的……最后，坐享其成即可！难怪有前辈赞扬过我：“击凡，你还真是善于用人的小能手！”

“善于用人”说来倒是容易，但其实这意味着“用心读人”“耐心教人”，因为这世上没有天生就能驰骋千里的马儿，当个好伯乐，也许正是我的天赋之一。从《岭南人》《中大青年》《Rice》到工作后的《城市画报》《南方都市报》，我始终负责训练小朋友的工作，实习生们都“老师”前“老师”后地叫我，我也乐于当个快乐的“孩子王”，花很多时间与一众后辈打交道。

这么多年过去，我总算是顺利练成了“带领一批实习生在一周内完成好几个大专题”的专业技能。这也让我在《南方都市报》当娱记的第一年，就帮助我在部门内获得“发稿量第一”的荣誉。教学相长，在淳淳善诱地教导小朋友的过程中，我的写作水平也不知不觉地成长了许多。

2013年底担任《岭南人》二十周年社庆主持，重回岭南人大家庭，看到师兄师姐们为这个社团付出的努力，有点惭愧，也有点心虚。和一众前辈的认真与用心比起来，我总觉得，大二那年自己为《岭南人》付出的精力实在太少。

18岁的心愿已达成，感激遇上这好时代

2002—2004年大概是《岭南人》最低潮的时候，从上一任扈立奇师兄手里接过主编的担子后，我努力地把《岭南人》带进了她的又一个“黄金时代”。2004—2005年，我在任内出了四期杂志，背后的最大动因竟是我的“私心”。站在主编的立场，我对这个社团的辉煌过往怀抱着莫大的兴趣，只有达到“20期”这样的整数，我们才有理由借助纪念特刊的出版缅怀过去。为了把中间的期数凑够，我还自己想办法解决了第18、19期的经费。

受到港台地区及外国杂志的影响，我也为自己主编的四期《岭南人》用上了当时很“潮”的英文：“Autumn Issue”（第17期《因文字而可能》）、“Winter Issue”（第18期《一个人在途上》）、“Spring Issue”（第19期《我的快乐时代》）、“Winter Issue”（第20期《二十万岁万岁万万岁》）。我觉得能把一本校园杂志做成季刊，的确很有挑战性，而且一年下来，完整的一套四本特别美！就是这样，大家口中“最传奇的第20期纪念特刊”终于诞生了，里面有过去十二年的岭南人家谱，有98—02级师兄师姐的深情撰文，还有我对20岁的期许。这大概是我送给自己的20岁生日礼物吧！

大三回迁南校区后，除了担任《中大青年》主编，我也开始与同侪们着手创办年轻人独立创作杂志《Rice》。借助大一、大二积累下来的经验与朋友，我们借鉴了不少台湾杂志的内容、栏目及排版，从临摹开始慢慢摸索，最后找到属于自己的路。第一期的《Rice》诞生于2005年9月，这是我至今依然引以为豪的作品，创刊号就非常成熟，丝毫不显稚嫩，即使现在回看也不会觉得过时。我很庆幸《Rice》能诞生在这个日渐开放的年代，当时我们开始有机会到香港的阿麦书房、澳门的边度有书、台湾的诚品书店购买世界各地的优秀杂志，亦因此打开了眼界。

我为《岭南人》策划的"传媒中国"系列活动，曾邀得广东电视台名嘴任永全、《21世纪经济报道》创办人沈颢前来中大举办讲座，而在《岭南人》年代担任名家论坛主持的经历，亦为我打开了一扇崭新的大门。后来，我陆续为联合书店、必得书店、学而优书店、"南国书香节"的作家讲座担任主持，因此也亲身接触到许多从前只能在书里读到的偶像：黎坚惠、侯文咏、汤祯兆、周耀辉、卓韵芝……能镇定自若地与他们在台上对答如流，这是我的幸运。

现在想来，觉得在《岭南人》经历过的一切，大概都是天时地利人和，多么感激能遇上这个好时代。我想用香港歌手蓝奕邦为王菀之所写的《好时辰》之歌词来勉励自己："遇上你太感恩，不迟亦不早……假如人一直糊涂，天不会让我得到！"30岁生日派对那天，切蛋糕许愿时，当年那个一辈子当"御用闲人"的幼稚梦想，开始有了些许动摇。担心自己的好运气终有一天会花光，于是默默下定决心，从30岁这一年起，要重新回到自己的跑道上，但愿做每一件事时都能认认真真，勿忘初心。

我是个爱惜羽毛的人，要提醒自己不要失去Passion

2009年研究生毕业后，我在《城市画报》当了两年多的文化记者，凭着"新城市特辑"的"汕头特刊"及何韵诗、余文乐、卢广仲等艺人的封面专访，累积了一大批微博粉丝。后来我转换工作跑道，到《南方都市报》娱乐版工作时，也有城画粉丝在微博私信留言，表示不解："为什么放着好好的文化记者不干，跑去当'狗仔队'呢？"其实，娱乐记者并不是"狗仔队"，这个是我一直坚持强调的。

我自小在港台文化的浸淫下长大，热爱港台流行音乐，喜欢看TVB剧集跟台湾偶像剧，也沉迷港产片与台湾的小清新电影——于是，我把自己定义为"饮港台奶水长大的文艺青年”。《城市画报》《南方都市报》都是我中学时代的精神食粮，当时在城画的工作遭遇瓶颈，偶尔看到《南方都市报》的招聘广告，家人也希望我能在南方报业传媒集团内保留事业单位的编制，于是我也顺理成章地成为了《南方都市报》娱乐部的一员。

不过，入行的这五年多来，我并没有赶上平面媒体最辉煌的时候。行业的门槛与底线越来越低，经常在发布会上遇到乱问问题的同行，带着几个基本问题便走遍天下：“你今晚打算唱什么歌呀？”“你喜欢这个城市吗？”许多行家并无任何诚意、专业素养可言，只把自己当成流水线上的工人。也许在同一个岗位上做久了，真的很容易失去激情，所以需要经常提醒自己，绝不能变成那样的人。

我的微博、微信公众号有时会接到一些商业合作的邀请，比如参加微博达人试吃团、旅行团等，我都会坚持自己写作的个人风格，从来不会直接把通稿贴出来。虽然收的钱跟别人一样多，但我情愿花更多时间去把内容做得有趣。也许这样做人会比较辛苦，因为事无巨细都需要花很多精力，但我是个爱惜羽毛的人，难免会对自己吹毛求疵，太过挑剔。我想提醒自己的是，不要失去Passion（热情）。

和世界达成和解，也依然要有自己的格调

从中学开始，我就开始创办班刊、参与校刊编辑，大学则醉心社团工作，参加工作后更穿梭于各种社会活动间，忙得不亦乐乎。可是我却总是无法让家人明白，我平时到底在忙活些什么？妈妈是一位电梯附件工程师，她总觉得，做人要学一门实实在在的技术，才能在社会上顶天立地，她并不认同我的传媒理想。得不到家人的支持，是我最苦恼的事。

大二时，传设院有一个到香港浸会大学交换的名额，系主任杨小彦一直鼓励我报名，父亲还特意陪我到浸大踩点，最后我却为了接手《中大青年》的主编一职，放弃了交换生的面试；到了大四那年，我决定保研，许多人觉得我浪费了两年时间，我却在这“清闲”的两年里多读了点书。通过这两次人生的重大抉择，我看清了前路，也读懂了自己的心。

近几年“速食文化”兴起，每个人对“好”的标准也变得千差万别。要坚持按照自己的标准做事，难免会听到很多反对的声音，那种不适的感觉也越发强烈。摸索如

何“和世界达成和解”，变成我生活中很重要的一个课题。

参加社团聚会时，我也会在心里对比《岭南人》《中大青年》两群小伙伴的人生路向。《中大青年》的社友多数是公务员，也有各界的成功人士；而《岭南人》却因为其无比包容的氛围，让每位岭南人都活出了不同的人生面向。我在这些岭南人的生命轨迹里，看到了他们坚韧的、精彩的、不顾一切的成长。一切早有安排，在人生的无数个分叉口上，我们都坚持让灵魂自行做出选择。最终，命运会将你我带到最合适的地方。

始终追随内心声音的这些年，为了家人的一句“报社有事业单位编制，是铁饭碗”，我在南方报业传媒集团内部打个转（从《城市画报》跳槽到《南方都市报》），却始终没有离开广州大道中，289号大院寄托了我整个青春岁月的传媒梦。踏入工作生涯的第六年，碰上事业单位转制，传统纸媒日落西山，又恰逢而立之年，“如何重新开始”再一次成为了我的成长命题。很高兴，我一直在成长着。

告自与告别

本文作者：王城坚

岭南（大学）学院金融学专业04级，曾任《岭南人》第21—23期珠海校区分社社长，第24期总社长。

现供职厦门国贸集团股份有限公司，负责华南区板块业务。

成长感言：年轻那会儿总是觉得应该多闯闯。后来发现至少犯了两个错误，闯总是要付出代价的，比如闯红灯。再者，出去闯不关年轻年老的事儿，比如闯红灯。

一

2014年5月6日，作为世界最大的离岸金融中心，瑞士承诺将自动向其他国家交出外国人账户的详细资料。这意味着，瑞士银行不再为储户“保密资料”。听到这个消息之后，我和很多中国的年轻人一样，很忐忑，因为这样别人就知道我在国内和国外都没有存款了。

关于对钱的记忆，应该追溯到三四岁的时候，记得那天中午，肚子饿了，然后看到茶几上有1.3元，就拿着钱，沿着池塘走向卤味铺，想买一个鸭胗吃。不知道是起风了，抑或是没把钱拿好，钱就突然掉到池塘里。池塘边是水泥堤，我趴在水泥堤上，伸手想去把钱捞上来，无奈手太短够不着。眼看水快把钱完全浸湿，它开始缓缓地往下沉。一想到没有钱就不能吃鸭胗，我甚至准备下决心跳到池塘里把钱捞起来。这个时候，突然听到了爷爷的声音，“阿弟你在干什么？”我突然“哇”的一声哭了，说我的钱掉池塘里了。爷爷走过来，很快帮我把钱捞起来，然后问我拿钱出来的原因。我说我要吃鸭胗。爷爷笑着拉着我的手走向卤味铺，帮我买了3块钱的鸭胗，回家的路上，还笑话我说1.3元就想买鸭胗。我问为什么一个鸭胗就是1.5元，价格是谁定的？爷爷说，当然是店铺的老板定的啊。我说那他为什么不卖10元？爷爷说，太贵了就没人买了。我说那如果他卖1毛钱的话，那不是就很多人买？爷爷说，那老板就得亏死了。“哦。”我咬着鸭胗若有所思。

这是我和爷爷之间的小秘密，也许这个世界上只有我一个人记得这个事情，而且印象深刻，仿佛昨天我还是那个穿海魂衫的小屁孩。

稍微懂事之后，我一直嫌家里的住房面积太小，我经常有意无意都和父亲说现在全中国的人均住房面积为多少多少。虽然数据是我在地理书上看到的，而且我很不地道地乘以2（因为我们家有3个小孩，比独身子女家庭多了2个人），但是每次父亲都不为所动。于是我一直在幻想着，某个人看中了我们家的房子，然后出双倍的价格买了我们的房子，然后我们就可以去别的地方买双倍面积的房子。可是终究没人看中我们的房子，而且在亚洲金融风暴之后，楼市跌到谷底。父亲的装修工程款收不回来，承建商狡诈地说，以870元/平方米的单价，用房子来抵装修款。我当时坚决支持，我和父亲说房子肯定会涨价的。说这句话的时候，我是这么想的，潮汕地区的小孩子都很多，而小孩子都会长大，长大了终归要买房子，到时候我们就可以把房子卖给他们。当然，我想的更多的是，拿承建商一整层的房子，将墙打通，这样在夏天的时候，我就可以穿着裤衩，光着膀子，从房子的这一头滚到房子的那一头。父亲答应了承建商的条件，但是介绍了很多人来买“我们”的房子。父亲的理论很简单，现金为王。后来，父亲某次和我喝酒的时候，说，当时应该听我的。

二

开始写上述文字之前，我刚拟定了团队下半年的客户拜访计划。办公室里只有我一个人在加班，咖啡机偶尔像诈尸一样发出一点响声，却让偌大的办公室显得更加寂静。

7年前的秋冬季，我即将毕业。那个时候，没车，没房，没钱，标准的“三无”人员。庆幸的是，还没死。我坚信，只要还活着，通过努力，车子会有的，房子会有的，票子会有的，该有的都会有的。于是，成为“四有”新人就是我即将毕业那会儿的小目标。因为我爸不是李刚，所以我得通过自己网申、笔试、面试去获得一份工作。

依稀记得那是参加完同学生日聚会回到大学宿舍，凌晨两三点钟，看到学院的学生网上有招聘启事，几个关键词吸引住我，“500强”“钢铁龙头企业”“金融专业”，于是我很“装”地专门用了GMAIL邮箱把简历发过去。正当我洗漱完毕准备就寝的时候，邮箱突然冒出一个新邮件，通知我面试的时间、地点，还很贴心地飞机延误，刚到酒店就收到我邮件，然后顺道回复了我。而巧的是，事隔两年之后，公司让我在母校做招聘的辅助工作的时候，某天凌晨2点多，我收到了一个简历邮件，而那个投简历的师弟，现在也成了部门的主管之一。这种火急火燎的办事作风，似乎也是身处在完全竞争行业中所必备的。

三

2008年7月，我正式开始了由学生向社会人的转变，而让我始料不及的是，社会的经济形势也在开始转变。一场所谓的次贷危机引发的金融海啸开始波及全球。可惜我不会游泳，因而在退潮的时候，虽然没有狼狈到被人发现呈裸泳状，但我着实被呛了好几口水。时任总裁提出“走出去”战略，鼓励我这种不安分青年开拓新的市场，阴差阳错之下，把应该“遣送”广州的我外派天津。

关于北方，在我的概念中就是大碗喝酒、大口吃肉的地方。关于天津，我仅有的理解是影片《霍元甲》里乞丐的那句话——“你嘛时候是津门第一啊？”

风往北吹，骨子里终归还是有那么一丝豪迈，以至于在飞机上看到劲霸男装的那一句“混不好我就不回来了”的时候，幻想着我荣归故里的时候应该是何等的威风。然而，当我踏入天津南仓钢材市场的时候，仿佛南柯一梦般的失落袭来：那种房子架构应是电视中20世纪七八十年代的建筑，门卫不是保安而是拿着咸菜玻璃罐盛开水的老大爷，而且还披着绿油油的军大衣！豪车倒是很多，只不过车主不是想象中的西装笔挺，而是头发蓬松衣着随意，说话前还习惯性的加上“尼玛”二字，霸气侧漏。

如果不是虚荣心作祟，如果不是那一句“你嘛时候是津门第一啊”，如果不是信奉“混不好我就不回来了”，我想我不会放下行李，然后跟着入职引导人屁颠屁颠地去拜访客户。那一年的圣诞节，我们打车去郊区的一个工厂，合作洽谈过程中，刚好负责人有急事，我们悻悻地离开工厂。那天下着小雪，离开工厂的一个小时内，我们一路走都看不着出租车。我当时心里想，翡翠台果然是个大骗子，主角一般在路上手一抬马上就有出租车停到面前。我明明是我生活中的主角，为何就没有主角光环呢？入职引导人拍拍身上的雪，说，因为你虽然在自己的生活里是主角，可是在别人的生活里就是一个跑龙套的，而且是死跑龙套的。

作为一个死跑龙套的，我也慢慢在剧本里找到自己的位置，包括模仿同行分析问题的思路，做事情的方式，还有脏话。当时的盈利模式相对简单，找合适的钢厂资源，依靠批量优惠采购，然后再分销出去，赚取价差。那么，不可避免的，业内人士总会对后市做出种种预测。而那么多的预测总结成一个亘古不变的道理——市场是不可预测的。而在国企既要保规模又要保利润的畸形发展状况之下，许多业内国企纷纷转型，摇身一变成了“影子银行”，专门替客户订货、提供资金支持。在这个大环境之下，我选择回南方市场。

四

损友们在广州白云机场接我，第一句就拿我开涮，”两年就回来了，成津门第一了？“我说，“就是因为明白了永远都成不了津门第一，混不好我就回来了”。而现实情况确实也是那样，天津离钢厂的运距短，没有南方市场的天然运距做保护，个人思路又比较局限。我想把有限的时间投入到无限的事业中去，因而回归可能也是另一种选择。

现实的骨感往往用来衬托理想的丰满。

回归后的一个星期，我接到通知，只身前往武汉，进行华中市场的开拓。内陆市场比沿海市场稳健，而翻译成人话就是——保守。下了飞机之后，货代就把我送到武汉的钢铁市场，受过天津市场的洗礼，越发觉得武汉钢铁市场的规划是那么的合理。当天下午就开始拜访客户，也就在当天下午，我发现了一个问题，理念不匹配。武汉的客户们没听说过宁钢的货物，就更不了解月底结算的意义，也就别提“托盘”到底是什么玩意儿了。另外，在天津钢铁市场的铺位需要招商的情况下，武汉钢铁市场的铺位转让居然要收转让费！

那天回到酒店，我给领导打了近一个小时电话。我记得领导很老套地和我讲去非洲大陆给光脚的原住民卖鞋子的故事，后来估计领导不尽兴，又继续讲了给和尚卖梳子的故事。正当我以为领导要让我重温小时候的睡前故事的时候，领导还是不忘好好安慰和鼓励我。他说，杀鸡焉用牛刀，公司派你去开拓市场，是对你能力的认可，可不能让公司失望，这样子，一周之内租好宿舍、办公铺面，一个月内开展托盘业务。

我深知杀鸡不能用牛刀，但我更知道杀牛不能用指甲刀。天津两年的历练已经让我明白了一个道理，输赢并不重要，赢才重要。

有人说，人在压力之下总会蹦出各种潜能。比如鲁花就可以压榨出花生油，比如国足可以踢出乌龙球。而我，毫不犹豫地拿起电话询问家里人是否有武汉的朋友。在朋友的帮助下，我租了一个宿舍，也在钢铁市场拿了一个铺面。友谊是无限的，而朋友的帮助是有限的。业务上的事情，隔行如隔山，最终还是自己扛。

限期的最后一天是周五。下班时间到了，我忐忑不安地和领导汇报，一吨托盘业务也没谈成。领导终归还是给了我一个台阶下，说那只是玩笑话，尽力了就好。我默默地收拾好东西，约了一个货代朋友去喝酒。货代朋友在那一个月内陪我基本转遍了整个钢铁市场，以至于我对客户的“台词”他都能倒背如流。他一边给我倒酒，一边开玩笑说，做业务这个东西，跑到位了，剩下都是运气的事情，说不定下周一行情暴涨，客户一下子就有了订货热情，到时候去你办事处门口堵着你要跟你签合同。我那顿晚饭基本没怎么说话，只是默默地喝酒，喝了很多酒，去洗手间的时候吐得山崩地裂。我在洗手池洗脸的时候，对着镜子突然觉得自己很陌生，从来没有那么陌生过。

我一直以为我是一个干大事儿的人，没想到我连小事儿都干不好。

而像我那位货代朋友说的那样，也像许多励志片一样，两天过后的那个周一，市场行情反转，之前联系的几家客户都联系我要下订单。领导也在远方发来“贺电”。而我却怎么都开心不起来。福建民谣经常唱，“三分天注定，七分靠打拼”。而作为一个纯正的广东人，我实在忍不住要加一句：剩下九十分靠运气。

五

与领导约定的一年华中市场开拓期满之后，我终于如愿以偿返回广州。我和领导说，兜兜转转，三年就这么过去，好像昨天还是新人，今天就突然变成老油条了。领导问有什么差别吗？我说，由来只有新人笑，有谁听到旧人哭？领导说，是要问一个明白，还是要装作糊涂，知多知少难知足。我说，领导，您接错词儿了。

华南钢铁市场，用一个字形容足矣——大。大有大的好处，可是也让人不知从何下手合适。品种多，小市场多，模式多。在开始接触华南业务的时候，最常做的是要向风险管理部门解释做这个客户、这单业务的意义在哪里。以至于有一次，找风险管理部门的经理签字的时候，他和我说，你等会儿，我暂时没法签。我拿过合同，一字一句解释风险如何地可控，然后用计算器噼里啪啦的算出他规定的利润率。正当我准备质问他为何不跟我签字的时候。他默默地来一句，我签字笔坏了，你等我去前台领一支，我让你等会，没说不给你签。然后留下我默默地滴了一地汗。

可能是命运的眷顾，华南钢铁市场2014年爆发的“信贷危机”，我们没有受到波及。在2013年的这个时候，我们艰难地转型，一吨一吨地做自营，也让团队的战斗力得到空前的提高。**而我们现在，依然需要再做调整，需要再做转变，依然，还需要对过去做告别。**

我们需要，再出发。

六

我很喜欢一句话：所有的经历，都是必然。

正如，你解释不了乔布斯为何曾经迷恋书法与字体，最终让苹果用上了他曾经在书法课上的设计；正如，我也解释不了大学时为何会和岭南人杂志社结缘，最终在毕业6年后，与《岭南人》的创始人们、前辈们、同仁们为校庆九十周年献礼而重新拾起那支残旧的笔。

你是什么样的人，你终归也会遇到什么样的人。

或许是选择，主动或被动，不顾一路孤独的煎熬。

或许是偏执，正如当初拟定《岭南人》杂志主题，力排众议的那种小众情绪。

或许是坚持，犹如现在钢铁行业陷入低谷依然不想放弃的桀骜。

或许是狂妄，正如当初“中兴”岭南人杂志社的那声呐喊，或犹如现在想跻身乐从板材前列的那种不自量力。

或许是热情，因为只有热情，才能燃起《岭南人》的这团火，让她散成满天星，而夜空中最亮的星，她一直照耀着一个钢铁行业二道贩子不断前行。

可以做梦

本文作者：郭燕平
中文系05级。曾任《岭南人》第23期、24期东校区分社副主编，第25期珠海校区分社副主编。硕士毕业后，在广东绿耕社会工作发展中心担任项目主管，从事农村社区发展工作。现在香港中文大学文化研究系攻读博士学位。
成长感言：学会自由，学会爱。

最近经历一次搬家，收拾书柜的时候，恰好翻到两本《岭南人》，封面是铜板彩印，绿色与黑色相间，色调有些暗。她们能证明我在大学某些年岁里，也曾深深文艺过一把。再次读到杂志里的文字，我只起了一身的鸡皮疙瘩，不住地想：天啊天啊天啊！怎么能如此矫情！当然，其中也有我写的。离开岭南人之后，我似乎再也没有写过文学性的文字。此刻坐在图书馆，写这些话时，我已经离文学青年梦很远很远了。

说很远，也就是8年光景，8年里，我大学毕业、保研、搞过运动、去美国参加陈氏奖学金项目半年、失恋、到农村NGO（非政府组织，为公益组织）工作、离开父母独居，直到现在在CUHK做个苦逼文科博士。8年里，我唯独没有写过我能称之为文学的文字，脑海中也常常会幻想很多小故事、情景、戏剧化场面，但真的再也没有写过，这也许就是后文青症侯吧。不知道是不是经历得越多，越接近生活，就越缺乏天马行空的能力。

我对文学作家的想象是从高一读《萌芽》开始的，“新概念作文大赛”就像闪着aura（编者注：光环）的殿堂，于我既遥远却又很亲近，让我总有种莫明其妙的自信，相信自己总有一天会一举成名。有很长一段时间，我还在“榕树下”网站深深地迷恋过郭敬明的散文（没错，就是郭小四）。那时我家刚刚装上拨号上网的电脑，速度52K，每逢上网必泡“刻下幸福的时光”（郭的文学论坛），偶尔发一个文学贴，每2分钟刷新一下看看有没有回复，点击率如果破10都要兴奋得小鹿乱撞。

真正相信自己不可能一举成为名作家，是在“新概念”拿到二等奖的证书时。高三的寒假，我带着不明就里的老爸和新概念的复赛通知，第一次来到上海。偏甜的食物、寒冷的冬天、无聊的城隍庙、沉闷的外滩，是我比赛完以后至今对上海的印象。可见，真的受伤颇深。

每每回想起那时候的自己，都觉得格外可爱，没有稿约、没有学分、没有任何利之趋动，甚至没有读者，却可以伏在电脑前写文到凌晨。我还能隐约记得自己如何把脑海中满溢的情化作字的过程，那真是一种疯癫的状态，跟古希腊所说的被神灵击中的感觉一模一样。后来，我在《岭南人》遇到了许多跟我一样的小伙伴们，又恢复了自娱自乐的勇气，开始迷恋新的文艺偶像，比如叉鸡。《岭南人》是文青天堂，整整一本杂志交在你的手里，重头学排版、选稿、选题、印刷，离开这里，我再也没有遇到可以这么自由挥霍文学梦的平台了。

回想起来，我在大学时代的成长，都走在如何告别文艺的路上。中大其实有两个真正的社会课堂，一个是中文系的性别教育论坛，一个是朱健刚的公民社会公选课，我是从那里开始体会什么是大学教育的。当我跟一群同样受到性别歧视的女生，一群勇敢的平权分子，走到地铁里举起牌反对美容整形广告；当我跟农民工小组同学为工伤工友举办校园摄影展，我渐渐获得那种“走出个人得失，去拥抱一个更大世界”的勇气。

2009年，得到陈荣捷奖学金资助，我前往美国旧金山的NGO实习半年。很多所学，现在想来都已模糊。但我最记得，离开的前一天遇见的一位流浪汉。那天我乘坐开往终点站SUNSET的火车，想去海边看日落。但当日大雾什么也没看到，转头离开之际，看见一人衣衫褴褛走来。攀谈后知道他是一位失意的画家，走了六个小时来到海边只为看日落。我问他：”你不会觉得是在浪费时间吗？“他说：“做想做的事，怎么会是浪费时间。”那一刻，我似是被这句话撼动了。

从美国回来，我继续我的研究生学业。那一段时间，我经历了漫长的不断自我怀疑的过程——我察觉到了自己的不同，且发现如果我不摒弃这种不同，则没法融入这个社会；一旦我想保护这种不同，扑面而来的是无尽的恐惧、害怕、无助。当时正值毕业季，我走在广州的大街上，看着来往的人群，不由得在心里问自己：“为什么我不可以和大家不一样？”我不明白眼前的人们怎么可以忍受如此平凡的人生，并由衷生起一种对城市的厌恶。也许那时的我正在经历一段迟来的叛逆期，一种自恋式孤胆英雄的气概滋生着。

也是因此，我毕业后第一份工作在绿耕，一家农村发展NGO。因工作需要，我得长期待在农村，这给我的父母带来深深的阴影（我爸是知青）。对于在城市长大的我来说，这也并不是一件易事，更不是一件值得标榜为奉献的事。

家庭的压力、感情的受挫，无不将我所谓的理想与尊严贬斥得一文不值。我记得很清楚，有好多个清早，我是被内心的恐惧给吓醒的。其时我的大脑一片空白，也并没有做恶梦。也是直到那时，我才知道，原来恐惧会变成一种生理反应。这些都是我选择到NGO工作的“代价”。

我可以理解父母的痛苦，因为他们的女儿从一个旁人口中的“别人家的孩子”，变成了彻头彻尾的“Loser”，这种落差触及的是他们尊严的底线。我已经记不起自己是如何挺过那段时期，唯一清晰的是：那些试图说服我的人们，他们生活里没有我想要的幸福。

走下来才知道，在这个社会里，一个人但凡想有一些小小的坚持，都会遭遇洪水猛兽式的袭击。从小到大，我们每走一步，都像是走进一个牢笼。帮你上锁的是你身边的每一个人，正如他们被他人上锁一样。他们信奉步步为营，他们既不思考生也不思考死，他们活在未知的恐惧中。

他们无论贫富、男女老少，时时陷于生存威胁中，年轻的怕找不到工作，年老的怕没钱治病；单身的怕孤独终老，拍拖的怕没钱成家；成家的怕没有子嗣，养儿的怕儿不孝顺；穷的怕更穷，富的怕变穷；失败的怕再失败，成功的怕成功只是一时。这正是一种禁止失败的文化。无止尽的欲望膨胀与争分夺秒的弱肉强食，一边催促每一个人赶紧上路，一边恐吓你：若走错一着，即满盘皆输。

三十岁之前，我们便已被告知，必须要完成这一辈子要完成的事情，此之所谓

“三十而立”。殊不知，夫子说，“吾十有五，而志于学。三十而立”，指的是他十五岁立志治学，三十岁找到了自己的志业。

现在的人们，却是这样活着的：不花一点时间拷问内心，也不问自己到底想要怎样的生活。被生活推着走，便顺着生活流。待人到中年，积重难返，也许有领悟悔恨，也许继续过着无知无觉的生活。唯一相同的是，都以一种不负责任的态度告诉孩子：“这就是人生，你还想怎样，你也不能怎样。”

在绿耕的工作改变了我很多，它教我如何面对恐惧与失望，亦为我照见残酷与美好。我和另一位女社工同伴长期在村里生活，希望通过组织弱势人群参与可持续生计项目，改善他们的生活与促进他们之间的互助关系。我们在田间跟村民拉家常，在祠堂跟妇女小组开会，也卖过菜、搬过米、斗过城管，从而得以深深同理过那些并没有像我们一样享有特权的人们。

不得不说，后来离开机构去念书，确实有一种懦夫的心态，觉得自己无法背负更重的责任，而选择了一条更容易走的路。做此选择，我深感愧疚了很长时间。后来只能宽慰自己，一个人跟一个村庄的缘份可以很长，每人都有自己的难处和限制，只能在此时追随内心，方能无悔。我在香港中文大学读的是文化研究系，这个科系着重用文化批判的态度去解析日常生活的政治与权力运作，教学生去反思那些早已习以为常之物背后的问题逻辑，这对如何理解自己，理解社会行动都是重要的。毕业之后，我希望能获得更好的资源和职位，再回到乡村去做社区发展项目，找到现实与梦想之间的平衡。

还在绿耕的时候，在广袤的田野里，我常常仿佛看到自己立于历史之中。过往种种，迎面吹来又走，这种感受消解了孤独，它让个人化的表达在宏大中显得渺小。这种感受跟我很久以前看到的一个场景十分相似。有篇短文讲到徐志摩在英国，来到空旷的野外时，为眼前所见之自然之景所震撼，以至于跪地大哭不已。这段描述给我留下了很深的印象，它时常让我联想起16岁的我，傻乎乎地坐在桌前写作，在脑海里畅想一大片的蒹葭，一大片一大片及至无穷的远方。

我想，这些时刻和片段之所以难忘，是因为它们引领我体验到人生的本真吧，一种原初的纯粹与热爱。正如那句话所说，不忘初心，方得始终。

黄金时代及其后

本文作者：张笑
中文系07级。曾任《岭南人》第28期珠海校区分社副主编。
现就职于使馆文化处。

几个月前我回了一趟广州，见到老朋友，说起几年来自己身上的一个现象：在不同的地方，所经历的事情即便领域不同，也总有诸多相似之处。朋友一针见血地将这一现象总结为“共时性”，这令我恍然大悟。在不同时间点上经历同类事件的重复，正是从《岭南人》开始的啊。

说起大学往事，总有一部分人的情节雷同。比如参加文学社团，在那里为小小事业奋斗，交到肝胆相照的朋友，在岭南人度过的两年就是这样。毫无疑问，《岭南人》首先吸引我的地方在于作品。她的主题、文字、图像以及三者的组合形式清晰地指向出一种风格，即便有些稚嫩，但全然出自青年人最初的真诚。我在岭南人的第一年，杂志的主题是《新鲜人》，第二年是《态度》。如今想来，《岭南人》不就是代表着新鲜人的态度吗？对一代又一代像我一样的人，《岭南人》提供的是自由发声的机会，它是母校独立精神、自由思想的践行者。

加入杂志社之后，作品的魅力在眼前豁然打开了。除了杂志本身的文学定位，那时的我们也深深关注着不同的文化形式，除了小说、诗歌、评论，也介绍展览、音乐会，出电子杂志，举办讲座、歌词大赏……这些活动对我而言是一个启蒙开窍的过程，它第一次打开了我对杂志的感知，让我对杂志的载体和创意有了新的理解。

当然，《岭南人》对我这样的参与者而言，意义远不止如此，它更是作品所辐射照亮的一段真实。从地理上来说，我并非岭南人，第一次踏进大学校园时，气候、食物和语言统统打破重来，铺天盖地的陌生细节常常令自己不知所措。幸运的是，《岭南人》成为一个打败加缪的据点。

杂志社两年的时光里，遇到了那么多有趣的、各有千秋的伙伴，我们一起学习编辑，为新一期的主题绞尽脑汁，一起策划活动、分工合作，这些幕后的过程让最终的结果更为丰富和厚重，也让初入大学困惑多多的我逐渐有了参与感和安定感。除去开端、事件以及落幕等记忆深刻的节点，在岭南人的日子还是一段连绵的无情节时间，充斥着思绪、笑语、茫然、领悟，成为流动错落的实体。这就像我起初上任时前辈的留言，字句之下有着大片的纸张空白，这些空白参与了这段真实，并将它无声晕染得更有力。

如今，离开岭南人已有五年，回头看来，《岭南人》为我打开的感知，无论是对作品还是对人生，都在这五年里以各种各样的形式不断重现。比如在杂志社的第一年，自己曾试做过一次涂鸦式的文字拼贴，手法青涩得简直拙劣，除了想表现不知天高地厚的破坏欲和嘲讽欲，也是为了留出冷却的间隙，让文字不至矫情（或者正相反，有意让它们更为矫情）。到了第二年，编辑部几个人一致同意杂志走简约路线，当时的具体心情已未可知，但心里确实有了一个坚定的方向，有意让抒情拐弯抹角不可见，态度本身实际上更侧重于某种拒绝的姿态。如今想来，《岭南人》其实一直在从善如流地吸收着同类优秀杂志的气度，这一气度很大程度上是由一种朴素的节奏所体现出来的。换句话说，当我意识到《岭南人》的气度时，它就开始为我展现出两个重要的课题——抒情与留白，它们在往后的时光里越发清明，相互转化，启发了自己太多思考。

在广州的最后两年，我在一家艺术机构兼职作编务。这是阅读最密集的两年，大部分工作内容是校对小说，午休时去附近的书店看书，晚上则看图书馆借来的书，生生泡在书的海洋里。大部分时候读到的是一些冷静、克制、反抒情的法国小说，它们让我越来越意识到，戏剧化的最高形式是平淡，抒情在冲淡时最美，而留白处自有诗意，就连极简的装帧所提供的也绝不仅是视觉的舒适。这个时候，《岭南人》曾展现给我的两个课题——抒情和留白——渐渐归为一体，许多新理解呼之欲出。怀揣着这个命题，我去了里昂读研，开始写那篇漫长的有关“空白”的论文，它从纸张延伸到时间、空间、事件和心境，随着论文的完成，自己似乎也完成了一套经验的法则。2013年夏天的毕业答辩，一个受宠若惊的分数，让人每每想起都大受鼓舞。

回国后就是一腔孤勇闯北京。

没有什么比因为”情怀“二字去北京更理想主义了。不论是夕阳 天桥、滚滚车轮，还是地下室、斜飞的白鸽、“没有24小时热水的家”，种种北漂的标准配置经历一遍，除了情怀实体化的长吁短叹，也有一种重蹈万人覆辙的自嘲意味。一次次地选择与被选择之后，几乎要放弃之时，误打误撞遇到了节奏合拍的工作。好一番其妙轮回，我再次趋近了出版，只不过领域从文学杂志、法国小说变成了欧洲童书。当初是杂志社的新鲜人，如今成为职场新人，重新满腔热血，重新体会“三人行，必有我师焉”的道理。一旦聚精会神，日子就过得很快，有密密匝匝的真实感，倒是一段浩然正气的时光。

很快，在北京的第二个秋天就要到来，时间再往前走一走就要到25岁，一个中性的、需要适当前顾后盼的年纪。站在这个节点上回头看，记忆交织着领悟，许多不曾意识到的想法串连成线，让几年来东奔西走的自己看到一条清晰的脉络。自广州、里昂再到北京，从读书到步入职场，生活的主题一直多多少少地围绕着文学、出版、媒体，所做的都是两情相悦的差事，看似圆满，背后是许许多多的倔强和等待，以及不后悔。南来北往间，也见到了更多人在相关领域细致雕刻、成绩斐然。他们创作，做出版，用新兴媒体继续做文化推广，做古典或先锋的插画家，甚至把所有大文化形式融合在一起做多功能空间……他们术业有专攻，面对文化事业的困难既有坚持，也有灵巧的方法，他们身上开放自由的气质令人仰慕。我在他们身上看到了某种情怀的延续，并见到越来越多更年轻的人加入到这群优秀浪漫的队伍里。

张楚有一首老歌，叫《光明大道》，里面写的就是这样你我共有、永写不厌的情怀：

没人知道我们去哪儿
你要寂寞就来参加
你还年轻　他们老了
你想表现自己吧
……
我们穿着新棉袄
天空树林和沙洲
挺起了胸膛向前走
嘿　嘿　嘿　别害臊
前面是光明的大道

真真切切都是我的心情。如今想来，最让人热血上涌的记忆，是我和编辑部的同伴兼好友文菁在音乐节散场后走在人群中的场景。那时我们刚刚离开《岭南人》，在任时的那个春天，我们一起策划了对几个后摇乐队的采访，和伙伴们从珠海跑到广州，在那间老牌livehouse的隔壁，借着初生牛犊的无畏和乐队的善意，竟顺利完成了整个流程。写文章之余，站在人群里汗流浃背地听着音墙升起，耳鸣目眩之间似有化学反应，就这么渐渐变成了独立音乐的忠实爱好者。2009年，音乐节的气候刚刚兴起，午夜的市郊，人群散开的速度像是水盆倾倒、飞机起飞，这种摧枯拉朽的释然混杂着一整天的疲惫，让人生出莫名酸胀的感情，我们肩并着肩唱歌，街道陌生，那场景令人难以忘怀。这和当初杂志装订成页，被我们第一次捧在手中的感情一样的。我们首先感动了自己，体会着年轻的无所不能，并坚信着我们所做的事情终将感动别人。

在此以后，这样的体验一次次以不同的面貌重新出现在我的人生中，被咀嚼、推翻、重新捧起。在“情怀”二字不断被消费的今天，我不断在想，该如何避免过度抒情，避免在小我中固步自封，我问自己，自大学以来的种种所谓的美学冲击，它们是真的打动了你，还是潜意识里的自我标榜？

我的答案是远离标榜，回到情怀本身，并且永远不要将今天与充满情怀的昨日对立。直至如今，我依然投身并热爱着与过去殊途同归的工作，依然在不断思考，该如何在获取精神食粮的同时，避免情感的滥用与绑架，找到一种更清醒和自如的态度。而在时间的不断循环沉淀中，我也终于明白，当初十几岁懵懂的年纪，自己是如何在熙攘的社团招募中看到了《岭南人》。她并非什么将文学与现实对立、非黑即白的决心，她更像一种寻找恰如其分的本能，引领自己走向生命中独一无二的"老梗""共时性"和"情怀"，她是如此亲切，竟像个故人，以至于2007年夏天，我就是这样自然而然地迈开了脚步。

那是我们的"黄金时代"，而比黄金更珍贵的，是它教会我们如何发现生命中更多的黄金。

群像

这些年，岭南人的足迹遍布东西半球，也不乏在各行各业里发光发亮的佼佼者。

他们从岭南人的时光里汲取了勇气和经验，更自信地去面对自己的人生，且听我们娓娓道来。

海外岭南人二三

采访/李婷婷　文字整理/李婷婷 易哲

20世纪90年代中后期，中国迎来了建国后第二波移民潮，其中美国、加拿大、澳洲和新西兰成为最主要的移民目的地。不少人在本科毕业后以出国留学的方式定居海外，还有一些则选择技术移民或投资移民。

如今，少则三五年，多则十余载，身在海外的岭南人正享受着异国生活的种种乐趣，也直面着各种人生挑战。他们在紧凑的工作和琐碎的生活之余，审视着自己在行为和观念上潜移默化的变动，同时也意识到自己与祖国之间根深蒂固的联系。他们一次又一次与过去告别，抱着世界公民的心态在陌生的城市站稳脚跟。他们忠于自我，在孜孜不倦的追求中收获着水到渠成的幸福。

潘春燕，岭南（大学）学院税务财政系92级，曾任《岭南人》创刊号编委。现定居美国普林斯顿，从事财务管理工作。

潘春燕：“所有的困境，都不算是最糟的。”

2001年，中大岭院92级财政系的潘春燕赴美留学。

两年后，她在毕业之际赶上了美国网络泡沫破灭，移民局给外国人的工作签证从12万骤减到6万。严峻的就业市场加上语言文化上的劣势将留学生逼到了夹缝之中，她也不例外：过五关斩六将，笔试面试通过后却在合同阶段因为雇主不能提供工作签证而功亏一篑。在一次次挫折和绝望边缘，北美的留学生网站给了她及时而温暖的鼓励。幸运的是，凭借担任助教期间的勤奋工作表现和全A的”学霸“作风，春燕得到了一位著名教授的赏识。这位教授向州政府预算办公室鼎力推荐她到预算分析员的职位。三轮面试之后，她取得了在美国的第一份工作。六个月之后，凭借这份工作，她赶上了当年移民局派发工作签证的末班车。

春燕原以为，州预算只涉及数字模型预测、财务报表这些技术活，工作后才发现远非如此。预算是一个各方利益角力和立法执法的过程。"我被分配跟踪分析100多个和预算收入有关的提案，每个提案平均几十页，长的100多页，且法律文件非常地饶口难懂。当时语言和法律知识都不够用，各种程序弄不清楚，术语也完全不熟悉。"每次当自己负责的提案有公共聆讯的时候，春燕都会亲自到议会去听，做完笔记回来立即通报高层。"参众两院 100多个议员，我对他们的政治倾向基本零认识，连最起码的脸和名字都对不上，加上对提案的政治背景没有了解，经常完全不知道他们在说什么。"

除了专业的挑战，春燕在这个职位上，还经历了剧烈的人事变动和两党的政治拉锯。曾经连续加班三个月，也曾经在半年内走了三个老板。最后没有老板了，春燕只好一个人硬着头皮做老板的事情。"因为是外国人身份，受工作签证的限制，当时几乎没有退路，只能接受这些困难，花比别人多几倍的时间去学习钻研，扛过去。那阵子真能用'死磕'来形容。"

提起在美国踏入社会时的险象横生，春燕依然感慨："这是我在美国的第一份工作，却是一份中国留学生的非典型工作，我因此吃了很多苦头，但也难得有机会亲身体验了美国的地方政治财政制度，学会了很多之前完全没有想到过的东西。经历过不知从何下手的迷惘与孤军奋战的惊慌，从此我学会了从容面对。"而所有这些，暗合了她最喜欢的一句话："所有的困境，都不算是最糟的。"

彼时春燕工作的地方在春田，那是一个冷清的小镇，每天下午5点商店就全部关门，营业的只有小酒馆，供无处可去的单身男女消磨时光。不爱热闹的她过着简单的生活，每天下班回家就看看电视提高英语水平。当时她与还在读博士的先生相隔两地，最多两周见一次，忙的时候三个月才能见一面。独自生活的这两年里，她反复勾勒着小镇简洁的日常线条：没有一次不晚点的往返火车、大雪纷飞的冬夜、还有如茶一般淡淡的静寂，都是春燕笔下离不开的景象。她说，"在大雪纷飞的冬天，一个人在车站孤独地等火车的时候，总是很努力地告诉自己要坚强。"

2005年，终于迎来了团聚的日子，她与先生一起搬到美国西南部。第二份工作是税务规划方面的，一个全新的领域加上没有前辈指导，这对她来说几乎又是从零开始。加班加点的努力让她慢慢得心应手。其间，先生因为工作原因又与她分开了半年。“一个人应付工作生活和即将出生的孩子，开车到处跑买奶瓶尿布和婴儿家具，倒是把我一个不折不扣的路盲给练出来了。”春燕回忆起这人仰马翻、根本顾不上感怀伤时的两年：“所幸孩子出生前夕，先生从外州连夜开车搬了回来，孩子的奶奶也同时获得签证来帮忙。孩子难产，紧急手术出生7周之后，我就得回去上班了。5个月后奶奶回国，小家伙开始了一天在幼儿园待9个小时的生涯。小婴儿送幼儿园的头一年总是不停地生病，孩子才一岁就动了手术。孩子两岁前我每天睡5个小时左右，生病的时候更是彻夜不眠，有两个月我每天半夜抱着他，从一个房间走到另一个房间，走到早上6点多，再交给他爸爸，然后自己洗把脸去上班，路上等交通灯的时候，都能睡着。”

2011年，因为先生换新工作的关系，春燕全家搬到美国东岸，现定居新泽西州的普林斯顿。随着孩子渐渐强壮，2014年秋天已开始上小学，她也重新开始了一份财务管理方面的工作，生活总算是安定了下来。

王雅君，岭南（大学）学院国际贸易金融系93级，曾任《岭南人》第2期编委，增刊第1—4期主编。现定居美国硅谷，从事金融支付类产品管理工作。

王雅君：“追求是一种状态，也是一种常态。”

2003年，王雅君前往美国杜克大学攻读MBA。

对于93级前后的岭院校友来说，王雅君的名字绝对是如雷贯耳。学霸、辩论队、岭南人……无论到哪里，她身上都仿佛刻着明晃晃的两个字：优秀。

1997年，本科毕业的她进入安达信，负责审计工作。当时“五大”还是门槛较高、应届生挤破头都想进的外企。它们工资待遇优厚，社会地位优越。两年后，她另谋高就，转行到英美烟草做市场方面的工作。四年的磨炼让她快速成长，也让她看见了自己未曾拥有却十分渴望的学识与能力。于是她辞去羡煞旁人的工作，来到向往已久的美国，为自己创造更多的可能性。

在北卡，雅君顺利完成了MBA学位。2005年夏天，全新出发的她决定在硅谷落脚。第二次回到职场，她效力于汇丰银行，负责信用卡市场工作。2008年，她跳槽PayPal任产品经理。2012年底，第二个孩子出生后，她全职照顾孩子和家庭。一年后，她重新进入职场，在初创型网上支付企业继续产品经理的工作。

这些丰富而闪光的职场经历背后，雅君要面对的是所有职业女性共同的困境：作为就业市场上的一员，你必须努力争取工作机会，努力得到上司同事认可；作为妻子和母亲，你必须努力持家育儿，处理家庭与事业的平衡——二者只能兼顾，不得抛却其一。与此同时，硅谷高科技企业中男女严重失衡的客观状况，于雅君而言，又是职场上的另一个新挑战。

“高科技企业＋70后＋两娃妈＋重返职场”，雅君用四个关键词总结了她近年面对的困难。回望这些年，雅君感恩于两地的成长环境。“要感谢国内的义务教育，及我们这一代人在大时代改革下得到的机会。”“美国也教会了我很多东西，比如辩证、客观地思考，听多方面的意见，勇于多尝试，有一个世界观，还让我有机会和世界各地优秀人才工作交流……”

成长背后，也有新移民的代价。虽移民多年，因文化上不能融会贯通，至今仍无法与美国人推心置腹，但雅君依然显得很乐观：“人在某些环境、某个人生阶段不是都有可能被‘边缘化’吗？ 追求是一种状态，也是一种常态。当你努力去争取值得的机会，最终成功尝试了，其实是一种幸运。我希望每一个读到这段话的年轻人，都有这样的机会。”她说，“追求的动作比结果更重要”。

也正是这种逆水行舟的倔强和全心全意的投入，让如今她所拥有的一切，都如此合情合理、恰到好处：夫妻和睦，儿女双全，事有所成。

岭南（大学）学院科学计算与计算机应用系93级，曾任第2、3、5、6期《岭南人》编委。现定居加拿大多伦多，从事IT工作。

刘家亮：“每种花都有自己的角色”

2000年，朋友眼中“老实巴交”的93级计算机系刘家亮也出国了　刚来到多伦多的他就职于IBM，从事自己热爱的本专业工作，特别得心应手。然而，随着全球化的竞争加剧、社会老龄化及相应福利的减少，加上永久雇员缺乏弹性的用工制度，七年之后，家亮选择离开老东家，转身成为“临时工”。他通过承包合同的方式与不同的雇主合作，以换取更多的自由度。

家亮说自己是一个没有太大野心的人，喜欢享受小日子。他细细地研究着各种花所要求的土壤酸碱度、湿度、日照时间、花的植株高度和花期等等，只为了确保院子里，除了大雪隆冬，都能看见盛开的花。“每种花都有自己的角色”，他科学严谨的计划里透着IT男少有的温柔与浪漫。正如他一贯的低调作风，平日里脚踏实地的每一步，都成为日后细水长流的不竭动力，灌溉出四季不灭的幸福之花。

李海峰，岭南（大学）学院计算机科学系97级，曾任《岭南人》第10期美编。现定居美国新泽西州，从事银行业IT工作。

李海峰：“美国的生活，其实是完全的从头再来过”

97级计算机系的李海峰，大学毕业以后一直就职于汇丰银行，主要从事投资银行风险管理方面的软件开发应用工作。2005年，凭借优异的工作绩效，他争取到了外派至英国总部工作10个月的机会。这次经历对他影响很大，也帮助他形成了更国际化的价值观和人生观。2011年，在职业生涯的第一个十年结束后，他主动向公司提出申请调遣到美国，从事前线业务工作。他希望能够在一个生活环境和教育资源更好的地方，继续自己的人生。

说起这几年的经历，海峰感慨良多。“美国的生活，其实相当于从头再来，从零开始打拼。”无论是日常生活、工作、还是子女教育上，都需要面对完全不同的文化背景。而所有新进入者，都需要学习如何融入这个西方世界。

范媛媛，法学院01级，曾任《岭南人》第16期编委，十周年特刊主编。现定居加拿大温哥华，创立医药类投资管理公司，并任董事；同时是一名兼职律师。

范媛媛：“在自认为非常美好的土地上建立了美好的家园”

虽说加拿大比起美国竞争压力相对小些，但对于一心想在加拿大执业的中国法律系留学生而言，却不见得有任何捷径。2005年，中大法学院01级的范媛媛，本科毕业后以国际留学生的身份，赴加拿大蒙特利尔McGill大学法学院攻读法学硕士学位。

在陌生环境奋斗非常具有挑战性。和大部分留学生、新移民一样，媛媛需要克服的困难有很多：语言、经济和建立新的社交圈……刚开始在McGill大学法学院学习，媛媛就明显觉得，托福高分和能在实际的法学专业学习中、尤其是课堂讨论上自如交流，还有很大的差距。标准法律英文表达和生活英文完全不一样，再加上蒙特利尔特有的英法双语语言环境，最初三个月的学习和生活，她感到了深深的力不从心。“后来，我给自己制订三个月至半年的语言计划，在课堂上挑战自我且积极与当地学生的交流，争取在校园工作，终于通过自身刻苦努力，顺利通过了专业语言关，还凭借专业成绩获得国家留学基金会奖学金。同时也逐渐建立起自己的社交圈子。”

暑假期间，大家都去度假，媛媛却选择了留在校园工作并且积极学习法语。借此机会，她不仅储蓄了生活费，还顺利通过了魁北克省省提名移民面试。回顾这一切困难的顺利渡过，媛媛的秘诀是：“时刻保持一颗积极向上的心，保持刻苦坚持的态度”。

由于加拿大属于普通法系国家，而中国属于大陆法系国家，两者在法律体系、理念、实践等方面相去甚远。加拿大律师法学公会在执业评估时并不认可中国的法学教育背景，因此中国法学院毕业生在加拿大执业非常困难。“即便我在加拿大第一流的法学院硕士毕业，由于加拿大法学公会采取比美国和英国等其他普通法系国家更保守的政策，我在执业评估上也是困难重重。”

为了成为拥有跨国律师执照的国际律师，媛媛决定在研究生毕业后先回到国内成为专职律师。“在国内，我加入的律师团队为跨国大公司提供外商投资、企业并购及其知识产权保护等法律服务。这段宝贵的执业经历让我感到非常充实，且充满挑战性。通过工作中与其他国家律师团队的合作，更坚定了我要拥有在普通法系国家资格的信念。”

两年后，媛媛回到了加拿大，除了要完成她的律师梦，她决心开创另一番事业。她与家人在温哥华开创了投资管理公司，专门投资兴建私立临床医疗诊所，招募临床医生，管理培训医学助理。作为董事，她将工作重心放到了投资公司上，公司业绩渐有起色。与此同时，她也完成了英属哥伦比亚大学(University of British Columbia)的法学学习，明年将获得法学博士同等证书，在加拿大英属哥伦比亚省开始她的兼职律师生涯。

尽管这些岭南人们，在海外居住的年头还不算长，经历的生活阶段、覆盖的社会层面也不够全面深入，但海内外生活经历赋予了他们辩证的视角，以感悟和自省。多元文化的熏陶让他们拥有了鲜明的世界观、价值观；而这种影响，实实在在地投射到了他们的言行举止、待人处世之上。

茶楼手记·海外篇

Q1：常听说国外生活更简单、但幸福指数更高，是这样的吗？

潘春燕：“对不喜欢简单生活的人来说显然不是啊。”

先限制一下“国外生活”的定义：第一，我只在美国生活过，所以我的“国外”仅限于美国。第二是“生活”，我们就来说日常生活吧，精神生活也不是脱离于吃穿住行的空中楼阁。

生活方式上，我有些地方已经不知不觉的‘美国化’了，大致说来比较个人主义一点，生活独立，注重自己的个人空间、选择和隐私，同时也尊重别人的。

在哪里幸福指数高，看这个地方是不是贴近你对生活的期望。美国文化非常注重家庭生活和亲子关系，但是没有中国式大家庭的错综复杂的关系，生活和工作能够分得开；虽然免不了也有攀比，但个性化选择占主导，没有太大的从众压力；工作上和生活上的社交非常重要，但对大众而言，基本能台面上解决。如果不考虑外国人身份对就业的限制，对于大部分通过留学进而移民的普通人来说，在美国的生存环境比在国内的要宽松，对于喜欢简单清净的个人生活的人，会感到更舒适。对于喜欢随时能呼朋唤友喝茶饮酒，喜欢丰富多彩的娱乐生活，和执著于中餐美食的人，在国外会觉得比较单调乏味。

如果追求存在感和成就感的，可能还是国内比较幸福。国内毕竟是文化根源所在，各种人脉资源和机会，是在异国他乡作一个少数族裔所不能企及的。在国外，职场上难免有各种各样的玻璃天花板，工作生活里有各种隐形的障碍和不公平。华人的政治地位还非常低，华人的参政意识也很薄弱。华人第一代，哪怕是第二代移民，因为语言和文化背景的差异，社会参与度不高，追求个人奋斗和过个人的小日子，缺乏作为一个民族的集体意识，经常在各种种族利益的博弈中成为被忽略和被牺牲的一群。年轻的一代已经清楚认识到了这一点，但这种状态可能在几代之内都不会有质的改变。”

王雅君：“不太确定生活是否更简单，但生活质量的确更高。一方面是工作与生活的界限比较明确。工作时间和强度比国内低。基本上回家吃晚饭。周末是家庭时间。另一方面是基础设施有保障，公路交通自然环境都不错。负面就是人文层次缺少共鸣，大家各忙各的。

生活方式很简单，在简单中寻找欢乐。在国内对地位和物质的期望值很高。比如国内同事出差感觉美国商务酒店简陋（事实）；出入没人招呼，也没有车接送（事实）；穿得不养眼（事实）。不过Tesla（特斯拉）我们这里常见。

幸福是做自己想做的事情。它不是恒定的。追求幸福的动作比是否在幸福的状态更重要。活在优胜劣汰的世界里，必须不断进取。”

刘家亮：“三句老话：有人的地方就有江湖；心安处即吾家；性格决定命运。

中国的乌鸦黑，外国的乌鸦也黑。人情来往，办公室政治，该有的都有，虽然具体形式有不一样。大多数第一代移民，离开了亲族同学朋友的圈子，又因为文化背景的差异，难以混进外国人的江湖，所以社会关系显得没有那么丰富多样。比如我自己的朋友圈子，绝大部分是华人，大部分是做IT的，像我这样的人还有很多。文化背景的差异在和本地同事闲聊的时候就能体现出来。和关系不错的老外同事，聊孩子，聊园艺，聊滑雪，聊旅游，都能聊起来，但是聊着聊着，提到一些影视体育流行文化典故，就对不上弦了。就好比粤语圈的人一提我们的岭南前辈张悦楷，都会有美好的童年回忆，但是在粤语圈之外就得提单田芳，而中外的差异比这还大。

有一个有趣的现象，第一代移民，偏偏越是人生地不熟，越是没有完全了解新家园，没有适应新环境的时候，文化冲击就越大，也越爱谈论国内国外的差异，所以难免会有一些片面的刻板印象辗转流传回国内。以至于大家一说起国外生活，就会贴上“特别简单”的标签。尤其在以往通讯以及人员来往两不变的年代，国内了解海外的渠道比较狭窄，这种刻板印象流传很广。随着通讯的发展，出国旅游也越来越容易，相信大家对国外生活的了解会更立体更真切。

外在的社会环境无疑会对幸福感有所投射和影响，但是生活中有那么多的幸福，其实就存在于每个人的内心，存在于最内层的关注圈之中。一个爱抱怨的人，他到了加拿大也会抱怨。一个热爱生活的人，他在中国也会热爱生活。实际上我国内的朋友，大部分的幸福感并没有不如在加拿大的我。当然加拿大和中国相比，经济规模小，人口少，自然和社会资源丰富，社会竞争不那么激烈，生活节奏比较慢，这些都是客观事实。但不同的人会有不同的追求和对生活的景愿，究竟哪里生活更幸福，只有自己亲历其境才知道；所谓如鱼饮水，冷暖自知。”

李海峰：“这里有更多的包容、尊重和信任，而这些正是国内所缺乏的。”

范媛媛：“每个人都不一样。幸福是内心美好的感受，对客观世界的主观反映。

我曾经看到严寒冬季蒙特利尔地铁站的流浪人士间热情的拥吻，一瓶烈酒、一点感觉和地下通道的一丝暖气，对于他们来说也是幸福。加拿大有那么一部分流浪者自愿选择这种流浪的生活方式。

同时，我也见过，所谓主流社会的精英拥有一切但是丝毫不幸福的痛苦，还有部分新移民即便不为医疗和子女教育而担忧，但整日为无法积蓄买房而发愁。加拿大有着在西方发达国家都让人羡慕的社会福利体系和公平有效的法律体系，即便是低收入人士也不用为医疗、教育、住房和温饱而担忧，但是作为高等动物的人往往内心有无限的欲望，有所欲而不达，也许是真正不幸福的根源。”

Q2：现阶段你对成功的定义的是？

潘春燕：“我不确切国内同龄人是怎么定义成功的，每个人可能都有自己的定义，不管是在哪里生活。我对成功的定义很唯心：努力做到自己想做的事。至于想做什么，喜欢什么样的生活，就是个人选择了。”

王雅君：“对成功的定义，国内和美国华人都是强调类似的价值观：事业成功，学有所成，家庭和睦，子女成器。我觉得两边都强调成功，只是在追求成功的方法和愿意的付出上不同。在中国也许是高付出期待高回报，因为最近20年的变化是回报风险的。在美国则是稳定社会少数族裔新移民，站稳脚跟再求发展。这个也许是客观环境反映到了主观态度上。”

刘家亮：“成功就是按计划实现目标，使自己得益，并且惠及跟我站在一起的人。”

范媛媛：“成功对于现在的自己来说，首先是家庭和睦温暖，子女身心健康成长，并且拥有一份自己喜欢的事业或者兴趣爱好，不再为物质而操劳。

家庭其实是生命中的核心团队，核心关系也是夫妻婚姻关系。也许，在外是律师或者公司主席、董事，回到家庭这个团队，更需要扮演好贤妻良母的角色。如果家庭和事业冲突，家庭优先。特别是孩子，在幼年更多的是需要父母高质量的关爱和陪伴。”

Q3：目前和儿女的关系是哪一种呢？

潘春燕：“我家小朋友还不到6岁，这个时候说恐怕还为时尚早。和国内同龄人相比，我可能按照美国这边的习惯，在亲力亲为照料孩子的方面程度高些，在培养孩子独立性和行为规范上早些，对学习知识和才艺上比较晚些。但父母和子女的基本关系我想应该没有区别。

我会按照中国的家庭方式教养他，不会因为要和他做朋友而退让做父母的指导监护职责，不会因为要尊重他的选择就放任自流。”

王雅君：“对子女的态度上，我觉得这边的父母比较强调子女的自主性。子女不是父母的资产，是要走自己的路的。他们走好了是自己的本事，走不好倒是可以在父母身上找找原因。

在这里出生的小孩子基本上认为自己是美国人，父母对他们的影响更有限。所以父母自觉不自觉都得向主流文化对孩子的尊重平等的价值观看齐。这不是说我对孩子不尊重，只是我不能做到我父母那一代的牺牲：比如早晨6点起来给孩子做早点；我也做不到周围一些华人的牺牲：比如周末到处带孩子上课。

我希望孩子好好利用他们这一代比我们优异的条件与资源，走好自己的路。”

刘家亮：“加拿大这边，我周围的移民圈子里，基本上有了孩子以后，大部分的社交活动是按孩子分，几家孩子玩得好的，就会常常玩在一起，慢慢地往往大人之间也会交上朋友。有时候你不得不承认，孩子是父母最真实的镜子。单独出门的社交活动很少，夫妇一起出门不带孩子的情况就更少，这么些年大概就只有两三次。加拿大法律规定比较严，如果年龄太小的孩子没有得到足够的照顾而受到伤害，家长会被剥夺抚养权，孩子会被福利机构带走。曾经有一天，清早醒来，发现孩子们半夜偷偷跑过来，挤在我身边。我搂着他们，恍惚觉得有气场从我身上生发扩大，笼罩着这个家，阳光能进，风雨不能进。”

Q4：如何面对生活里的低潮？譬如乡愁，譬如工作生活不顺。

潘春燕：“来美国的头几年因为语言文化的障碍，很孤单和想家，尤其是一个人在外地工作的那两年。 我从2002年起在一个海外留学生论坛上认识了好些喜欢文字的网友，有些也成为了生活中的朋友。大家一起写东西，散文，诗歌，小说，或者就是闲聊，交流一下心情，彼此关心和支持。从2002年到2005年我写了很多东西，用母语来记录生活点滴和心情，就是我释放压力和孤独的一个出口。之后和丈夫团聚，生活时间长了也适应了，朋友也多了起来。到有了小孩子之后，每天忙得脚打后脑勺，完全没有时间多愁善感了。而且现在网络资讯这么发达，离‘家’，离自己的根文化，其实并不那么远。”

王雅君：“关于乡愁，开始的时候会一年回国一到两次，工作后渐渐减少。我读大学离开家，相当于经历了一次背井离乡，所以到美国后也相对没有那么困难。吃中餐是好方法，和中国人吃中餐更给力！还有，上北美华人网站、看微信、工作中跟中国人接触、和国内朋友家人越洋聊天，了解国内的情况，都可以帮助缓解乡愁。

遇到不顺，年轻时会选择一个人去散心、旅游。现在则是回家看孩子，一起玩，转换节奏。毕竟相处才能产生感情。而家庭是不可抛弃，不能选择的。”

刘家亮：“要看是什么级别的不顺。生活里的小憋气，像开车什么的，自己把脑袋放空，思维完全停滞啥也不想，智商降低痴呆几秒就过了。工作上的不顺好办，我这人特别能磨，耐心磨一磨总能解决，这么多年了没有带情绪回家的先例。

如果是比较严重的不顺，比如家庭矛盾那种，那就专心做点事情。比如赶紧休息，起来赶紧去上班，一上班就特别专心工作，晚上再回家基本已经平静了。如果来不及专心做事情，就戴耳机听音乐，尤其是勃拉姆斯第一钢琴协奏曲第一乐章，开头压迫感很强，马上能跟烦躁的心情同步，然后钢琴慢慢加入，好像清泉一路欢歌顺山而下，直到流成小溪小河大江大海，心旷神怡。以前年轻的时候比较冲，有段时间听得特别多，主要的段落都能背下来，最近几年没怎么听了，好事，哈。”

范媛媛：“生活在温哥华的华人非常幸运，它是个多元文化的城市，亚裔文化在这里也能生根发芽、开枝散叶。在这里你可以吃到一流地道的亚洲美食，比如说UBC大学校园边刚开的中餐馆厨师，就曾是半岛酒店的大厨。随着父母两年前定居加拿大，所谓的乡愁也只存在模糊梦境中儿时家的场景。”

李海峰：“看球和跑步，是调节自我的重要手段。互联网的发达，微博、微信等，使自己对国内的情况也有所了解。特别是可以关注到朋友圈上的以前的同事、同学、朋友们的分享。最关心的是足球，以及广州恒大的表现。来美国前，我就常去天河体育中心，现场支持他们。出国后，我也几乎没有落下他们任何一场网络直播。”

Q5：这些年最深的感悟是？

潘春燕：“最大的欣慰是每一步都走得平实。无论走到哪里，经过努力都可以安身立命，身心健康，也有一个幸福的家庭。最遗憾的不能陪在日渐年迈的父母身边，所幸还有兄长和他们一起生活，没有养老的顾虑。还有一个比较遗憾的，大概是在空闲的时候，没有尽可能到处旅行。

作为最老的编委之一，我感觉自己正站在岁月的山峰，回望一波一波的后来人在无际的海天里飞得更高，航行得更远。有这么一句上心头：‘且把青春付岭南，人不恣情枉少年’。”

王雅君：“一、要做自己喜欢做的人。不一定是固定的一种人，人在不同的人生阶段，所喜欢的状态不同，但核心是忠于自己。二、想达到某个目标或状态，需要实事求是地分析各种要求，不断添砖加瓦。譬如，毕业之后10年的规划，要实现目标，需达到什么标准，就去努力获得。谨记Follow your heart（追随自己的内心）。三、时间是检验真理的最佳标准，或者说起码是很可靠的标准。”

刘家亮：“人到中年思想定型，语言表达的欲望大大降低，很多事情直接做出来就是。

年轻的时候觉得不修边幅是潇洒，现在觉得不修边幅是不尊重自己也不尊重周围的人，会经常提醒自己注意走路站立的仪态。年轻的时候认为自己觉得好的独特的才是真的好，属于消费型的思维；现在认为大家觉得好而又有个人烙印的才是真的好，属于生产型思维。

娱乐方式也改变了。不喜欢那些纯消磨时间的活动，比如打牌；喜欢有实物成果的，比如养花，比如自己动手做点小物件。电影电视剧也不那么爱看了，因为发现现实中的好多事情比编的还神，编剧们的套路不够用。”

李海峰：“最大的欣慰，是看着孩子能够在一个充满包容、信任和爱的地方，不断成长。最大的遗憾，是不能和自己的其他（国内的）亲人一起生活，父母逐渐年老却无法尽孝。”

范媛媛：“最大的欣慰，是在自认为非常美好的土地上建立了幸福的家园。最大的遗憾，也许是跟中国的祖父母及其他亲人见面的机会变少了。”

一切，因《岭南人》而可能

问卷整理/孙笛庐　文/孙笛庐 易哲

时光轮转，现在是2014年，坐在书桌前的你已经看过了《岭南人》的很多故事。我不知道你是怎么想的，于我而言，这本杂志也是扇窗，身处其中的每个人有不同的打开方式，因此窗外的景色各有不同。一代一代的年轻人通过在《岭南人》的经历，或是开启了人生的新历程，或是了解了自我的另一种可能，或是视这段经历为生活的点缀、心灵的净土。

"泥上偶然留指爪，鸿飞哪复计东西。"《岭南人》是生命长河中的一小片印迹，她早已被人生路途中不断发生的大事小事所覆盖，但不得不说，《岭南人》，她串起了我们的过去与未来，青春与成长。《岭南人》将一个个理想化成了面向现实的行动力，身处其中的每个人便以此为起点，在人生的道路上开始闯荡。

黄洪飙，岭南（大学）学院国际贸易金融系92级，曾任《岭南人》创刊号编委，第2期副总编，第3—4期总编，现为公务员。

黄洪飙："当公务员，可以为更多人服务！"

《岭南人》"创刊五虎将"之一的黄洪飙，则以岭南人的履历为敲门砖，在1996年成为一名公务员，任职于文字工作岗位。

这位大学时期的摇滚青年，表面叛逆热血，内心并不如大众想象中离经叛道，却也自有一份偏执。这份偏执源自中山大学岭南（大学）学院的院训"Education for Service"（作育英才，服务社会）。

放到现在来看，公务员确是令大家趋之若鹜的铁饭碗。入职前的黄洪飙，除了“服务社会”的初衷，并没有对工作抱有过多的幻想。但单位名称的“高大上”，也与入职后艰苦的生活条件、微薄的收入形成了鲜明的对比。那时黄洪飙的宿舍被安排在一幢民国时代的别墅里，听说汪精卫也住过。黄洪飙是和两位新入职的小伙伴，蜗居在十来平方米的房间里。阴暗潮湿、老鼠横行、油烟呛鼻，一个月后的工资和在校每月生活费差不多。实在要对比的话，那份工资，仅仅是进入外企工作的同学薪水的20%。

当时，其单位部门的构成和《岭南人》创刊时期相似，黄洪飙所在的部门有五个成员，而他主要负责的工作是调研：收集素材、写稿、校对……为了能让自己的工作知识储备快速提升，他每个晚上都泡在办公室啃资料，整理调研笔记，用部门唯一的一台拨号上网电脑，艰难地搜索相关资料，直至深夜才回宿舍。这样单核运转的状态持续了六年，黄洪飙的工资和住宿条件才逐渐有了改善。

天道酬勤，2002年，黄洪飙通过“公选”就任某单位的部门副职，也正式告别了前五年的窘迫生活。全新的工作环境和工作职责是一个不小的挑战，他开始了与领导和规则打交道的日子，“当时感觉就像刚接手第3期《岭南人》一样，没有可以依赖的人，直接面对领导，压力很大。”黄洪飙所处的是中枢部门，除了承上启下，还必须充当润滑油。上任后，黄洪飙很快就领教到单位一把手的严苛要求与严厉批评，当时的他疲于奔命，却依然难以周全。

但也正是在这样的磨炼下，黄洪飙慢慢领悟到——“事有缓急，人无高低，处事有张有弛，待人不卑不亢”的处世之道，这也成为了他至今的工作守则。

精诚所至，三个年头后，黄洪飙晋升到一个新的单位任部门正职。第二次做“空降兵”，黄洪飙又一次面对开创性的工作任务，但在他看来，这也孕育着施展抱负的契机。“正如第4期《岭南人》，站在前三期的‘肩膀’上，我做了不少开创性的工作，为之后的几期奠定了基础。”

2012年初，黄洪飙带着“功成不必在我”的信念，再次调到一个新的单位。身处现在的岗位，已过不惑之年的黄洪飙用“随波浮沉，似水静流”来形容自己。借助更高更大的平台，他也将继续走在服务社会的路上，且行且珍惜。

林胤，岭南（大学）学院财政学专业04级，曾任《岭南人》第22—25期总编辑，现于IT公司任创意文案策划。

林胤：“这一生只能与文字发生关系，我很感谢，也很庆幸。”

在校时的林胤，是名副其实的“大神”。她气质出众又才华横溢，常以笔名“苏汐”在《岭南人》中出现，文章更是有不少拥趸。

但在她本人的记忆里，林胤却说，曾经的自己是个自卑内向的女孩。若非在“百团大战”中遇到那一年独特的《岭南人》（其时主编为王击凡），就不会出现后来的那一段美丽——“曾经那个自卑内向的女孩，是《岭南人》牵着她的手，把她拉出了厚厚的壳，为她敲开一扇门，让她第一次抛开他人加诸于身的种种枷锁，亲眼看见自己长出绚丽的翅膀，也放理想飞一次。”

毕业前，林胤凭借岭南人的履历，得到了南方日报实习生的机会——“过起了走街串巷，日晒雨淋，天天写稿的生活”。三个月的实习生涯里，林胤说自己每天都“处在疯狂的鸡血状态”，沉浸在“就这样成了媒体民工”的狂喜之中。却因为初生牛犊，有勇却无谋，被一时之喜冲昏头脑。招聘季一到，她便被花花绿绿的网申吸引，怀疑起自己以文谋生的初衷。

一出大院深似海，林胤后来“进过公关公司、广告公司，考过公务员，甚至差点做了财务，在几个城市、几个行业上蹿下跳一番，碰壁无数”。当回首看见静静躺在家中角落的一摞《岭南人》，她才恍然自己最初对文字的热爱。

幸运的是，林胤及时抓住了最后一根稻草，顺利进入《家庭》杂志社月末版任职编辑。她终于安下心耕耘自己的一亩三分地，坚守着自己所能触摸到的、离文字最近的地方。可惜职场复杂，她渐渐被卷入各种勾心斗角，开始“为了发行量和上稿率，做起了各种出位刺激的选题，也让自己的笔端染上了情欲的绯色”。在任四年，林胤的业绩一路赶超同事，但她的心却越来越累。虽然“终于可以说自己是个文字工作者”，但“我手中的笔已被浸染得面目全非”。

2012年底，《家庭》杂志社月末版颓势难挽，林胤编了个理由，在末日前离开。她说自己需要很长一段休息时间，才能让手中的笔重新活过来。

林胤再次成为文案策划，是在一家IT公司。身边环境干净了不少，她也乐得耳根清净。工作之余，她开始有心力迎接宝宝的来临，想想未来的路，也开始重拾笔杆——“写写真正属于自己的东西，写经历过的职场百态，写耳闻的男女情事，也写各种小情小调，‘但行好事，莫问前程’。”

回顾毕业后这段为实现文字理想的坎坷经历，她感叹：“这一生只能与文字发生关系，我很感谢，也很庆幸。”

“闲时回家，又翻出那摞《岭南人》，很高兴如今终于能对她有所交代，虽然走得很慢但毕竟已经迈开了步，只要心中被她燃起的那簇火焰不灭，就永远不会停下。”

刘清华，管理学院电子商业专业05级，曾任《岭南人》第22—25期东校区分社编辑部干事，现任职港航从事行政管理工作。

刘清华：“对一桩事业呕心沥血，对一种梦想至死不渝。”

05级的刘清华，现任职于港航行政管理岗位。他形容自己的生活是平淡而充实。“大学期间，我一直在寻找适合自己的方向，有过很多憧憬。直到毕业开始寻找工作时，才慢慢发现什么是最适合自己的，轰轰烈烈的打拼并不适合我。”

如今，他工作稳定、家庭和睦，他认为“工作，只是生活的一小部分而已，耐得住寂寞，懂得坚持和舍弃，才会有未来的惊喜”。虽然刘清华的工作并非轰轰烈烈，但其追求梦想的脚步从未停止。

毕业5年的他，无论是对工作，还是对生活，抑或是对《岭南人》，都心存梦想，并持续不懈的努力。明年1月他便要成为父亲，踏入人生的新阶段。如今的他也沉浸在这份幸福中：“宝宝已满23周，在满21周的那天，他在妈妈的肚子里游啊游，我一时兴起，想逗他玩，拍了2下妈妈的肚皮，小家伙很聪明，竟然给我回复，踢了2脚妈妈的肚皮，当我的手掌感受到回击的那一瞬间，幸福感满溢，感谢生命，也感谢生活。”

“对一桩事业呕心沥血，对一种梦想至死不渝”，这便是他的成长感悟。

易哲，岭南（大学）学院国际经济系06级，曾任《岭南人》第26—27期珠海校区分社社长，现为唱片界从业人员，致力于推广好音乐。

易哲：“为了理想，你可以去到几尽（粤语：付出多少）？”

2008年卸任岭南人社长后不久，易哲便以编辑总监助理的实习生身份，加入了《城市画报》杂志社，并于下半年正式成为“荒岛音乐会”幕后团队的一员。

与现时的万人演唱会潮流不同，“荒岛音乐会”主张亲密、小型的演出。也只有这样的形式与环境，才能让受邀的这些——华语地区最优秀的创作歌手，在现场得到自如、充分发挥的空间和氛围。“虽然只是千人以内的规模，但我们尽力为歌手及乐队老师提供能力范围内最好的招待，以保证他们能以最佳的状态，和大家见面。”

从加入幕后团队伊始，易哲便独力统筹幕后所有执行事务：宣传、票务、演出制作、艺人接待、现场执行。每次演出的现场，总能看见她和一众志愿者们，合力将现场管理得井井有条。当时还是大三学生的她，时常因为加班到凌晨，而需要艰难通过两道铁门，才能回到早已不供应热水的六人宿舍。2010年下半年开始，她正式成为项目负责人，在发掘更多合适人选之外，也致力于为“荒岛”开拓更多的商业可能性。

2011年，易哲和部门同事一起为某服装品牌在南京和成都策划了一场大型户外活动，让当地的年轻人从各个维度体验了多元先锋的艺术文化；同时也将两位分别来自台湾和北京的优秀独立音乐人推向了大众。可惜好景不长，受到当年《城市画报》被并购入21报系的影响，“荒岛音乐会”这一活动品牌，也在获得华语金曲奖2011年度“最佳演出管理”奖项的同年，进入步履蹒跚的两难阶段。

之所以愿意为这个项目不顾一切、倾尽所能，易哲说是因为“荒岛音乐会”几乎完全实现了它的初衷。每次演出，歌手和观众都似是互相陪伴于孤岛上的岛民一样，通过一场演出，听者与歌者之间，一起完成了人生经历与生命体验的互动。而参与演出的这些歌手，无一不是才华横溢，却比其他艺人更甘愿承受孤独，更乐于为群体而唱、为社会而唱，更勇敢地承担起作为公众人物的责任。

在感受到“内心召唤”的同时，她也在这“亡命”的两年半内逐渐明白，自己所热爱与所能做到的，是“整合资源，帮助有才华的人圆梦”。选择离开梦幻般的《城市画报》、离开亲手打造的“荒岛音乐会”，于易哲而言，是个很艰难又非常痛苦的决定。然而也只有离开，才能继续自己和他人的梦想。

2012年初，她以自由职业者的身份，开始协助香港东亚唱片（现寰亚唱片）统筹几位香港创作歌手的大陆宣传事务。适逢唱片业低迷，创作歌手得到的支持越来越少。预算有限，步履维艰，易哲只好常常“一个人咬牙做完一个团队的事”。旁人多以为她职业光鲜、上班自由、生活写意；背后的汗与泪，她极少与人分享。

“为这些真正有才华的创作者创造环境，让他们能遵从自己的内心、坚守自己的信念，并带他们上更大的舞台、带他们见更多的媒体、让他们的声音到达更多人。是很辛苦，但也值得。”

从岭南学院毕业，却从事着与专业几乎毫无关系的工作，易哲大概是06级罕见的特例。从岭南人、城市画报到寰亚唱片，她说：“做过的这些事情，都是希望帮助大家倾听自己内心的声音，鼓励大家勇敢追寻自己所渴求的人生，而不要成为了千人一面的其中之一。”

李嘉蕙，传播与设计学院数字媒体艺术专业08级，曾任《岭南人》东校区第29期主编，现于广告公司任文案。

李嘉蕙：“岭南人喊了个开始，我们扎扎实实地成长着。”

08级的李嘉蕙，曾任东校区主编。在同事们眼里她温柔、挑剔、有原则却神经大条；她独立有主见，总是坚持着尽善尽美。

毕业后，嘉蕙前往毛里求斯当导游，真可谓是“用力把梦想压进现实（刘晨曦）”。从前，她形容自己“安静、矜持、没有什么存在感”；可工作后，她能够在33座的旅游车上对着一车人说话，脸不红，心不跳。在创意讨论时，想办法表达自己，慢慢有明确的原则和想法。

正如嘉蕙在《完整》一文中写的“岭南人喊了个开始，我们扎扎实实地成长着。”在成长中变得完整和可靠、变得坚韧勇敢、变得拥有保护的力量。“也正应了07级高静军的那一句：”《岭南人》，是青春期的一次遇见、一点思考、一步成长。”

加入《岭南人》时我们懵懂无知，凭着一腔热血与满身干劲，觉得一切都在掌握之中。而也正是《岭南人》的经历，让我们脚踏实地，正视实现梦想需要的付出，并通过方方面面的锻炼，教我们成长。

《岭南人》还是一种生活方式。游走于各行各业的我们，始终都有着一个身份认同，这种身份认同是由志同道合的伙伴、自身无极限的创造力与当年的赤子之心所共同建构，我们以此为起点，奔向不同的道路。

回望《岭南人》的二十年，虽不能说饱经风霜，但大大小小的挫折却从来都未断过。创刊时的20世纪90年代，市场经济蓬勃发展，新一代大学生心怀天下，文人骚客济济一堂，这时的杂志经费充足，挫折多源于年轻的思想与古板的行政机构之间的碰撞；1997年，亚洲金融风暴席卷全球，杂志断水断粮，再加上知识分子地位下降，文学整体羸弱不堪，杂志面临着无钱、无稿的双重困境，甚至险些面临大厦倾倒的局面；千禧年意味着新气象，学生们也不再是藏在学斋里的乖乖仔，开始活动起心思与学校周旋，尽可能为社团争取生存的空间；彼时中大珠海校区成立，既有人才分散之困境，亦不能不说是一种生机。2003—2004年，传说中的85后统治校园，带来属于年轻人的张狂，这份张狂与敢恨敢爱终将《岭南人》推向一定的高峰。然而，随着校园里的少年越来越自我，小小的社团再也无法填补其远大的抱负，《岭南人》面临了后继无人的境况，在巅峰之后开始衰落。

92级蔡远健在献给《岭南人》二十周年的文章中这样说道：“人生的路途有如马拉松，总是会有高低起伏，有顺境有逆境，克服自己的惰性，咬咬牙或者就可以挺过去。”也正是这份坚持，带着《岭南人》走过无数风雨，亦终将继续前行。人生之路漫漫，些许挫折又何妨，“任何事情只要目标明确、信念坚定，设好自己的目标，那么在前进的征途上，快一点慢一点已经不是那么重要了。”

关于“岭南人”，他们如是说——

Q1：“岭南人”三个字对你而言意味着什么？

梁升强【岭南（大学）学院计算机科学系90级】

“岭南人”的DNA是：有才有艺，有情有义。

《岭南人》给我的印象是：集岭南才子佳人，有规模，有高度，有创新。这三个字对我而言，犹如思想上的一个出发点，感情上的一个驿站，生活上的一个目标。

黄洪飙【岭南（大学）学院国际贸易金融系92级】

领中大乃至广东大学生刊物之先，《岭南人》于我几乎是青春的全部。

周粤萍【岭南（大学）学院财政税务系92级】

进入之前，我认为”岭南人“就应该是我们岭南学院的学子。

现在，“岭南人”更多是一种情怀，一种大学情怀。

邓永泽【岭南（大学）学院财政税务系93级】

《岭南人》给我的印象始终不变：中大一流刊物，不争最好，只争更好。

现在，提到”岭南人“三个字，我会直接想到“心中有梦想，就会有现实”“心有所愿，无事不成”这些句子。付出努力、辛劳和汗水，不管是一个集体，还是个人，都可以有出彩的机会。

刘家亮【岭南（大学）学院科学计算与计算机应用系93级】

一本新生的学生刊物，计算机与经济系联手打造。讲人话，贴近校园生活，也有些小才情小酸文，有钱。DNA应该是爱弄文/非主流。

是那份在共同努力共同经历中凝成的友谊。在最火热的青春里有这么一段经历，随时回想起来都不会后悔。

李海明【岭南（大学）学院经济学系95级】

热爱，无私的热衷，而且很执着地追求完美。不是特定做什么，而是一群志同道合的人在为了做好一件事，毫无私心杂念地，单纯地为了做好它而努力。

如果没有《岭南人》，可能大学在平时上课考试，有空就踢足球，这么就过去了。现在回想起来，加入岭南人，让我的大学生活对于热爱，执着，纯真，这三个词有不一样的诠释。

任博【岭南（大学）学院国际贸易金融系96级】

岭南人能延续到今天，在困难重重的情况下，依然倔强生存，还有了这次的二十周年的活动，这难道还不够值得骄傲吗?

罗琳【岭南（大学）学院财政税务系96级】

坚韧，乐观，敢于有大手笔。

林莉【中文系99级】

进入前，我认为《岭南人》意味着有思想、有个性，也是很有价值的圈子。

最初印象是一本很有水准的杂志，当时的我很迷《南风窗》《南方周末》这种刊物，《岭南人》让我惊叹大学校园也有如此强悍的杂志。

现在，岭南人对我来说，更多的是割舍不了的情谊，特别是创刊师兄们的牵头，联谊会的成立，更让我觉得这一辈子估计都难以忘怀。

唐安琦【岭南（大学）学院国际经济与贸易专业99级】

曾经是校园业余生活的丰富色彩，现在是世俗生活里的贴心港湾。

怀着经济学院的基因，做一本文学刊物，挺酷的。社团有自己的办公室，时常聚会，待遇挺好。思考、交流、呈现是岭南人DNA的关键核心。

余峰【岭南（大学）学院经济学系01级】

这三个字首先意味着一本杂志，意味着一定要出版这本杂志，意味着要团结好社员，意味着我们即使拿不到最多的资源，也要最团结。

张洁平【岭南（大学）学院经济学系01级】

从岭南人出发的道路是我的成人礼。

在这之前，所谓理想和勇敢都是虚幻；此后六年，我有机会踩在土地上，看见光明背后的黑暗，理解黑暗背后的无奈。我看到的是人的困境，这深藏在人性中的困境，让我对国家和民族的命运有了完全不一样的体会。

如果没有岭南人开启的道路，我不会是今天的我，我不会享受到今天即使面对痛苦世界依然能有的敏感知觉和思想的快乐。

冯莹莹【岭南（大学）学院经济学系03级】

从前，它是一本师兄师姐们创立下来的学生杂志，在那个年代据说影响力很大。

如今，它是一本我亲身参与、付出了心血的杂志，像是自己的孩子一样。如今孩子已经长大，我很骄傲。

它还是一个将热情转化为行动力并锻炼个人能力的平台，一个温暖的集体，一个即使十年、二十年后提起来依然感动的名字，最弥足珍贵的大学回忆，一个伴随我半生甚至更长时间的，以文会友、以歌会友、以茶会友、以书会友的平台，无关利益，不计较辈分。

易哲【岭南（大学）学院国际经济与贸易专业06级】

"一切，因岭南人而可能"。

这是换届以后，我给《岭南人》硬塞上去的slogan。现在回想起来，还是觉得在《岭南人》当社长的那一年像一场梦。从来没有想过能汇聚那么多不同背景、不同地区、被不同的文化喂养长大的人，齐心协力地做一场为期一年的梦。也是那一年以后，我才发现自己的柔韧度原来可以到达这样的程度。

2013年年底20周年的社庆，以及现在进行中的纪念图书项目，都印证了这句话。

我们就是创造不可能的人。

詹虚致【人类学系06级】

是大学里唯一参与并奉献过的社团，有很多的好朋友因此而结识。

林璐韵【翻译学院对外汉语系06级】

之前觉得是一群思维新锐的文艺青年。

现在觉得，是一群不畏世俗、内心强大的理想青年。意味着“自我”里面敢爱敢当敢为敢与众不同的一面吧。

麦宇云【法学院法学专业06级】

一本干净、纯粹的文学读物。

梭罗说，野地里蕴涵着这个世界的救赎。岭南人之于我，亦是如此。

梁梓颖【岭南（大学）学院金融学系07级】

保持独立。保持一颗赤子之心。

我觉得《岭南人》适合一些内心狂热并且渴望自由的年轻人，它能让你真切地感受到第一次离开家门，独立行走和生活所带来的冲击，做杂志、文艺和文学不一定能获得直接的回报，但跟生活的其他部分一样，你只有勇敢地直视她，感受生活的痛和炽热，才会感受到生命中的爱和静。

王玥【资讯管理学院管理与信息系统系07级】

赤诚和对美的追求。

高静军【数学与计算科学学院统计学系07级】

青春期的一次遇见，一点思考，一步成长。

李婷婷【管理学院会计系08级】

一段关于青春的执念、一种文字洁癖的守护、一次自我理想的实践。

江运高【信息科学与技术学院计算机系08级】

不功利，纯文学，有内涵。

伦家辉【传媒与设计学院数字媒体系08级】

文艺小清新，在这么多社团中，出淤泥而不染；DNA应该是对文字的执着吧。

陈新伟【环境科学与工程学院应用气象09级】

招新的时候，我看到一个冷清的摊子，摆着一墙的杂志和海报，于是我就过去了。后来我发现，这个社团的氛围就是如招新时那样，小众而安静，让人心安，于是我就留下来了。

Q2：请简单描述你现在的职业，以及岭南人的经历对你现在及以后人生的影响？

梁升强【岭南（大学）学院计算机科学系90级】

从事通信项目的运营，统筹全省各地市通信项目的实施工作。

现在企业文化环境与岭南人关系较大，今后工作与生活都将与岭南人有关联。

卜国琴【岭南（大学）学院经济学系91级】

从事教育行业。让我明白什么是终生的挚友；让我学会怎样与他人坦诚相处，以心换心。

邓永泽【岭南（大学）学院财政税务系93级】

我现在于某局办公室工作，虽然几进几出，但在办公室工作的时间超过了十年。

当初入职时，领导看过我的人事档案和简历，在用人上有所参考，在《岭南人》的经历起到了积极影响。而且，我还借此赢得遴选机会，成为了深圳市某局团刊《五月花》的创始人之一。至于今后，积极影响也不会消失。

刘琼【岭南（大学）学院财政税务系94级】

一个小不拉叽的基层公务员。

岭南人的经历让我在参加工作后迅速进入角色，把当年联系采访的沟通协调能力、写稿的文字表达能力，运用到工作任务上。

丁楠【岭南（大学）学院经济学系96级】

职业为人力资源专员。

对于现在的人生，岭南人产生的影响在于明白对于自己想做的东西，要能努力争取。结果有时重要，有时不重要，因为很多事物都是变化的。享受过程，享受沿路的风景，珍惜身边的好友。

任博【岭南（大学）学院国际贸易金融系96级】

直接导致刚工作3个月，就参与单位企业文化丛书的编撰。半年后被领导从业务部门的普通见习员工，安排提前转正从事人力资源管理。

罗琳【岭南（大学）学院税务系96级】

我在任总编期间，正遇上亚洲金融危机，那时杂志出版失去了一直以来的经济来源，几近停办，举步维艰。也正是因为曾面对这样的局面，日后每当遇到什么困难，我都会以《岭南人》的经历来为自己打气。商海沉浮，内心煎熬的日子也多了，总记得如此困难的处境在98年也曾经历过，坚持一下也就能过去了。

李焱文【岭南（大学）学院财政税务系98级】

现在职业：注册会计师。

岭南人对我的影响：胸怀、思维、勤奋与务实。

唐安琦【岭南（大学）学院国际经济与贸易专业99级】

历经媒体人、广告人、公关人、营销人，创业数次，正在向投资人转变。

在岭南人时要习惯可呈现的思考（多少要写作）和解决问题（解决经费问题，出版杂志），直接打造了一颗不安现状、独立思考、喜好创业的心。在工作和生活中不断寻找真理、规律，至今。

林莉【中文系99级】

数字出版新兴行业。

我在本科的时候，投入做《岭南人》；在研究生的时候，投入筹办中大电视台。度过这两段时期之后，我确定了毕业后要做媒体。

在个人职业方向调整的过程中，《岭南人》就是最初的那个点，经由它不断地发散，形成我个人的职业网络和思维结构。

陆玉娟【岭南（大学）学院国际经济与贸易专业00级】

多个行业折腾。

岭南人所给的影响：一、相信人的潜能是无限的；二、相信只要坚持，必有奇迹发生；三、相信情谊无价。只要你还是你，总有一些人会对你不离不弃。

以上收获的这三点，让我对之后的人生无所畏惧。

余峰【岭南（大学）学院经济学系01级】

那段经历让我学到了坚持、责任、大局与协调。

冯莹莹【岭南（大学）学院经济学系03级】

为经贸事业贡献力量的公务员。

磨炼了韧劲，至今面对困难都会秉承一股不死小强精神。

林琳【政治与公共事务管理学院社会学系05级】

我现在是新华社英语电视台财经新闻的编导，简单说来就是策划、采访、编辑电视财经新闻。

在岭南人担任社长很锻炼我的组织协调能力，对后来的工作是有帮助的。

邓裕【传播与设计学院新闻系05级】

让我时常保持一点点与现实抽离的小理想小文艺。

刘清华【管理学院管理科学系05级】

港航行政管理，简单来说就是港政、航政、航道管理。

影响最深的应该是思考问题的方式，还有文笔的锻炼，受用一生。

易哲【岭南（大学）学院国际经济与贸易专业06级】

人生中所有经历都有其安排之用意。

没有岭南人的那一年，我应该无法在升入大三那年就轻松应对“广州三年展”的传说中最困难的在地备展工作，至今仍被所负责的艺术家惦念；无法在毕业第一年就以项目经理的身份运营“荒岛音乐会”；也无法进入香港寰亚唱片，以一人之力统筹几位出色创作歌手的内地宣传事务。

当然，也不会在“二十年”的关头重遇可爱的师兄师姐们，是你们让我更坚定自己的相信。

梁梓颖【岭南（大学）学院金融系07级】

对我价值观的形成产生很大的影响。

一、对金钱和理想的平衡，我认为金钱应该为纯粹的理想服务，也应该为心里的净地而有所保留。二、现实主义和理想主义的平衡。我认为现实手段该为捍卫理想而努力。三、使命感是责任感的支撑。有一群志同道合的人，相信我，并且愿意把他们的希望交给我去帮忙实现，我会感到热血沸腾，不论多艰难，我都会去努力，因为我在这个过程中也是在成全自己和壮大自己的力量。

胡志强【环境学院大气科学系08级】

《岭南人》将我这个崇尚“光没有颜色”的理科男，变成偶尔写会点小生活，小文字的“伪文青”。纵使工作方向不同，生活重心几经转移，但我们依然可以用一份“岭南情怀”来调剂生活，使其成为“世俗生活里的贴心港湾”。

江运高【信息科学与技术学院计算机系08级】

坚守文艺的自我，心灵永远想超越平凡的生活。

陈新伟【环境学院应用气象系09级】

岭南人的经历教会我怎样在贫瘠的环境中

寻找资源并善用之。

Q3：用一个词定义你现在的生活，为什么是这个词呢？

黄洪飙【岭南（大学）学院国际贸易金融系92级】

随波浮沉，似水静流。

因为不惑了。

邓永泽【岭南（大学）学院财政税务系93级】

幸福感。

因为想得到的基本得到，没有得到的已不重要。

周瑛【岭南（大学）学院财政税务系95级】

享受！

每一种状态，我都很享受。

唐安琦【岭南（大学）学院国际经济与贸易专业99级】

成长。

坦然面对那些需要经历的经历，享受成长中的酸甜苦乐。

林莉【中文系99级】

减法。

在20来岁的时候，年轻即是资本，可以不计成本地做事情、换工作，尝试各种可能。现在方向渐明，精力有限，开始做减法，学会拒绝，把精力放在值得做的事情上。

陆玉娟【岭南（大学）学院国际经济与贸易专业00级】

完整自我。

其实一直是个经历丰富的人，而毕业之后，从追求物质上的满足过渡到追求精神上的满足；历经种种，学及种种，现在觉得是到了真正打碎再重塑自己，完整自己的重要时刻。

林琳【政治与公共事务管理学院社会学系05级】

按部就班。

找到了一份自己喜欢的工作，也建立了家庭，一切步入正轨。

易哲【岭南（大学）学院国际经济与贸易专业06级】

不遗余力。

每天都活得仿似明日便是世界末日。时常想起香港作家卓韵芝的一本书名《活得像恋人》。是的，无论对亲人、对朋友、对生活、对工作，永远如待恋人般爱得不遗余力。

林璐韵【翻译学院对外汉语系06级】

依然热爱思考。

以前大家老说，谁谁谁文笔很好。我是最怕别人评论我的文章说文笔好的。因为我一直觉得“思想”比“文笔”更重要。一篇文章反映的是一个人看世界的视角，折射的是他对生活的思考。与岭南人为伍，更是纵容了这种想法。现在即使是在工作上为三餐奔忙，但在生活上，只要想起还有当年在岭南人结识的同伴们喜欢和鼓励那个“坚持己见的自己”，心中就留有一丝欣慰与前行的动力。

专访

这些年，一位桀骜不驯的少年，从不吝于摸爬滚打，直至成为了今天的睿智之士。

没有他，岭南人在新的征程中，也许不会像今天这般精彩。

进德修业人生路
——刘忠平专访

文/汤凯锋

一身休闲T恤是标准装束，标志性的笑容总能够拉近人的距离……生活中的刘忠平，更像一位邻家大哥，完全没有成功企业家的架子。很多人也这样评价他：成熟、低调、大气、稳重。

△刘忠平与长子合照

岭南人联谊会会长，是他人生中的又一个头衔。其实，每一个头衔都是他成长道路上一个又一个的注脚：班长、书记、学生会主席、社长……与以往不同的是，过去的更多是对他能力的肯定，如今则更多是言出必行的责任。

很多人以为，刘忠平会按着“官二代”的模式成长。但事实上，他与政界始终是若即若离的关系，走出来的是一条艰苦的进德修业路。筚路蓝缕廿载，他已经成为六家公司董事长，同时也是广东平远县政协常委，广东省平远商会筹备长。

忠平有太多故事，当回首起这段成长的历程，披着“成功企业家”光鲜外表的他，甘苦自知。

一

△刘忠平贤关村的老家（修缮中）

贤关村，一个美丽善良的小山村，几河在这里交汇，柚树河在附近成就多级电站，穿越崇山峻岭一路奔流，最终融入大海。

刘忠平就在这个小山村出生，并生活了10年。家里四兄妹，他最小。父亲是华中理工大学老牌本科生，毕业后在广州工作，是一名高级工程师，后主动申请支援家乡建设，回到平远老家，从技术员干起，先后担任氮肥厂厂长、副县长、县长等职位。

2013年，友人给刘忠平发来其父亲在1988年发表在《广东新闻》的工作照。在发了一个哭泣的表情后，他这样回复到，“一张令我溢泪的老脸。”

父亲是影响刘忠平成长的主线之一。

在家族中，刘父这一代是单传，由于父亲（刘忠平的爷爷）很早离开，刘父和母亲（刘忠平的奶奶）相依为命，那时的刘家十分艰苦，母亲是县搬运公司的搬运工（挑娘），奔走在两省交界的盐米古道上，靠挑盐上江西维持生计。刘父读大学时，学费和生活费全靠母亲的微薄收入及奖学金，还学会理发，勤工助学。刘母出身于书香门第，是早期的高中生，从小生活在县城边，后嫁夫随夫，她放下知识分子身段，老老实实当起农民，留在农村照顾老人和孩子。

很难想象，即使有父亲这种背景，刘家依然受到城乡二元户籍制度的影响。当时，由于孩子只能跟随母亲户口，刘母户口在贤关村，因此，刘忠平的童年也在农村度过，在民办的贤关小学（全是代课老师，没一个正式老师，许多老师还兼着一到五年级的课）上学，一直到小学三年级。

在贤关村的童年，刘忠平至今仍清晰记得这样一件事，父亲每次回家，都要给他理发。有一次，头发理到一半，县里来人告知有紧急公务，需要马上去处理，父亲放下推剪，丢下正在哭泣的儿子，拿起行李就走。看着小圆镜里只剪了一半的头发，第二天，刘忠平早上挣扎了许久才去上学，在同学们的笑声中跑出去理完另外一半。

1982年的一天，已是副县长的刘父骑摩托车回乡下，拉着儿子上县城。由于父亲摩托车驾驶技术不好，加上山路坑坑洼洼，在下坡处弄得人仰马翻。刘忠平被抛出挂在悬崖边的松树下，刘父赶紧爬起把他拖回路面，父子全身衣裤都擦得稀烂，身体破皮处还渗冒着鲜血。刘忠平没有哭，帮着父亲把地上的摩托车扶起。不怕死的父子俩，开着被折断了一面后视镜的摩托继续上路。到了县城，父子才发现装行李的黑色牛皮拉链包掉路上了。儿子很满足地获得了父亲上街买的两套新衣补尝，可惜没高兴太久，第二天一位赶集的老奶奶，凭着牛皮包里面的工作证找到县政府，旧衣服失而复得，父亲给了老奶奶一些心意钱，然后对刘忠平说，新衣服还是等过年时再穿吧！

刘父很"革命"，原则性非常强，每次有农转非指标，他都让给别人。到刘忠平三年级时，姐姐快满18岁，按政策过18岁后户口就不能随迁了。为了不影响姐姐的未来，已经是副县长的刘父终于申请要了个指标，把刘母户口迁入县城。三年级下半学期，搭着户口顺风车的刘忠平终于转学到了县城，摇身一变成了城里人，在杞园小学过渡了半年后转学到县第一小学。虽然以前在乡下上学，但刘忠平的学业并没被城里的孩子拉下，一直非常优秀，还在四年级时就获得了全县小学航模比赛二等奖。

与现在的成熟稳重相比，儿时的刘忠平其实有些叛逆调皮。当这种叛逆遇上父亲的威严时，父与子往往会发生终身难忘的碰撞。

因抗拒打针而挨揍就是其中之一。有一次，刘忠平生病了，不愿意打针，甚至"警告"医生，要是敢打针，就把针筒给摔烂。结果，刘父将他狠狠地揍了一顿。

△1989年12月，刘忠平父亲（前排右五）的工作照

还有一次，刘父从县城回乡给他买了一件比较新潮的军色衣服，前面是两排闪亮的金扣子。

刘忠平觉得“太花俏”，死活不愿意穿，结果又被父亲摁在地上狠狠揍了一顿。第二天，刘父意识到自己不该如此冲动，主动向儿子道歉。

“这是一位毕生劳瘁为平远人民谋求福祉，做出无私奉献的老领导。”后来，香港太平绅士何冬青这样评价刘父。

刘父把正气之风从工作中带到了家庭，深深影响了刘忠平的童年。虽然刘忠平不追潮流，但却懂得自尊、看重荣誉、在乎别人的评价。因此刘忠平从小就有要与别人争优秀的心理，从一年级起就当班长，无论是学习成绩还是在校表现，都非常出色。

二

刘忠平兴趣广泛，青少年时就喜欢“我笔写我想，我手写我心”。初中一年级时，他创办了班报《独蕾》，后来又加入初中《百灵》文学社的创刊团队。

20世纪80年代当时的办刊条件简陋，物资匮乏，在小县城要办一个刊物并不容易。他利用住在县府大楼的便利，跟油印室的工作人员打成一片，争取到蜡纸、油印技术、纸张等赞助支持。刘忠平还组织班上字写得好的同学，教他们刻钢板、誊写蜡纸、刷印报刊。

如今，有人看到忠平写的东西，还会问起初中同学，“这是他写的吗？”在地税工作的廖三拿出珍藏本《百灵》，指着他的文章说，“是，当然是，这就是他初中参与创办的刊物。”

△刘忠平（前排左二）小学四年级时卫生值日检查小组留影

因成绩优异、为人仗义、人缘好，找刘忠平玩的同学特别多。到高中二年级时，他还参加学生会（主席）、团委（团委委员组织部长）、《青春火花》杂志（社长）等社团活动。由于课外活动多，加上青春期叛逆性格，他的学习成绩在最关键时刻开始下滑。刘父对此意见很大。

父子之间爆发了第一次大矛盾。

△刘忠平（右二）高中时与同学野炊

高三那年的一天，刘父同事的儿子指着刘忠平调侃说："刘忠平，你爸跟我爸说，你也'变鬼'（客家话指变坏）了哦，跟的'阵党'（朋友）不好啊！"

在刘忠平心目中，此人吊儿郎当，跟自己完全不是同一路人。听到对方的讥讽，他感觉自尊被羞辱，非常愤怒。

次日中午，刘父回家吃饭，刘母特别加菜，做了娘酒鸡。气愤的刘忠平故意挑衅父亲，但刘父一直没有理会他。吃完饭，刘忠平又将碗反扣桌上，摔门而去，刘父还是不吭声。刘忠平走出家门，刚给自行车开锁，感觉就是咽不下这口气，又锁回车，直奔饭桌，端走娘酒鸡，倒在院子天井的污水沟里。

父子终于大吵起来。刘忠平顶撞，认为父亲即使觉得儿子不行，也要当面指出，不能背后中伤。争吵间，刘父似乎意识到了行为不妥之处，但儿子毕竟威胁了父亲威严，情急之下蹦出"我管全县人民，还管不了你"的厉言，刘忠平反击"你管得了全县人民，唯独管不了我！"争吵持续了一段时间，刘父没有再理会儿子。父子之间由此进行了长达数月的冷战。

高三语文老师姚英尹是刘忠平的亲舅舅，刘父最后还是冷静下来，让他去做儿子的思想工作。舅舅亲自找外甥谈话，在刘忠平心理最脆弱的时候，他肯定了刘忠平，觉得他本身非常优秀，刘父有时可能过于急躁，"反正我是看好你的，没有什么可批评的。"正是这次交流，舅舅感动了刘忠平，这种肯定甚至能影响他一生。

年轻气盛的刘忠平最终还是尝到了恶果，高考成绩不如人意。虽然争取到某大学的录取通知书，但他并不接受这个现实，犟性子不管三七二十一，决心复读。

第二年高考依然好事多磨。分数一样没有竞争力，难以保证进入刘忠平所填的中大计算机专业志愿。此时，爱子心切的严父主动结束了父子之间的对峙，不动声色地向朋友问起了招生的情况。刘父同事时任梅州市副市长何万真也非常关心，最终，时任中大计算机系主任姚卿达，校党委委员、组织部长陈亚忠以及校招生办主任等几位老师联合在档案后面签名，刘忠平终于跨入了中大校门。

三

大学成为刘忠平真正施展才华的第一个大舞台。

他发挥了过人的活动能力，继续参加各种社团活动。“无论号角从何时吹响，我都将点燃心中最亮的灯火，照亮前行的路；无论鲜花从何地盛开，我依然珍惜面前关爱的目光，温暖感恩的心！”这是1994年刘忠平竞选学生会公关部部长的竞选宣言。

1993年，他还参与了《岭南人》的创立，与梁升强、卜国琴、黄洪飙、潘春燕组成“五虎将”，共同创办了《岭南人》。刘忠平还担任了第3期总编。

诉衷情

刘忠平

秋风秋雨意辉煌，书改岭南妆。
弄潮诗写扁舟，驱赶百浪帆扬。

思故事，应流芳，不成伤。
舞康乐夜，才子一堂，诉岭南长。

△此诗于1994年中大康乐园创作，并发表于1994年《岭南人》杂志

尽管梁升强说，他当时选刘忠平是“捡到了宝”。但实际上，刘忠平与《岭南人》的相遇，绝非偶然。由于初中和高中都有丰富的专业经历，刘忠平在大学时期，一展办刊才华。

对于大学，刘忠平有自己的理解。韩愈这样说，师者，传道授业解惑也。当家人和老师均期望他在学校能中规中矩读好书时，他却认为大学也是逐步走入“社会化”的阶段，在大学需要和优秀的人相处、在一个好的氛围里吸收阳光空气水分、学会学习方法，在“社会化”才能真正触碰到大道、主业、迷惑，而不是满足于条条框框的教材。因此，他不仅参与众多学生活动，还独自摸索开设公司，经商创业。

△1996年，“著名漂流人”——宋大侠与美中贸易发展协会主席罗浩民先生（左四）亲手为"海漂邮品"举行仪式（左一为刘忠平）

刘忠平在学校的“不安分”很快引起老师的注意。梁升强的同班同学徐沛是刘忠平的师兄，两人也是“哥们”，后来徐沛读研究生，留校当了辅导员。他多次要约谈刘忠平，约到第三次，刘忠平才去见他。一见面，徐沛就警告刘忠平，在外面做生意，经常缺课，要给他记过处分。

有些江湖气的刘忠平没被吓着，他直言无所谓，只要不开除就好。当然，他也向辅导员“求情”，称学生除了要面对老师，更要面对家长，毕竟长辈们认为，孩子寒窗苦读十几年，应该和其他同学一样正常成长，如果挨了处分，长辈们会十分伤心。

“你去查查我的档案后面，看有多少个老师签字，他们到时候找我麻烦怎么办？！”刘忠平甚至“吓唬”起辅导员来。

刘忠平之所以能说出这番话，主要是因为他从小就熟悉官场应对。小学五年级起，他就强行要求住到县政府办公室的卧室里。卧室套间外是会客厅，找父亲断政办事的人来人往，他耳濡目染了各种政治现象，并形成了自己独特的思辨行为能力。

刘忠平理直气壮地告诉辅导员，不能轻易、草率地给他制造麻烦。并考虑到当时电脑稀缺、价格昂贵，系团委、学生会需要提升办公设备，刘忠平主动向辅导员许诺，将赞助两台最新配置的486电脑。这个承诺几天内就履行到位。

辅导员最后撂下：“原则还是要讲，该回来的时候还是必须回来，以免被其他人说闲话和投诉！”

过早涉入商海，刘忠平认为自己沾上了一股浓浓的“铜臭味”，总怕被别人打上异样标签。为了不引发争议，他经常开着皇冠3.0从学校的东门进去，然后偷偷地停好，远远地走回宿舍楼，走向教学楼。即便如此，他还是觉得特别异类和难受，上课前，他会小心翼翼地把手机和BB机的状态查了又查，生怕它弄出声响刺破了大学如水般的宁静。

其实，有不乏赞赏刘忠平的人。老师同学并没有因为他的“异味”远离，而是给了很多友谊、帮助和理解。有次，刘忠平参加一个校领导家人聚会，师母在她上小学的女儿面前夸刘忠平能干，并问：“忠平，你天天商业活动这么频繁怎么还能顾得到上课呢？”“你真多事！我都没问，你问那么多干嘛！”没等刘忠平接上话，老师就把话给师母硬生生踢了回去。

四

对儿子在大学期间的做法，刘父早已看在眼里，虽然没有公开反对，却一直默默在背后存疑观望。刘忠平很确定在不同场合能闻到父亲不满的味道。

1996年，就在刘忠平创业顺风顺水时，还是大学生的他策划了“第二届时代留言大海放漂”活动。难过的是，他因此活动同时经营的“海漂邮品”项目，不但没有带来预算经济效益，反而漂掉了他赚得的大量资金和借款。

“时代留言”和“海漂邮品”同时是一项大型公益活动，包括收集祝福、大海放漂、学生夏令营三部分，主要是通过向全世界收集和平祝词，装在漂流罐中放漂传播，传递和平声音，促进世界文化交流。

△第二届《时代留言》活动及“海漂邮品”策划人刘忠平（中）、容振伟（右）等驱车到广东海陵岛部署工作

活动得到各地支持。刘忠平和团队从1995年开始策划，很快就征集到全国两百多万人的签名及和平祝词，包括一些人文、历史记载以及一些名家的书画文艺作品等。刘忠平和拍档容振伟找到中国集邮总公司（集邮总公司立刻委托给下属广东分公司）合作，并找到当时国内最著名的邮票设计师王虎鸣先生设计，创造

发行世界上首批”海漂邮品“。

1996年7月19日，即亚特兰大奥运会开幕日，项目组在阳江海陵岛举行 “时代留言”大海放漂活动，引起巨大反响，除了得到加利、萨马兰奇、钱伟长、基辛格、罗浩民等名人关注支持外，来自全国各地的30多家新闻媒体也一起见证并报道了这一活动，此次活动还创造了“一次性投放最多邮品的吉尼斯纪录”，刘忠平因此被誉为“海漂邮品之父”。

梅州
首创“子母封”海漂传播人类和平佳音
梅州有位创“吉尼斯”纪录的年轻人
平远籍学生刘忠平入录《吉尼斯世界纪录大全》
广东省总经销
首钢供水铸铁管

△1996年7月，第二届《时代留言》活动及“海漂邮品”诞生后的相关新闻报道

在其中为期7天免费“国际大漂流夏令营”子项目中，刘忠平专门要求团队从诸多报名申请中抽选山区或贫困家庭为背景的一百多个孩子组成营员。让他们在海陵岛上安营扎寨、快乐放歌、共同见证公益之漂及邮品诞生活动。刘忠平非常敬重友好的两个“政工”恩师，大学老师欧阳可全和中学老师王敬平，义务担当夏令营的团长和副团长。

为了做好“海漂邮品”项目，刘忠平多方辗转协调，抓住每一个机会。

他至今难忘，1996年，在沈阳回广州的路上，他遇到了一位特殊的老人。在飞机上，刘忠平恰好手上拿着一张报纸，上面登着“钱伟长参加东北大学挂牌仪式”的新闻。

钱伟长是我国著名科学家，当日刚参加完东北大学挂牌仪式，刘忠平敏锐地发现，同在头等舱的老人正是钱伟长本人。他马上拿出纸笔，花了三四十分钟，写了一封信，将”海漂邮品“项目详细介绍给钱老，希望得到钱老支持。信写好后，刘忠平与钱老秘书沟通，请求将信转递给钱老。

钱老看过信后，十分兴奋，邀请刘忠平坐在身旁，问起了”海漂邮品“的情况，并在邮品宣传纪念票上题词。钱老还留下了邮编、地址和电话，邀请刘忠平有空可到北京探他。刘忠平后来如约将”海漂邮品“编号00001的限量首日封第一封寄给了钱老。

在1996年的亚洲邮展上，刘忠平策划的海漂邮品宣传声势浩大，也吸引了时任邮电部长吴基传等人的关注和关心。

当然，让刘忠平难忘的，还是创业的艰辛。

当年，为了项目顺利进展以及组织好放漂活动，刘忠平每周至少要去两趟阳江，每次都是自己开车来回，除了佛开高速外，其他路段都是国道。

有一次，刘忠平从北京做完宣传回到广州，已经是凌晨1时。但上午有交流会必须赶到阳江，他邀了一个同学作伴，连夜开车。由于实在太困，每到一个加油站，他都要停下来休息一下，最后，凭着坚定信念，终于在早上8点半赶到了阳江市区，3小时路程足足跑了8个小时。

在放漂活动当天，他只睡了两个多小时，体力严重透支，早上起来就呕吐不止。因放漂仪式前要主持新闻发布会，他找到一个小饭店，喝了两碗粥，全都吐了出来。最后还是逼自己吞下一碗，就是依靠这第三碗粥的能量，勉强撑完满满工作量的最重要一天。

尽管付出了很大努力，活动也取得了巨大社会效益，但项目收到的经济效益十分有限，刘忠平投入的四百多万，最后只收回一百多万，从“百万富翁”坠为“百万负翁”，不仅输光以前赚回的钱，还欠下几十万元的债。

刘忠平总结，一件事，几个人是做不好的，一定要依靠集体、依靠团队的力量才行。而当年，原本答应出资合作这个项目的另外两方，在左顾右盼后食言退出，团队建设饱受打击和影响，松散而无激情。

大学期间最大的项目，给了刘忠平最大的教训。但刘忠平却觉得值得，因为他收获了经历和创造了历史，也收获了像美中贸易协会主席罗浩民、大科学家钱伟长等这些特殊的朋友。

△“海漂邮品”首发纪念封

五

1998年的一天，正当刘忠平事业最为不顺的时候，刘父正好出差广州，刘忠平和大哥约好一起去看父亲。在深圳驱车赶回广州的虎门摆渡口，刘忠平买了些土甲鱼给父亲。

多年酝酿积淀的个人发展道路见解差异化，使得父子之间再次爆发矛盾。这一次，矛盾更加尖锐。

谁也没想到，父子们这次原定的温情相聚，却以争执异常激烈而草草完场。

当时，亏掉三四百万的刘忠平，正在重新寻找自己的定位，心情起伏很大。但刘父责怪说，本来好好地按照家人的设想和布局，毕业后进政府部门工作，日子过得会很舒畅。刘父更进一步责怪、批评刘忠平从高中开始就结交坏“阵党”（客家话）、胡乱轻信他人。同行的大哥也在旁边帮腔。

刘忠平感到十分委屈。他认为自己为人仗义，爱交朋友，而且朋友们也都挺仗义，每次需要他们的时刻，他们都倾情相助，而自己做生意也从来没有利用过父亲的权力关系和影响力。刘忠平再也抑制不住自己，把创业失败等累积的愤怒一同发泄出来，将爱立信338手机狠狠摔在地上，冲着父亲直吼：“不允许你这样侮辱我的社交和中伤我的朋友！我的事不用你管！既然选择了这条路，我就可以把自己照顾好。”

因为争执，父子不欢而散。临走前，刘忠平捡起摔成几片的手机，还故意将土甲鱼一并带走：“不给你们吃了！”

2000年，刘忠平的人生遇到了更大的挫折。当年，他的“海漂邮品”项目由于原定合作方食言退出，资金有了缺口，曾通过一位最好的兄弟（也是刘忠平生意合作忠实受益者）牵线，与广州一党政单位合作，该单位投入了几十万资金。在20世纪90年代，党政单位私设小金库经营项目是大行其道的潜规则。但后来，单位更换了一把手，新旧领导之间存在矛盾，新领导翻出“海漂邮品”这笔旧账，矛盾直指当年违规划拨资金。负责牵线的兄弟经不住他们恐吓，为了保全自己，不但没有如实跟刘忠平商量，反而与他们一道“默契”设局，把刘忠平给“卖”了。

他们采取非常手段，控制了刘忠平。

刘忠平很清楚，这是一个政治事件而非简单的经济事件，对方是在借题发挥、演变事态。被最好的朋友从背后捅来一刀，刘忠平觉得非常寒心，同时，拥有高度敏锐政治嗅觉的他，不得不将事情原委辗转他人告诉父亲，他知道父亲会去找他已官居省要员的革命战友主持公道。刘父连夜赶到广州，多方搬救兵，才解决了事情。

这件事对刘忠平的触动非常大，父子之间的疙瘩，或许正是因为这次矛盾的化解，而得到彻底消释。“一个人，无论成就多大，接地气的最终还是亲情！关键时刻，父亲就是儿子的那座山。”刘忠平感慨。

打小起，刘忠平与父亲之间就有一种天然的亲近。刘家四个小孩，三个对刘父都非常敬畏，除了最小的儿子刘忠平，直至高中二年级前，他都还坐在父亲的膝盖上，摸着父亲的耳垂。父亲很正直，帮理不帮亲，谁说话都不管用，但刘忠平的话，却能让他掂量一番。足见，从来不愿意当面赞扬刘忠平的父亲心中，承认着儿子有超越他的天赋。

父亲在2002年退休后，还发挥余热协助政府招商引资，忙忙碌碌。刘忠平每年的“五一”和“十一”大假，都会组织兄弟姐妹大家庭与父母到各地度假，既为感受永远长不大的那种温暖，也让父母感受儿孙相拥的这种幸福。

“子欲养而亲不在”，这是刘忠平最大的遗憾。

2009年9月的一天，刘忠平接到姐夫的电话，说父亲住院。他突然有种不祥的预感，十多分钟后，不到70岁的父亲心梗抢救无效的消息传来。赶回老家路上，他很冷静，把父亲辞世的消息，告诉父亲最好的战友们，并组织兄弟姐妹们一道用政治告别礼为父亲妥善送行。刘忠平了解父亲，他生为革命而活，死应以革命礼仪相送，这才是对父亲最大的尊重。

刘忠平在父亲留下的一个密码箱里发现有11万元存折和7万现金（现金记号显示那都是子女近年的孝心利是），还有刘忠平1996年寄给父亲的“海漂邮品”和当年介绍刘忠平事迹的一批报纸。对父亲的清廉，刘忠平不觉得意外，意外的是，没想到从不松口的父亲一直默默地以儿子为骄傲。刘忠平的眼睛湿润了许久。

虽然父亲走得很安详，如高僧坐化，坐在坐了几十年的客厅沙发位置上直奔极乐，但刘忠平还是无法掩盖内心的悲痛。2009年9月26日，坚持抚弄文字每天一博的他，写下《沉重悼念刘永华同志》悼文后，便从此缀笔博客，以示缅怀。

在刘忠平的成长中，虽然父亲有很重要的影响，但并不是影响最大的。从小到大，刘忠平更多是自学，他的学习能力很强，坚持不让新的东西把自己抛弃，自成一派。哪怕到现在忙忙碌碌不停，一样不忘吸纳每天发生的时政要闻、人间百态，与朋友分享他的独特视点和生活营养。或许正是他这种不拘一格的性格和持点，才能屡屡打破“正常”的成长逻辑。

六

历经过人生第一次跌宕后，1997年，刘忠平带着三十万元和一部车，转战浙江、湖北等地，从事各类贸易活动，重觅商机。商旅途中遇到的许多人和事，每每念起，总能让刘忠平脸上溢满感动。在浙江桐庐和衢州还经历过两次车损超5万元以上的突发车祸，凭借自己娴熟的车技和冷静表现保全大难不死。

此后，他又回到广州，开过酒吧、装修公司等，足迹涉及各行各业，虽然能赚到钱，但他始终觉得没有找到自己的定位。

值得一提的是，他经营保龄球馆过程之课，又是成长环节中重要的一堂。

当时，喜爱保龄球运动的刘忠平，无意中结下了一段不解之缘。黄埔大道一家保龄球馆的老板林老先生，一个60多岁的台湾人，耗费几千万投资建成了省城最大的保龄球馆，但一直遇到诸多困难，经营维艰。讲义气的刘忠平通过自己的资源，为球馆解决了不少难题。

林老先生很是感激，动员刘忠平加入球馆，转让部分经营权给他，刘忠平认可球馆的发展，将好不容易赚得的又一桶金投到了球馆。

2001年某月的一天，林老先生从台湾过来广州，晚上就住在球馆三楼董事卧室。第二天早上，天气异常寒冷，刘忠平原定外出，因感觉莫名不舒服，没有出去。上午9时许他来到了球馆，上楼找林老先生，快到门边时，他听到一种令他毕生难忘的微弱嘶哑声音，犹如丛林之王狮子濒死前的呼喊。他感觉不妙，马上推开林老先生的房门，人不在床上，浴室传来潺潺的流水声。打开浴室门，他看到林老先生泡在浴缸里，瞳孔放大，身体僵硬，右手紧紧抓着花洒，花洒冒着因煤气烧尽后的刺骨冰水。刘忠平马上拨叫救护车，然后喊楼下的保安上楼，一同把林老先生抬到床上，盖上被子，在他冰冷的身子上使劲地搓，直至救护人员赶到。

将林老先生送到医院后，刘忠平很冷静地通知他的家属从台湾赶来，电话嘱咐小林沿途一定要好好照顾妈妈。幸好，当天下午，经过抢救，林老先生出现转机，苏醒了过来。医生评价：因煤气轻度中毒后冷水冲泡了几个小时，身体极度低温，九死一生！迟到一分钟，病人估计就没得救了！

林老先生住院一个礼拜后，完全康复，要回台湾。经历这次死生，看透了生意得失，不想再坚持，林老先生决意将剩余保龄球馆所有股权都廉价转让给刘忠平。刘忠平怀着特殊的感情，接管了球馆。

在接管球馆后，几个号称志同道合的兄弟想一起打造“球馆文化俱乐部”这个产业，正是需要多方帮助之时，大来大去讲义气的刘忠平欣然答应，与另外三人平分天下，不计他们投入多少而共享股权，并签订了合作备忘录。然而潮流已过，球馆经营很难恢复盛世，面对重重困难，其他几个哥们合共投入不到百万资金后相继隐身，不愿作为。刘忠平只好默默独自苦拼，并许诺将在合适的时候把他们的投资款悉数奉还！

但球馆终归还不是刘忠平的。征收拆除楼下加油站变停车场、改自发电为村租电、把一楼打造为休闲游戏中心等，正当刘忠平调整思路开始一系列动作并决心大干一场的时候，由于地处广州商业旺地，当地相关利益人为了终止租约，引入租金更丰厚的丰田4S店，他们掐断了保龄球馆的供电线路，让球馆经营受阻。

因平时对员工呵护，在最困难的时刻，刘忠平得到一百多号员工的强力支持。刘忠平承诺，在停业期间，只要员工安心留下，除却每个月定期发放生活费外，其他工资分文不少，恢复经营时补回。

与刘忠平预判一样，果然在僵持了半年后，很多员工因天天休息无所事事且环境恶化而无法忍耐。他所担心和感动的事情终于爆发：员工们打着横幅截断了球馆旁边道路的交通，冲进了肇事村委办公大院！最后以四个带头员工被治安拘留而沉重收场。

僵持了一年多，期间区委多次出面帮助协调亦无善果。2004年，为保证员工们的基本利益，刘忠平最终放弃了保龄球馆，投资再次没有得到相应回报。千金易得，情义难求，刘忠平并不后悔。他因此收获的宝贵感情和复杂人性，足以温暖一生。

悟透了累透了看透了，历时几年、花费千万元的球馆故事，如风吹过。一切重头再来。

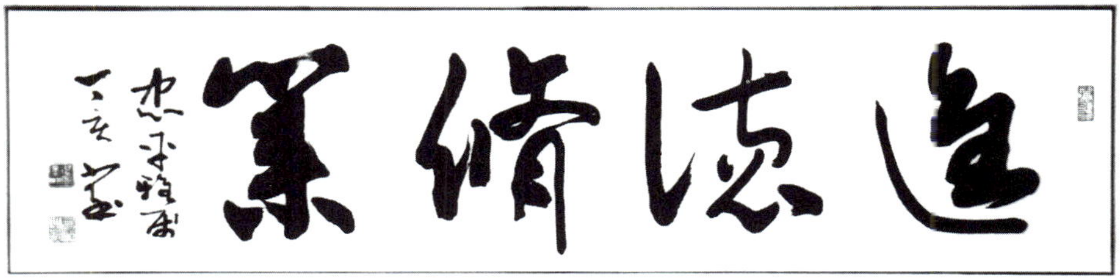

△叶选宁将军的题字：进德修业

七

命运总会眷顾勤奋的人。

也正是从2004年起，刘忠平先后瞄准了IT、通信、电力、文化传媒等行业，先后创立或兼并了驭光、雅华、东钛、京兰、天诚伟业、中瑞凯隆等公司 并不断发展壮大。承载着日均几千劳动者安居乐业的社会责任。

人生的跌宕起伏，让刘忠平已然成熟稳重。

他如今的企业架构，正浓缩着当年很多精华。

淡泊个人功名利禄，刘忠平更看重于集体的发展和荣誉。

他坚持“从社会中来到社会中去”的处世哲学，热心社会公益，积极回报社会。刘忠平常说一句话：“事业是大家的，不是我一个人的。”

刘忠平有很多头衔，每一个头衔都经过谨慎选择，因为他很清楚，这些头衔背后，都是满满的责任，而不是光鲜的外壳。

一位名人、长辈为刘忠平题词：进德修业。

刘忠平正是用艰辛而独有的成长方式，演绎着德与业的交通哲理和前进方向。

附录

岭南人家谱

这是承载我们许多故事的地方，我们为它赋予一个最朴实的名字——家。岭南人家谱记录了社团的生命轨迹。一个个看似枯燥的名字，是社团的核心与灵魂；看似大同小异的架构，与社团的兴衰起落息息相关。看似简单的家谱，实则是社团发展历史的缩影，这是我们决定将家谱纳入此书的最重要的原因。

岭南人发展至今已超过廿载，年长日久，很多通讯录等资料已散佚；加之岭南人的足迹散布祖国天南地北、海外重洋，部分岭南人至今未能取得联系。追溯历史材料编撰这份家谱可谓困难重重，其间我们认真追寻出版的每一期杂志，.联系历任社长、总编，不厌其烦地核对每一个名字。我们怀有一个希望：即使不能达致十全十美，也要尽最大的努力，留最小的遗憾。

经过多次讨论，编委会最终确定家谱的呈现形式，力求客观、准确地还原社团发展的整个历程，不遗漏一个岭南人。社团发展到后期，虑及部门较多，排版庞杂等问题，决定将部长列入成员名单，不另外单列，敬请大家包涵。

此外，由于因时间仓促，尽管再三核对，难免有错漏不当之处，敬请原谅。如有错漏，请与岭南人联谊会联系，以期再版订正。

一日岭南人，终身岭南人。

期望这份维系你我的家谱源源不断地有新的岭南人加入！

编辑：刘家亮 冯燕华

《岭南人》联合编辑部

【1993年9月——1994年1月】

总　　编：梁升强
副 总 编：卜国琴
编　　委：黄洪飙　刘忠平　潘春燕
成　　员：黄淑青　张迪安　杨　萍　钟泽晖　王小龙　李田田　陈洁红　陈楚庄　邝俏蓉　曾　烨　钟天荣　周　诚
　　　　　黄　映　谢　恒　谢　迎

岭南人编辑委员会

【1994年2月——1994年6月】

总　　编：梁升强
副 总 编：黄洪飙　刘忠平
执行总编：李田田
成　　员：梁　延　王雅君　周粤萍　蔡远健　刘家亮　黄淑青　钟泽晖　王　珍　吴伟尧

岭南人编辑委员会

【1994年7月——1995年1月】

总　　编：黄洪飙　刘忠平
成　　员：李田田　梁　延　刘家亮　邓永泽　凌　翔　胡南迪　王雅君　王稚蓓　邓　豫　肖　波　林　蔚　王明静
　　　　　张学宁　邓宇晖　肖　扬　郑　玮　欧阳卉　张　雯　汤韫梅　刘苑麟

岭南人编辑委员会

【1995年2月——1995年6月】

总　　编：黄洪飙
副 总 编：梁　延
成　　员：邓永泽　凌　翔　胡南迪　王稚蓓　肖　扬　刘达恩　刘　琼　梁海平　肖　波　林　蔚　张学宁　王雅君
　　　　　廖志豪　张学宁　王明静　邓宇晖　赖淦锋　林喜得　吴　丹

岭南人编辑委员会

【1995年7月——1996年1月】

总　　编：梁　延
副 总 编：邓永泽　凌　翔
成　　员：刘家亮　王稚蓓　胡南迪　肖　扬　刘达恩　刘　琼　梁海平　节　晶　赖淦锋　张学宁　刘媛秋　王　珍
　　　　　邓裕华　郭奕斌

岭南人编辑委员会

【1996年2月——1996年6月】

总　　编：凌　翔　邓永泽（执行）
成　　员：刘家亮　胡南迪　刘　琼　节　晶　赖淦锋　陈　悦　罗长城　周　瑛　陈宪淳　温雷波　刘媛秋　肖　扬
　　　　　陈若翀

岭南人编辑委员会

【1996年7月——1997年1月】

总　　编：凌　翔
副 总 编：胡南迪　罗长城
成　　员：刘　琼　陈　悦　周　瑛　李海明　陈玉琪　罗　琳　佘超梅　陈宪淳　陈　峻　刘媛秋　梁星珏　彭继和
　　　　　邓裕华　丁　楠　吴志峰　康　鸿　范里浪

岭南人编辑委员会

【1997年2月——1997年6月】

总　　编：周　瑛
成　　员：刘　琼　罗　琳　丁　楠　佘超梅　陈圆圆　韦　粤　李海明　陈　峻　范里浪　康　鸿　刘联国　任　博
　　　　　段朝阳　林键敏

岭南人编辑委员会
【1997年7月——1998年1月】

总　　编：周　瑛
副 总 编：李海明
成　　员：丁　楠　任　博　罗　琳　陈圆圆　韦　粤　佘超梅　刘联国　简伟豪　邹勇兵　黄文锋　阎　华　叶丽群
柯丽丽　江　曦　邓展文　吴　旻　刘　颖　邓　征　王晓菊　冯冬梅　卢学东　王　钊　许劲涛

岭南人编辑委员会
【1998年2月——1998年6月】

总　　编：丁　楠
执行总编：任　博
成　　员：陈圆圆　阎　华　刘　颖　李　虹　黄　娜　邹勇兵　邓展文　许劲涛　江　曦　叶丽群　王　晖　刘熹微
马文华　吴　昊　简伟豪　王　钊　李海峰

岭南人编辑委员会
【1998年7月——1999年6月】

总　　编：罗　琳
副 总 编：邹勇兵　阎　华
成　　员：黄　娜　陈　瑜　方晓安　张扬眉　李焱文　王亚楠　王　冬　吉　蕾　胡　静　朱　颖　杨　微　杨晓洋
周　游　黄　峪　鲍岚岚　吕千山　成　沁

岭南人编辑委员会
【1999年7月——1999年9月】

总　　编：邹勇兵
成　　员：黄　娜　张扬眉　李焱文　王亚楠　吉　蕾　胡　静　周　游　朱　颖　鲍岚岚　成　沁

岭南人杂志社
【1999年10月——2000年1月】

社　　长：黄　娜
副 社 长：李焱文
社长助理：张扬眉　吉　蕾
主　　编：王亚楠　杨　昂（名誉）
副 主 编：鲍岚岚　成　沁
成　　员：周　游　胡　静　朱　颖　陈春敏　陈　杰　邱　健　文　珍　陈雯锐　涂　帆　林　莉　黄伟棠　文苑棠
陈智明　曾戊忠　唐安琦　张　鹏　梁　艳　刘小燕　李海峰　王　钊　庄　重

岭南人杂志社
【2000年2月——2000年6月】

社　　长：李焱文
副 社 长：周　游
主　　编：罗　渊
副 主 编：林　莉
成　　员：陈春敏　黄伟棠　涂　帆　李春荣　陈　杰　文　珍　李胜红　刘　芳　曾戊忠　薛晓冰　陈智明　孟智平
张　鹏　唐安琦　邱　健　刘晓燕

岭南人杂志社
【2000年7月——2001年1月】

社　　长：李焱文
副 社 长：陈　杰
社长助理：唐安琦
主　　编：罗　渊
副 主 编：林　莉
成　　员：贺江华　张　鹏　薛晓冰　文　珍　黄伟棠　涂　帆　王媛媛　林　冬　全文文　谷　毅　陈　滢　黄智攀
江佩玲　王　润　肖小菲　肖　爽　蔡雪玲　潘焕琼　骆龙衍　陆玉娟　汪杨明　钟　莹　杜　宇　林少娜
刘　念

岭南人杂志社

【2001年2月——2001年4月】

社　　长：陈　杰
副 社 长：唐安琦
主　　编：罗　渊
执行主编：林　莉
成　　员：蔡雪玲　王媛媛　涂　帆　文　珍　俞　蓓　薛晓冰　张　鹏　陆玉娟　汪杨明　林　冬　钟　莹　杜　宇
任江涛　侯国楠　汪　涛　林少娜　刘　念　王　岚　韩　颖

岭南人杂志社

总　　社

【2001年5月——2002年8月】

社　　长：陈　杰
副 社 长：唐安琦
主　　编：罗　渊
执行主编：林　莉
成　　员：蔡雪玲　王媛媛　涂　帆　文　珍　俞　蓓　薛晓冰　张　鹏

珠海校区

【2001年5月——2002年8月】

社　　长：陆玉娟
副 社 长：钟　莹
社长助理：余　峰　范媛媛
主　　编：汪杨明
成　　员：段　殷　韩　菲　黄　勇　林　冬　林少娜　肖小菲　刘　念　殷达明　梁晓生　蓝　定　刘燕佳　王昭怡
吴寅生　林开盛　余炳贺　董玲玲　王　娟　谷　毅　杜　宇　郑泽海　潘　颖　郑寺麟　孙良才　刘振宇
蔡志良　潘玮倩　江佩玲　杨　扬　易　兰　金　健　王　润　吴亚兰　宗双双　赵英杰　赖雨晨　缪晓娟
许寒汀　董　正　陈　笑　方　方　金　昭　张洁平　龙晓霖　杨楚量　林　蔚　高适艳　董慧艳　温泽宏
王长风　王天卓　邹汉军　邬圣魁　林　烨　蔡　颖　黄　坤　谭　樯　沈　仰　李旭峰　刘　翔　秦　月
龚　玺　刘　瑜　李晓静　徐慧茹　徐婧婧　袁智海　杨海侨　郑　涛　梁嘉文　黄　莹　邱育苗

岭南人杂志社

总　　社

【2002年9月——2003年8月】

社　　长：陆玉娟
副 社 长：钟　莹
主　　编：汪杨明
成　　员：黄　勇　韩　菲　段　殷

珠海校区

【2002年9月——2003年8月】

社　　长：余　峰
主　　编：范媛媛
副 主 编：张洁平　陈　笑
成　　员：杨楚量　赵英杰　黄炜锋　田纯青　莫逢武　张晓露　陈倩霞　扈立奇　李　勤　古　菲　施　展　王京天
幸　岚　苏焕杰　冯　孟　张宁昕　苏杏彩　曾秀媚　雷迪菲　徐卓勍　段　锐　华有裕　詹博知　魏　文
陈　锐　刘　慧　房春玲　朱丽华　林　艺　陈　慧　马儒奇　李利斌　陈晓岚　易　婷　陈　谊　吴晓晓

岭南人杂志社

总　　社

【2003年9月——2004年8月】

社　　长：余　峰
主　　编：范媛媛
副 主 编：张洁平　陈　笑

珠海校区

【2003年9月——2004年8月】

社　　长：幸　岚
副 社 长：李　勤
社长助理：甄　祯
主　　编：扈立奇
副 主 编：张晓露

成　　员：苏焕杰　古　菲　陈　慧　李利斌　房春玲　曾秀媚　关可心　董马乐　吴　西　何秋萍　何嘉恒　黎　别
杨　威　王击凡　宋　文　余嘉俊　李　芸　崔荣杰　阳彩栌　苗子奇　胡文耀　刘玲玲　刘云花　胡锦灿
叶春香　尹　甜　冯雅琳　袁小良　冯莹莹　蔡鸿斌　欧彦君　李　春　曾燕璇　毛俊伟　练智勇　陈　婷
刘煜成　詹莹莹　罗少谋　黄颖欢　李明舰　胡伟华　贾　勋　丁枚芳　何小亮　王　浩　黎规荣　庞俊亮
程佳凌

岭南人杂志社

总　　社　【2004年9月——2005年2月】
社　　长：幸　岚
副 社 长：李　勤
主　　编：扈立奇
副 主 编：张晓露

珠海校区　【2004年9月——2005年2月】
社　　长：冯莹莹
副 社 长：刘煜成
总　　编：王击凡
成　　员：甄　祯　何银秀　余嘉俊　曾燕璇　刘玲玲　贾　勋　王　浩　冯雅琳　阳彩栌　尹　甜　何小亮　丁枚芳
欧彦君　吴　西　陈剑峰　王晴晴　黄文浩　沈玉宁　林　胤　吴春燕　叶　阳　陈　媛　张颖妍　姚　笛
何国维　梁　欢　刘英集　梁嘉歆　蔡鸿斌　袁小良　赵梦龙　何仲彬　徐斌诚　梁宝仍　郭春兰　张庆庆
杨泽柳　翁伟生　周菡苕　鄢　黎　吴烁宇　何海狮　王　鹏　梁纪锋　何　帆　雷嘉欣　赵　菁　姚丽君
廖丹琪　王　路　庞丽彩　徐　峰　陈　芯　严　琴　徐　筝　王海青　王佳蓉　梁业丽　张馥玫　朱慧林
杨成林

岭南人杂志社

总　　社　【2005年3月——2005年6月】
社　　长：冯莹莹
副 社 长：刘煜成
总 编 辑：王击凡
成　　员：甄　祯　何银秀　余嘉俊　曾燕璇　刘玲玲　贾　勋　王　浩　冯雅琳　阳彩栌　尹　甜　何小亮　丁枚芳
欧彦君　吴　西　蔡鸿斌　袁小良

珠海校区　【2005年3月——2005年6月】
执行社长：王城坚
执行副社长：何仲彬
主　　编：麦晓婷
成　　员：林　胤　谢　媛　沈玉宁　叶　阳　陈剑峰　黄文浩　王晴晴　吴春燕　张颖妍　李竹君　姚　笛　何国维
梁嘉歆　周俊龙　梁　欢　陈　翀　廖丹琪　何　帆　王佳蓉　王海青　张馥玫　陈　芯　鄢　黎　吴烁宇
杨泽柳

东 校 区　【2005年3月——2005年5月】
执行社长：廖丽罗
执行副社长：郑宇钧
主　　编：崔　爽
成　　员：马照平　卜咏琪　叶小玲　黄捷祺　雷婉倩　潘　蕊　陈彦婷　蔡　媛　陈楚洁　林　燕　邝羽玲　王文福
尚佳伟　林娇娜　何　颖　吴丝茗　苏晓璇　冯　珊　周　盼　任　冰　陈伟贤　姚琳琳　赵菊斐　张吉林
宋金生　邓　蕊　毛洁琼　古雅卉　潘　曦　郭水苗　朱　悦　冯燕华　谢　斐　黄　鹏　肖凌霞　陈文彬
莫建文　李海林　黄泳嘉　莫小静　李俊娜　刘　乙

岭南人杂志社

总　　社　【2005年7月——2006年6月】
社　　长：冯莹莹
总 编 辑：林　胤

珠海校区　　【2005年7月——2006年6月】

社　　长：王城坚
副 社 长：何仲彬　陈锦浩　庄晓升
主　　编：麦晓婷
副 主 编：谢　媛　郭　薇
秘 书 长：王海青
成　　员：王佳蓉　吴烁宇　鄢　黎　吴晓琦　张馥玫　陈丽纯　赖洲洋　卢林瀚　杨泽柳　简佩仪　冯燕平　张蔼恒
张　晔　张育哲　陈乃琳　林立煌　郑小琳　吴桐雨　林　莉　许舒婍　肖　飏　李美筠　陈　翀　廖丹琪
何　帆　李　静　卢林瀚　王　谊　王材尹　丁度银　钟晓逸　黄诗晓　黄子凡　梁少婷　张　群　周　晶
陈少娜　何健敏　郑　静　郭方鹏　林冠陆　曾　杰　梁业丽　陈思烨　朱惠玲　姚健鹏　郑子健　郑少伟
陈丽侨　罗绮明　胡　当　赖　颖　刘明炎　汤　婷　农静云　龙江平　李　涛　徐华超　赵巍然　陈少刚
杨涵琪　白丹丹　庄瑞玲　黄晓芳　王利晶　陈俊锐　何春妮　冯嘉韵　陈文哲　区倩婷　蔡舒钏

东 校 区　　【2005年6月——2006年3月】

社　　长：叶小玲
副 社 长：周　盼
主　　编：卜咏琪
副 主 编：陈楚洁　江　捷　周　懿
成　　员：陈彦婷　冯燕华　蔡　媛　李海林　莫小静　肖凌霞　罗　静　戴晶晶　郭　翔　王文福　尚佳伟　林娇娜
吴丝茗　苏晓璇　任　冰　赵菊斐　宋金生　邝羽玲　郭燕平　林　琳　郭嘉研　郑禾晞　叶秋勇　刘清华
李甜妹　邓　裕　申　斯　曹彦果　潘金辉　陈文彬　莫建文　黄泳嘉　刘　乙　赵丹琳　陈　曦　李　萱
张　楠　齐　峰　李晶晶　卢思颖　林晓薇　郑少忠　林晓冬　毛贵锋　李柏潮　黄天德　朱　悦　朱小贝
叶世峰　高　莉　戴桂纯　黄安杰　谢　维　孙末非　吴晓文　刘惠明　毛巧华　李　航　韩　芜　许上云
宋传亚　林健辉

岭南人杂志社

总　　社　　【2006年7月——2007年6月】

社　　长：王城坚
副 社 长：何仲彬　陈锦浩　庄晓升
总 编 辑：林　胤
秘 书 长：王海青
成　　员：麦晓婷　谢　媛　吴晓琦　郭　薇　王佳蓉　张馥玫　鄢　黎　陈丽纯　赖洲洋　吴烁宇　陈　翀　何　帆
廖丹琪

珠海校区　　【2006年7月——2007年6月】

社　　长：林冠陆
副 社 长：张育哲　杨　添　吴桐雨
主　　编：肖　飏
副 主 编：陈文超　林立煌
秘 书 长：王材尹
成　　员：左　婧　梁少婷　徐华超　王　谊　区倩婷　郑少伟　郑子健　李美筠　钟晓逸　汤　婷　龙江平　杨涵琪
徐浩明　简佩仪　冯燕平　张蔼恒　张　晔　张育哲　陈乃琳　郑小琳　林　莉　许舒婍　钟玉玲　孙笛庐
林璐韵　张　昀　郭　恒　莫甘霖　易　哲　梁顺嘉　陈培娜　蔡燕梅　李卓凡　张建韩　冯源婦　王晓佳
吴　晶　陈　晨　张　昀　詹虚致　刘发扬　刘储宁　熊　伟　谭健樟　赵俊东　巫光晓　李　鑫　杨丽云
张焕平　韩　军　林　川

东 校 区　　【2006年4月——2007年4月】

社　　长：林　琳
副 社 长：齐　峰　彭志群
主　　编：周　懿
副 主 编：邓　裕　郭燕平　申　斯　郑禾晞
成　　员：赵丹琳　刘惠明　张　楠　宋传亚　曹彦果　林晓冬　卢思颖　杜　宪　毛巧华　李柏潮　谢湘云　郭嘉研
刘清华　叶秋勇　潘金辉　李　萱　宋金生　郑少忠　李晶晶　毛贵锋　黄天德　戴桂纯　黄安杰　朱小贝
林健辉　韩　芜　许上云　陈文彬　黄泳嘉　李俊娜　麦宇云　陈燕生　蔡岳鑫　方　妍　张辰宇　段文威
陆　非　安　怡　雷　岚　夏　静　袁　婧　林月婷　王思维　李　顺　李国波　庄明源　陈旭安　司徒清清
蔡谨潮　陈　倩　季　睿　庞　冠　周栋涎　杨　爽　毛金燕　杨文锋　任丽娟　卢昕韵　刘碧茬　周丽姗
姜业实　龙梦萍　卢　宇　李方源　黄华丽　叶月草　黄银兴　鲍嘉睿　林健辉　崔　欣　热依汗古丽

岭南人杂志社

总　　社 【2007年7月——2008年6月】
社　　长：林冠陆
总 编 辑：林立煌
秘 书 长：王材尹

珠海校区 【2007年7月——2008年6月】
社　　长：易　哲
副 社 长：冯源斌
主　　编：钟玉玲
副 主 编：林璐韵　孙笛庐　张　昀
秘 书 长：王晓佳
成　　员：巫光晓　吴　晶　张焕平　詹虚致　余彦明　谭健樟　赵俊东　熊　伟　刘发扬　林　川　韩　军　李巧华
陈　晨　李　鑫　杨丽云　杨　祺　梁梓颖　朱文菁　周毅敏　王如菲　何　昭　张　笑　刘仲怡　罗文权
易　阳　江舜茵　余洁宜　甄兴龙　吴利锋　贾茹婷　翁桂丹　黄兆华　刘少玟　赵松龄　周　萌　何嘉韵
李安宁　钟珏怡　牛晓芸　宁　静　陈　弋　卢静宇　刘储宁　严　霞　谭　言　邹　辉　周国翠　乐广龙
杨丽娟　蒋沁孜　杨嘉莉　耿　欣　潘　驰　袁永殷　丁如一　陈丽娜　丁欢欢　胡毓凌　颜健贞　蒋能三
胡学森　蔡海南　薛　莎　徐钿钿　王宇通　郑君宏　钟丽冰　刘小敏　梁景焕　刘一婷　汤莹莹　陈盈璐
夏立栋

东 校 区 【2007年5月——2007年10月】
社　　长：周　懿
副 社 长：麦宇云　黄华丽
主　　编：邓　裕
副 主 编：林月婷　王思维　张辰宇
秘 书 长：杜　宪
成　　员：刘惠明　黄晓慧　方明子　周栋涎　谢湘云　张　淼　郭　婵　肖苗苗　卢　宇　龙梦萍　陈燕生　司徒清清
陆　非　李　顺　李国波　蔡岳鑫　方　妍　段文威　安　怡　雷　岚　林超兰　郝　杨　袁　婧　叶　丹
庄明源　卢昕韵　刘碧蓉　任丽娟　庞　冠　蔡谨潮　林健辉　姜业实　李方源　黄银兴　叶月草　冯焱塬
陈　敏　热依汗古丽

东 校 区 【2007年11月——2008年10月】
社　　长：麦宇云
副 社 长：黄华丽　张朝雄
主　　编：段文威
副 主 编：林月婷　王思维　张辰宇
秘 书 长：张　淼
成　　员：龙梦萍　曾国锋　方明子　周栋涎　钟炯亮　肖苗苗　郭　婵　卢　宇　庄明源　陈佛保　蔡岳鑫　司徒清清
丁　洁　林驰雯　陆　非　李　顺　李炜晋　林　立　邱也栩　魏　超　王丹晓　王容宽　姚　昕　钟碧莉
张晓丹　张　莉　郑　勉　李仲逸　宋文韬　王丽丽　王　玥　黄银兴　李方源　夏　静　陈汀皓　胡可杰
江　玮　刘俊豪　刘　榴　叶晓君　程智锋　高静军　黄俊敏　刘碧蓉　李梦迪　卢昕韵　王　洁　温逸舜
徐碧莹　周丽姗　张　余　陈　敏　冯焱塬　何凌晞　郝　杨　叶　丹　张林昱　詹育艺　卢思齐　吴丽怡
陈颖茵　潘　群　卢　广　王妙珍　李　欢　张莹莹　王迪佳　郑　洋　庄毓琼　林吉鹏　罗　智　邓晓东
吴嘉文

岭南人杂志社

总　　社 【2008年7月——2009年6月】
社　　长：易　哲
总 编 辑：孙笛庐
秘 书 长：王晓佳

珠海校区 【2008年7月——2009年6月】
社　　长：梁梓颖
副 社 长：郑君宏
主　　编：杨　祺
副 主 编：朱文菁　张　笑
秘 书 长：刘少玟

成　　员：江舜茵　牛晓芸　陈盈璐　周国翠　汤莹莹　翁桂丹　丁如一　严　霞　耿　欣　钟珏怡　蔡海南　余洁宜
　　　　　甄兴龙　郑上保　王泽冰　朱晓叶　樊　娟　黄名湖　林　颖　麦　静　叶咏琪　李惠玲　周毅敏　古慧彬
　　　　　王锐文　李　志　吕世康　张淑曼　钟志刚　何　飞　代　鹏　王文海　温伟杰　王忆如　崔　瑜　吴奕琏
　　　　　江　冰　于　杰　卢旖维　曾燕青　杨　珊　黄海先　任　盼　黄　婷　黄嘉茵　罗旺娣　胡林英　李艳梅
　　　　　何　洁　杨　俣　于　珂　丘　璇

东 校 区　【2008年11月——2009年6月】
社　　长：郑　洋
副 社 长：余扬帆　江　玮
主　　编：王　玥
副 主 编：钟碧莉　王丹晓
成　　员：高静军　王丽丽　詹育艺　王妙珍　张　余　陈汀皓　张　莉　张莹莹　邓晓东　王　洁　卢思齐　吴丽怡
　　　　　宋文韬　陈　希　董锦芝　李嘉蕙　李婷婷　刘　敏　罗　欣　劳燕如　刘宇熙　王思几　汪校州　陈雅彬
　　　　　郭旻清　黄日强　李文浩　庞嘉慧　谭国钊　余雅萍　董晨羽　江伟欢　李靖欣　伦家辉　汪　淮　王丽云
　　　　　王颖慧　赵冰钿　邓海浪　洪　珏　李　恒　李　佳　谭悦伟　王新阳　徐惠姗　谢　洋　郑　瑜　胡志强
　　　　　江运高　李敏华　吴　维　叶雅婷　张爱冰　周乾坤　张瑞银　陈红芙　陈丽华　黄晓萍　姜　梦　叶欣媚
　　　　　邹丹平　张媛媛　王迪佳　庄毓琼

岭南人杂志社

珠海校区　【2009年7月——2010年6月】
社　　长：罗旺娣
副 社 长：崔　瑜　吕世康
主　　编：董晶琦
秘 书 长：郑上保
成　　员：白晨晖　叶咏琪　何　飞　于　珂　曾燕青　卢旖维　杨丹琳　严　强　陈瑶璇　汪道霞　陈　睿　蔡玮珩
　　　　　陈一凡　冯盼盼　黄泳欣　李楚洁　刘晨曦　李婉娉　刘晓瑜　谭宇韬　杨家怡　姚　响　陈泽航　付　枭
　　　　　高　松　江璧炜　刘梦寐　石艳妮　文淑贤　夏俊俊　郑美娴　周　妮　张晓红　陈金玺　李　嫣　马雪艳
　　　　　孙　健　朱洪艳　张晶晶　钟健欣　戴晓天　冯秋苑　黄耀福　穆文峰　邬立恩　谢　淑　杨秋云　袁婉颖
　　　　　杨雪珂　陈荣梅　陈泽涵　郭鹏飞　黄少萍　罗敏月　李哲琼　吴健清　杨　翔　周小明

东 校 区　【2009年7月——2010年6月】
社　　长：李婷婷
副 社 长：王思几　刘冰玉
主　　编：李嘉蕙
副 主 编：董锦芝　庞嘉慧
成　　员：余雅萍　王新阳　邓海浪　胡志强　黄日强　周乾坤　江运高　洪　珏　徐惠珊　伦家辉　郭旻清　陈　城
　　　　　陈韩杰　陈新伟　李飞光　李　蕾　杨雯雁　杨雅珺　吴　珉　王婷婷　袁若梓　张　飞　莫盼晴　苏海立
　　　　　吴小娴　应尤琦　郑云兰　何建宏　胡栩雯　江伟欢　纪蔚渝　龙楚妍　李敏婷　孙通源　王楚辰　吴映秋
　　　　　曹定陶　豆红科　黄　蓉　贾　岩　王　芳　曾慧聪　陈　娟　陈银珊　郭　冰　麦乐斯　李瑞强　易　力
　　　　　谷道舟　李炜琪　罗秀琼　杨　媛

岭南人杂志社

珠海校区　【2010年7月——2011年6月】
社　　长：蔡玮珩
副 社 长：穆文峰
主　　编：刘晨曦
副 主 编：陈　睿　陈一凡
秘 书 长：高　松
成　　员：孙　健　侯晓洁　张　超　陈佳妮　戴晓天　黄耀福　付　枭　商　行　李楚洁　廖　锐　黎　浩　朱　琳

东 校 区　【2010年7月——2011年6月】
社　　长：李　蕾
主　　编：陈新伟
成　　员：陈韩杰　杨雯雁　杨　媛　陈银珊　李瑞强　李敏婷　陈　娟　李炜琪　吴小娴　何健宏　陈　新　林格錞
　　　　　刘童玲　李　媛　蓝永丰　麦中纵　吴　渺　王　月　杨腾飞　张鹏飞　陈妙凤　刘　晶　刘箬云　刘普贺
　　　　　吴冬萍　魏晓丹　郑美燕　陈　航　黄敏华　李春蕾　谢炜君　周义昌　陈丽兰　董登科　刘澜迪　潘　洁
　　　　　吴　琴　王　娟　叶伟樱　詹伟杰　陈　城　袁若梓

岭南人杂志社

珠海校区 【2011年7月——2012年6月】

社　　长：袁歆玥
副 社 长：符　苗
主　　编：黎　皓
秘 书 长：商　行
成　　员：廖　锐　王昊之　朱　琳　王焱宁　蔡思理　张　超　钟　委　高小琴　金哲华　李嘉懿　李雨珂　邱玉鑫
谢　鹏　杨慧馨　张安格　梁颖妍　邱伟豪　王明辉　邢博宇

东 校 区 【2011年7月——2012年6月】

社　　长：陈妙凤
主　　编：蓝永丰
总　　监：吴冬萍
成　　员：吴　渺　麦中纵　刘箩石　周义昌　陈丽兰　刘普贺　陈　航　高宇涵　黎明华　雷新元　罗政赟　孙玮洁
王明城　谢雅裕　邹大威　刘　慧　李木兴　李雪莹　刘晓韵　梁紫迎　余菲菲　陈馨媛　何李域　游咏冷
余展豪　张庆玲　张晓勋　周　玥　甘澄宇　毛美霞　宁　婧　王淑燕　王玉叶　钟佩珊

岭南人杂志社（东校区） 【2012年7月——2013年6月】

社　　长：黎明华
主　　编：孙玮洁
总　　监：余菲菲
成　　员：刘　慧　张晓勋　余展豪　游咏冷　高宇涵　邓家淇　何志杰　李佳颖　李芊一　夏　桐　钟嘉乐　陈洁玲
何逸成　梁碧素　秦志伟　石玉芝　徐小林　陈桂明　黄志鹏　李　彤　舒荧荧　树　芳　田欢欢　陈妍妍
何强生　黄云靖　钟怡曼　宁　婧

岭南人杂志社（东校区） 【2013年7月——2014年6月】

社　　长：秦志伟
主　　编：邓家淇
成　　员：何志杰　陈洁铃　李　彤　钟怡曼　梁碧素　陈楚雯　杜孟珊　何汉滔　李　栋　林　亮　任梓豪　谭　慧
王　景　王　权　郭田梓　李泽纯　张　楠　梁晓敏　黎嘉欣

岭南人杂志社（东校区） 【2014年7月至今】

社　　长：杜孟珊
主　　编：谭　慧
成　　员：何汉滔　陈伊纯　范浅蝉　李泽纯　梁晓敏　王梦雨　邓爱露　董　韫　陈诗菁　黄　畅　李　茜　巫海维
赵明宇　单宝楠　王　钰　杨森烽　赵芷田　冷雪辉　吴　敏　刘秀平　郝　杰　赖丽娴

后记

青春无悔，不辞长作岭南人

《岭南人》老编委离开了校园，仿佛离开了《岭南人》；进入社会，对《岭南人》的感情仿佛已经淡薄；但青春岁月已烙印在心里，多少年来未曾忘记，可惜多少年来未曾再会。

2013年，《岭南人》老一代编委梁升强、黄洪飙、刘忠平、邓永泽等相见有感：20年了，大家各奔前程、各自拼搏、各有故事，《岭南人》就像每一个人曾热恋过的情人那样，感情无法抹去，不管她变成什么模样，心中都很想见见。

在老一代编委自2013年元旦起近5个月的持续酝酿和推动下，在最终确定活动规模与费用有足够支撑后，岭南人二十周年庆筹备工作于2013年5月份正式启动。

筹备工作首先是寻人，或许大家都已忙碌在各自的人生轨迹上，早已疏于联系。从活动QQ群的创建开始，梁升强想尽办法寻找历届成员。他尝试加入带有岭南人字眼的所有QQ群，并通过网页搜索，得悉岭南人各阶段“神级人物”的消息，但无法取得联系；再次尝试以姓名拼音组合各主流邮箱的方式群发邮件去寻找其他社团伙伴，遗憾的是无一成功。

其后，梁升强利用回南校区参加岭南大学125周年暨岭南（大学）学院24周年庆之际，向学院老师和学生了解《岭南人》情况，可惜一无所获。失落的心情没有让梁升强的脚步停止，经过对珠海校区和东校区现存社团状况的了解，他找到了《岭南人》时任社长。

柳暗花明，这是寻访过程中的一个转折点。通过获得部分年级的完整的通信录，梁升强找到了一届又一届的成员，至同年11月，90级至95级、04级至12级均有代表在QQ群，一时群上人数过百。

通过岭南校友会再三联络，他开始找到了97级和98级的伙伴，这无疑是又一线的曙光。其后他通过查户口等非常手段才找到了失去联系已久的，创刊五人之中的91级卜国琴，以及已定居美国的92级潘春燕和93级梁延。

在QQ群上，有这么两条值得纪念的记录："早晨报道：凌晨4点多刚好醒来，收到93级王雅君的微信回复，至此最老一批《岭南人》主力编委，创刊号五人找到了，还有92级李田田，93级梁延、王雅君、刘家亮、邓永泽，94级凌翔、胡南迪，共12人，团圆了！""下午报道：继第1期、第3期全体编委连线团圆后，第4期至11期等已在刚才在微信群上吹响了集结号，陆续找到第4至8期编委刘琼、第6期编委陈悦、第9期编委佘超梅、第11期总编罗琳。"

紧接着，《岭南人》自90级至12级共计23个年级的历届成员连线成功，并且历届负责人几乎都联系上了，QQ群人数达到200人以上，群上惊叹"岭南人好神奇"的声音此起彼伏。

96级是产生总编最多（两位总编，一位执行总编）的一届，却是最后才联系上的一届。为了找到96级的成员，几经辗转才找到远在澳洲的佘超梅进而找到罗琳。聚会后，当升强提及历届负责人中还有丁楠等人未联系上，刘家亮在群上回忆起"丁楠的父亲是首批驻港部队军官",忠平随即通过部队人脉联系上丁楠的父亲从而找到了在北京的丁楠。

岭南人二十周年庆筹委会历经六次会议动员，策划制作了一场集留影活动、午餐认识会、下午茶沙龙、岭南人联谊会大家庭成立会、晚餐会以及晚宴等形式丰富的庆祝活动。

2013年12月21日，历届编委社员共一百多人在广州"岭南堂"和"南国会"齐聚一堂，自创办时起就一直给予《岭南人》关心和支持的岭南（大学）学院首任书记、常务副院长桂治镛教授，工学院书记欧阳可全老师（自创刊号到第27期一直担任指导老师，创刊号时任计算机系副书记，后至岭院副书记）以及现任《岭南人》杂志社指导老师、传播与设计学院李庆双副书记，来到了"岭南堂"现场，还有来自北京、上海、浙江、新疆等国内各地和已定居美国、加拿大等国外的编委社员给现场发来了视频寄语。

凌翔于聚会后写下《江城子.岭南人创刊廿年欢聚》：

廿年少见音渺茫，不思量，太难忘。
千里来聚，编委真情长。
纵使相逢应不识，兄姐久，弟妹远。

聚来热话岭南人，编辑苦，纸墨香。
相顾欲拥，爬格情满怀。
欲得年年来相聚，写也乐，歌也欢。

二十周年庆活动让历届成员感怀于“二十年后，我们还是岭南人”及“一日岭南人、终生岭南人”之心声，活动当天建立了所有岭南人的大家庭，并由全体成员认可通过了“岭南人联谊会”之家庭名称。家庭角色担当如下：理事由90级至09级历届代表(梁升强、卜国琴、黄洪飙、刘忠平、梁延、凌翔、周瑛、罗琳、黄娜、李焱文、唐安琦、陆玉娟、余峰、苏焕杰、王击凡、王城坚、叶小玲、林立煌、邓裕、易哲、麦宇云、梁梓颖、王玥、罗旺娣、李婷婷、李嘉蕙、刘晨曦、李蕾)出任，监事由邓永泽和钟莹出任；由刘忠平担任会长，由黄洪飙和梁升强担任副会长，由梁升强兼任秘书长，由周瑛、唐安琦、林莉、陆玉娟、余峰、蔡颖、王击凡、易哲和王玥担任副秘书长，由张敏怡和罗雅担任会长秘书，由罗琳担任会计兼任出纳。

联谊会让岭南人拥有了一个家，家的含义，就是各自在外再奔波，一年至少都要回家一次团聚，聊聊生活，谈谈文化。联谊会让新岭南人增强了一信念，所念即所为，追求理想，笃行致远，不枉青春。

有了联谊会这个新大家庭，《岭南人》犹如一条文化清泉从校园走向社会，随着一代又一代岭南人的融入，岭南人将更具生命力。

《岭南人》经过二十年的起伏跌宕，其在诞生之初就获得李韡宏、伍沾德等一批岭南老学长的鼎力支持，如今有了联谊会，《岭南人》将焕发出新的青春活力。

联谊会成立后运营的第一个项目，是《岭南人》图书的编辑出版。

2014年5月27日是一个里程碑，图书编委会召开了第一次会议。会议后，启动了编委日记的接力写作，每天一文，触动编委们打开回忆之窗，抒发怀念之情。

图书编委会更获得了省委宣传部顾作义副部长（省文明办主任）和南方日报出版社周洪威社长的支持，并确定由南方日报出版社负责《岭南人》图书的出版工作。

在历次图书编辑工作会议中，阵容最鼎盛的要数历届社长（代表）齐聚一堂回忆社史的一幕。已是香港知名媒体人的张洁平赶回广州参加会议，大家口述历史，对社团史篇提供了珍贵的材料。

本书的成稿有赖于岭南人联谊会全体成员的同心合力，征稿启事一经发出，各届成员踊跃投稿，共收到一百多篇稿件，编委会倍感鼓舞。每一届都有供稿，承载了历届成员的青春记忆和追梦历程，让岭南人一帮文艺老中青年可以一圆团结梦。在本书编撰过程中，每一篇稿件都经过仔细审阅，并按照内容加以分类，为社团史、青春时、成长路三大篇章提供丰富素材。在此衷心感谢各位供稿作者，限于篇幅，不能悉数尽录，经责任编辑一再调整，部分稿件以节选或摘要的方式呈现，务求让每一届岭南人都有代表作在书中亮相。

有感于大家的精诚团结、群情激昂投身于《岭南人》图书工作，刘忠平在编委日记中写下《岭南人大合唱》：

为那面旗帜飘扬
中国南方
山水交响
大龄青年合唱
学燕归乡
岭上遥望
南都才俊此起彼伏翱翔
人浪

创校园盛况
刊时代之痒
二十几年文章
十分辉煌
周而复始迎上
年轻活力谱写大度张狂
记忆如小河流淌
念念不忘
图画著城墙
书我中大岭南人一棒又一棒

喝不尽这珠江水长
彩色岭南妆 梦里学堂

经过一次次编委会工作会议，大家从讨论书名到邀请南方日报社两位记者李春江和汤凯锋参与社团史成稿工作，从特邀远在厦门的编委会成员暑期回穗协助推进成长篇，到新任社长13级杜孟珊和主编13级谭慧的加入，新老岭南人聚首一堂，碰撞出更多火花。

为了冲刺最后阶段的编辑工作，编委会甚至自觉发起了“双规”——在规定的地点和规定的时间内完成图书相关章节内容的编辑工作。一切都只为这本承载着珍贵记忆的纪念文集能保质保量顺利完成。

梁升强、卜国琴、黄洪飙、潘春燕和刘忠平等没想到他们二十多年前可以凭借《岭南人》在岭南大学的故土中重现名校之历史积淀；此后五年，罗琳、邹勇兵、黄娜等在《岭南人》遭逢第一次困难时坚持传承并完成了从编委会到杂志社的构建；十年后唐安琦、林莉、陆玉娟、余峰和王击凡等数届成员的聚会在新环境下擦出新的火花；十五年后珠海校区和东校区岭南人虽刚经历分手的伤感却都激发出斗志而各自的发展达到了空前的规模；二十年后珠海校区一脉已隐隐消去，唯东校区一脉气息尚存，却迎来二十周庆历届大团圆之盛事。

《岭南人》若是一部历史，其中有浩荡的章节；《岭南人》若是一泓清泉，我们已受之甘冽；《岭南人》若是一首歌曲，我们要谱写出优美的旋律。

我们青春的一部分已烙印在《岭南人》上，我们的青春无悔。

青春从夏天燃烧到冬天，并在春天再重新播下，我们周而复始，不辞长作岭南人。

中山大学岭南人联谊会

2014年12月21日

△2013年12月21日，《岭南人》创刊二十周年庆，出席活动的一百多位历届岭南人在岭南堂前合影

扫二维码，了解更多
关于岭南人的故事